Georg Seeliger

BMW 503/507

Die V8-Sportmodelle

Motorbuch Verlag Stuttgart

Impressum

Einbandgestaltung: Johann Walentek,
unter Verwendung eines Dias des Studios Gerhard Burock, Wiesbaden-Naurod,
und eines Dias von F. Kräling.

Bildnachweis: Archiv BMW AG, München; Archiv Mercedes-Benz AG, Stuttgart; Archiv VDO, Frankfurt;
Archiv Bertone; Turin; Archiv Matchbox, Frankfurt; Archiv BMW Veteranen Club Deutschland e.V.;
Archiv BMW Automobil Car Club of America; Roberto Bruno, Berlin; Gerhard Burock, Wiesbaden-Naurod;
County Museum of L.A., Los Angeles (CA.); Oscar Davis, Elisabeth (NJ.); Werner Fetzer, Immenstadt-Bühl;
Wolf-Dieter Gehrmann, Wiesbaden; Albrecht Graf Goertz, Brunkensen; Manfred Jaschok, Frankfurt;
Johann König, Günding; Heinz Landzettel, Mainburg; Erich Reckel, Göttingen; Dr. Hans-Dieter Schwertfeger,
Möglingen; Georg Seeliger, München; Henning Zaiss, Darmstadt.

ISBN 3-613-01563-3

1. Auflage 1993.
Copyright © by Motorbuch Verlag, Postfach 103743, 70032 Stuttgart.
Ein Unternehmen der Paul Pietsch-Verlage GmbH & Co.
Sämtliche Rechte der Speicherung, Vervielfältigung und Verbreitung sind vorbehalten.
Satz: Alber Fotosatz GmbH, 74385 Pleidelsheim.
Druck: Dr. Cantz'sche Druckerei, 73760 Ostfildern.
Bindung: E. Riethmüller, 70176 Stuttgart.
Printed in Germany.

Inhalt

Dank

Die Anzahl von Spezialisten für seltene Autos, Exoten allzumal, ist meist größer als die der noch verfügbaren Fahrzeuge. Doch bei den BMW V8-Sportwagen der fünfziger Jahre blieb die Expertenschar überschaubar klein. Mitbeteiligt am Zustandekommen dieses Buches waren sie fast alle. An erster Stelle zu nennen ist Albrecht Graf Goertz, der Schöpfer des 503 und des 507, der dankenswerterweise viel Geduld für dieses Werk aufbrachte. Sehr viel Zeit und Engagement investierten auch die Herren Hans Fleischmann, Francesco Gandolfi, Wolf-Dieter Gehrmann, Manfred Jaschok und Johann König.

Besonderer Dank gebührt weiterhin den Herren Peter Zollner, Uwe Mahla und Dr. Klaus Zwingenberger sowie Richard Gerstner von der BMW AG; Herrn Hartmut Krombach und Andreas Pytel vom BMW Veteranenclub Deutschland e.V.; Erich Reckel vom BMW V8 Club; Yale Rachlin vom BMW Car Club of America; Karl Baur von Karosserie Baur; Gian Beppe Panicco von Carozzeria Bertone sowie Frau Strehle vom Verband der Automobilindustrie und Günter Wagner von VDO.

Mit Rat und Tat standen vor allem die Herren Erwin Brummer, Oscar Davis, Werner Fetzer, Siegfried Hansche, Paul Kreter, Heinz Landzettel, Ernst Leichsenring, Willi Martini, Dr. Hans-Dieter Schwertfeger, Wolfgang Stadelmayer, Dr. Hans Voigt, Arno Wagner und Henning Zaiss zur Verfügung. Verständnisvoll ertrugen Ingrid und Nora wieder einmal die geistige und räumliche Abwesenheit des Autors während der Arbeit am vorliegenden Werk. Ihnen und den vielen anderen, die ohne Wenn und Aber halfen: Danke!

Vorwort von Albrecht Graf Goertz

Die Chance meines Lebens

Träume sind Schäume, heißt es so schön. Sie können auch zu greifbarer Wirklichkeit werden, wenn man nur will. Ich habe gern geträumt, und tue dies heute noch. Ohne Träume wäre die Welt doch sehr viel trauriger.

Vor vierzig Jahren war ich ein junger Mann, genoß das Leben und wartete auf meine Chance. Die kam mit dem BMW 507, jenem unvergleichlichen Sportwagen, der heute als eines der schönsten Autos der Welt gilt.

Ich will nicht unbescheiden sein. Ich fühlte genau zum passenden Zeitpunkt, was wie zu tun war – und tat instinktiv das Richtige. Aber dazu bedarf es einer gehörigen Portion Glück. Auch das hatte ich.

Erfolg hat man nur, wenn man etwas ganz tut, sich der Sache mit Haut und Haaren verschreibt. Und wenn man engagierte Mitstreiter hat. Nie werde ich es Direktor Hanns Grewenig vergessen, daß er

mir die Chance meines Lebens einräumte, und ewig dankbar bin ich Fritz Fiedler, ohne den das Auto nie entstanden wäre. Wieviel ingeniöses Können und Improvisieren verdanke ich ihm – und das Ergebnis überzeugte damals und überzeugt noch heute.

Nicht weniger Herzblut steckt im BMW 503, der sehr lange nur Insider zum Träumen brachte. Es ist ein anderes Auto, aber es ist faszinierend in seiner Eleganz. Den Auftrag dafür erhielt ich erst sehr spät, gern hätte ich noch mehr Zeit dafür gehabt.

Der Bertone-Nachfolger hat mit meinen Entwürfen nichts mehr zu tun. Dennoch beschließt er würdevoll die Ära der großen V8-Sportmodelle, die der Firma zwar wenig Gewinn, aber viel Prestige gebracht hat.

Es ist eine mühsame Angelegenheit, die Geschichte dieser Autos heute so minutiös zu recherchieren und in eine lesbare Form zu bringen. Ich freue mich, daß dies trotzdem möglich wurde, daß der viel-

8

beschworene Zeitgeist jener Jahre nicht
entschwunden ist.

   Die Mitarbeit an diesem Buch half mir
beim Ordnen scheinbar verloren gegangener
Erinnerungen. Es würde mich glücklich
machen, wenn der Reiz jener unvergäng-
lichen Schöpfungen nun auch in gedruckter
Form bewahrt bliebe.

Aus Freude am Fahren

Zweifünfzig Eintritt bezahlten die Besucher der 37. Internationalen Automobil-Ausstellung im September 1955. Die Zeiten waren lausig, damals, in den gar nicht so Goldenen Fünfzigern. Und so träumten sie, die Jungen und Junggebliebenen, von rassigen Autos, technischen Raffinessen, von der perfekten Illusion. Die bekamen sie schon nach wenigen Schritten geliefert, auf der BMW-Ausstellungsfläche im großen Kuppelbau. Eine Sensation auf Rädern, schön wie die Sünde: der traumhafte 507. Und ihm zur Seite stand der 503, jene brave V8-Nobelversion, deren Unglück es war, sich immer in den Schatten des wohlproportionierten Roadsters ducken zu müssen.

Die Faszination dieser Automobile hält bis heute an. Und neben heimlichen Begehrlichkeiten weckt sie auch Fragen. Warum wagte sich BMW mit solchen Traumwagen hervor, als es der Firma alles andere als gut ging? Wie war das damals mit der »Freude am Fahren«: Wer fuhr diese Autos, und wie fuhren sie sich? Wer traf wann welche Entscheidungen für oder gegen die Träume auf Rädern? Wie konnte ein junger Außenseiter wie Albrecht Graf Goertz den alten Hasen in der Designabteilung das Fell über die Ohren ziehen?

Wer sich mit diesem Thema beschäftigt, wird feststellen, daß Technikgeschichte nicht zwangsläufig knochentrocken sein muß. Nie geschah irgendwo irgendetwas ohne Grund und ohne Vor-Geschichte. Diese Zusammenhänge aufzudecken, bringt Spannung und Würze, führt aber oft weit vom eigentlichen Thema weg. Doch nur so gewinnen die Fakten Facettenreichtum und Konturen, sind auch dann noch nachvollziehbar, wenn die Ereignisse vor der ganz persönlichen Zeitrechnung des Betrachters liegen.

Nur wenige Menschen schreiben auf, wie sich aktuelles Geschehen um sie herum

Seltenes Vergnügen: BMW 503 und 507 auf einer Landstraße.

gestaltet. Es ist längst schon aus der Mode gekommen, Tagebücher zu führen, jene reizvollen Zeugnisse individuellen Erlebens. Schade! So ist der Chronist aufs Hörensagen angewiesen, wenn er mehr wissen will als das, was bereits gedruckt vorliegt, was mangels eines direkten Zugangs einer vom anderen abgeschrieben hat. Echte Zeitzeugen sind eben selten geworden. Und die Erinnerungen einer Handvoll Überlebender widersprechen sich mitunter diametral.

Nostalgie trübt den Blick, auch wenn man zurückschaut in die sogenannten Wirtschaftsjahre der Nachkriegszeit. Was uns heute selbstverständlich erscheint, hätte damals als Maßlosigkeit gegolten. Viele hatten Mühe, überhaupt wieder auf die

Beine zu kommen. Manche schafften es nie, trotz hoffungsvollen Beginns. Die Bayerischen Motoren-Werke in München wollten ganz besonders hoch hinaus. Kraftvoll hatten sie sich aufgerappelt, die Kriegsschäden beseitigt, einen Neubeginn gewagt. Und dann das Unmögliche versucht: In Rekordzeit aus dem Stand auf Oberklassen-Tempo zu kommen. Das mußte schiefgehen, und es ging schief. Die scharfe Bremsspur blieb noch für Jahre im Asphalt der Firmengeschichte eingebrannt.

Ausgerechnet dieses Unternehmen, durch den Krieg seiner wichtigsten Produktionsstätte beraubt und danach durch unternehmerische Fehlentscheidungen fast an den Bettelstab gebracht, baute die schönsten

11

Sportwagen jener Zeit! Gezeichnet von einem adligen Kosmopoliten, dessen Nonkonformismus und Agilität sich in den geschwungenen Linien des BMW 503 und 507 wiederfanden.

Angetrieben wurden diese Touren-Sportwagen vom ersten serienmäßigen Leichtmetall-V8 der Welt. Auf die Räder gesetzt innerhalb von nur 18 Monaten, hatten die BMW-Sportwagen in ihrer Klasse lediglich einen Gegner: den Mercedes-Benz 300 SL. Nur ganze 660 Luxus-Sportwagen entstanden innerhalb eines halben Jahrzehnts in München, gefahren von der Creme de la Creme, von Leuten, die gern den Gegenwert eines Einfamilienhauses eintauschten gegen rassige, aber unkapriziöse »Vollblüter für den Hausgebrauch«.

Böse Zungen sagen BMW nach, mit den luxuriösen V8 und den gleichzeitig produzierten Isetta-Kleinwagen ausschließlich Generaldirektoren und Tagelöhner beliefert zu haben. Warum nur ignorierte man so konsequent das breite Marktsegment dazwischen? Der Verzicht auf Wagen der Mittelklasse brachte die Bayern tatsächlich an den Rand der Pleite. War es Sturheit oder der unbeirrbare Glauben an sich selbst, daß die Bayern dennoch ihre Oberklasse-Traditions-

linie fortsetzten? Als 1961 endlich der nagelneue 1500 debütierte, schob BMW noch ein weiteres V8-Sportmodell nach. Der Bertone-CS – der 3200 CS – bildete mit rund 600 Exemplaren den noblen Abgesang in dieser Klasse, erreichte aber nie das Renommee seiner unmittelbaren Vorgänger.

Die wechselvolle Historie von BMW 503, 507 und 3200 CS ist ein Stück Wirtschaftsgeschichte, ist Technikhistorie und Firmenchronik in einem. Und wer sie erzählt, kommt um eine Liebeserklärung nicht umhin. Der Anspruch, immer objektiv geblieben zu sein, kann und will darum nicht erhoben werden. Eine Reihe von Dokumenten verschwand schon vor Jahren aus dem Werksarchiv, ohne je wieder aufgetaucht zu sein. Fehler sind auf Grund der Widersprüchlichkeit privater Quellen nicht auszuschließen.

Greifbarere, handfeste Zeitzeugnisse haben die Zeitläufte überdauert: Geblieben sind einige dieser einzigartigen Wagen, die zum Gegenstand dieses Buches wurden. Sie sind zwar längst aus dem Straßenverkehr verschwunden, sorgen aber bei Klassikerveranstaltungen und in Museen weiterhin für Aufsehen. Ihrem Reiz konnte und wollte sich auch der Autor nicht entziehen.

Visitenkarte der Gesellschaft

Unvorstellbar, ganz und gar unmöglich, daß jenes sieche Unternehmen in München je den Untertürkheimern das Wasser reichen würde. Dachte man jedenfalls noch vor 30 Jahren. Traditionen hin, Traditionen her: BMW stand in den Fünfzigern das Wasser bis zum Halse. Und Mercedes war schließlich nahe daran, die Produktionsstätten der vorwitzigen Bayern zu übernehmen. Ein vollwertiger Gegner war BMW damals angesichts seines merkwürdigen Produktionsprogramms ohnehin nicht.

Dennoch erdreisteten sich die Weißblauen ausgerechnet in den schwersten Krisenjahren, das unbestritten schönste Automobil der Welt auf den Markt zu bringen: den schon fast anstößig schön proportionierten, aufregenden BMW 507. In seinem Kielwasser schwamm der konservativer geformte, aber nicht minder faszinierende 503, Anfang der sechziger Jahre

gefolgt vom 3200 CS-Coupé. Jener freche Coup der Münchner ist unvergessen und sorgt bis heute für konträre Diskussionen. Daß sich die Bayern in den neunziger Jahren in der Käufergunst vor Mercedes schoben, mutet fast wie eine späte Rechtfertigung solcher unbelehrbaren Visionäre an, die selbst in ganz bösen Zeiten BMW für die »Visitenkarte der Gesellschaft« hielten.

Begonnen hatte alles viel, viel bescheidener. Hochtrabende Illusionen spielten keine Rolle in der Frühzeit des weißblauen Riesen: Das Sagen hatten seinerzeit allein die Kaufleute, und sie entschieden, daß der Flugmotoren- und Motorrad-Hersteller sein Programm erweitern solle. 1928 wurden die Bayerischen Motoren-Werke mit der Übernahme der Eisenacher Dixi-Fertigung zum Automobilproduzenten. Dennoch war den Münchner Managern vollkommen klar, daß die Erste Geige im Unternehmen weiterhin der überaus rentable Flugmotorenbau

Die sportliche Tradition des Hauses begründete der BMW 328 mit 80-PS-Zweiliter-Motor.

Die Vorkriegsproduktion von BMW gipfelte im Typ 335 mit 3,5-Liter-Maschine.

14

spielen würde. Daimler und Benz hatten sich kurz zuvor zusammengetan, um fortan gemeinsam die Mittel- und Oberklasse aufzumischen. Paroli bot ihnen später nur das sächsische Auto-Union-Imperium. So beließen es die Münchner bis Anfang 1932 bei den in Austin-Lizenz produzierten kleinen Vierzylindern, bevor 1933 eine völlig neue Sechszylinder-Baureihe – angeführt vom Typ 303 – debütierte. Ihre Produktion wurde zwar von München aus gesteuert, lief aber ausschließlich im thüringischen Eisenach über die Bühne.

Diese maßstabsetzende Vorkriegs-Baureihe mit insgesamt 52.400 Exemplaren gipfelte in den zeitlos schönen 327er Coupés und Cabrios. In kleiner Stückzahl entstand der sportlich erfolgreiche 328, auf den sich später die Tradition des Hauses immer und immer wieder berufen sollte. Das größte Sechszylinder-Modell der Vorkriegszeit war schließlich der BMW 335 mit 3,5-Liter-Maschine. Daimler-Benz wartete indes mit Acht- und die Auto Union gar mit Zwölfzylindern auf. Kein Problem für die Bayern, sie beackerten eben bis Ende der dreißiger Jahre erfolgreich ein anderes, nicht minder fruchtbares Feld.

Während des Zweiten Weltkriegs fertigte BMW fast ausschließlich Rüstungsgüter. Gezielte Bombenabwürfe der Aliierten beschädigten die Werksanlagen in Eisenach und Milbertshofen schwer, und nach Kriegs-ende bemächtigten sich die Sowjets und die Amerikaner der Werke in ihren jeweiligen Besatzungszonen. In Eisenach wurden schon ab 1946 in reiner Handarbeit wieder Vorkriegsmodelle zusammengebaut. 1949 folgte dort der aus dem 321 weiterent-

wickelte BMW/EMW 340. Er war Basis für zwei sehr gelungene Sportwagen-Prototypen des Typs 340 S mit dem bewährten BMW-328-Triebwerk im gleichen Jahr.

Im Westen Deutschlands kam eine BMW-Automobilproduktion sehr viel schwerfälliger zustande. Es blieb der kleinen Firma Veritas vorbehalten, BMW-Motoren in eigenentwickelte Renn- und Sportwagen zu setzen. Doch den Firmengründern Ernst Loof – vor dem Weltkrieg Entwicklungsingenieur im Werk Eisenach –, Lorenz Dietrich und Georg »Schorsch« Meier ging es genauso, wie es wenige Jahre später auch dem weißblauen Unternehmen gehen sollte: Sie ernteten viel Applaus, aber wenig wirtschaftlichen Gewinn. 1953 wurde Veritas nach einigen Querelen schließlich widerstrebend von BMW übernommen.

In England arbeitete derweil bis Ende der Vierziger der frühere technische Direktor von BMW Eisenach, Fritz Fiedler, bei Frazer-Nash-Bristol. 1947 hatte diese vor dem Krieg von BMW legal belieferte Firma als deutsche Reparationsleistung Pläne und Patente für den BMW 327/28 abfassen können. Mit Fiedlers Hilfe wurde daraus das Coupé Bristol 400 geschaffen. Ganz freiwillig tat er dies nicht, lieber hätte er in Deutschland Autos konstruiert und produziert.

Doch in München konnte man damals von einer eigenen Fertigung nur träumen. Aber die Zeit drängte: Vielleicht wäre ja den Eisenacher Autobauern das Recht zuerkannt worden, das allein von den Bayern beanspruchte BMW-Label behalten zu dürfen! So machten sich die Münchner an den Aufbau einer eigenen, sehr bescheidenen Produktionslinie: Ab 1948 wurden im

15

Milbertshofener Stammwerk – dort, wo sich heute der markante Vierzylinder-Bau in den Himmel reckt – die ersten Motorräder zusammengebaut. 1950 sollte mit dem Fiat-Topolino-ähnlichen Modell 331 wenigstens ein zeitgemäßer Kleinwagen aus der Taufe gehoben werden. Er wurde jedoch vom Vorstand verworfen, der die Bayerischen Motoren-Werke nur und ausschließlich als oberklasseorientierten Traditionshersteller sehen wollte.

Zwischenzeitlich fand sich in München völlig überraschend der Prototyp der viertürigen Buckel-Limousine Typ 332 mit selbsttragendem Aufbau ein, der 1944 als Nachfolger des BMW 326 konzipiert worden war. Kurt Donath, von 1946 bis 1957 Vorstandschef, ließ den Wagen im Juli 1947 sicherheitshalber fotografieren, ausmessen und zeichnen, griff aber später nie mehr auf diese Konstruktion zurück. Mit einem eigentlich bekannteren Vorserienfahrzeug, dem aerodynamisch gezeichneten Kamm-Prototyp von 1939, hatte jenes Auto jedoch nichts zu tun.

Keine der beiden hochmodernen Konstruktionen kam in die engere Wahl. Nein, ein großer Wagen mit konventionell auf einem Plattform-Rahmen sitzendem Aufbau sollte entstehen! Gerade der kaufmännische Direktor Hanns Grewenig (BMW-Amtszeit: 1949 bis 1957) bestand auf ein nahtloses Anknüpfen an den guten Ruf sportlicher, aber keinesfalls avantgardistischer BMWs. Sein Ausspruch »BMW ist die Visitenkarte der (feinen – d.V.) Gesellschaft« wurde zum geflügelten Wort.

Der 1949 nach München zurückgekehrte und wieder zum technischen Direktor

berufene Fritz Fiedler nahm die Sache in die Hand. Er beauftragte Stylingchef Peter Szimanowski – bis Kriegsende Formgestalter in Eisenach – mit entsprechenden Entwürfen. Beibehalten werden sollte der Motor des alten BMW 326. Stilistisch folgte der so entstandene massig-ausladende Tourenwagen englischen Vorbildern wie dem Bristol oder dem Austin, zielte damit jedoch haarscharf am deutschen Geschmack vorbei. Doch im April 1950 entschied sich der Vorstand tatsächlich für Szimanowskis 501, später spöttisch, aber zutreffend »Barockengel« genannt. Warum jene 5er-Codebezeichnung beibehalten wurde, bleibt das Geheimnis des damaligen Managements.

Unverständlicherweise wurden zwei zur gleichen Zeit erstellte italienische Karosserie-Entwürfe abgelehnt. Batista »Pinin« Farina und Giovanni Michelotti hatten 1950 je einen 501-Prototyp kreiert – doch nur der Wagen Farinas kam überhaupt in die nähere Wahl. Er wirkte gelungen und modern, trotzdem aber irgendwie zeitlos. Dieser Karosserie-Entwurf war seiner Zeit tatsächlich um Jahre voraus und fand sich später im Alfa Romeo 1900 und im Lagonda Rapide wieder. BMW aber hatte seine Chance vertan.

Ein erstes fahrtüchtiges 1 : 1-Modell des schwülstigen Barockengel-501 entstand beim Karossier Reutter in Stuttgart; 1951 folgte dort eine Kleinserie von 25 Stück. Dann wandte sich Reutter Porsche zu, wo feste und vor allem lukrative Aufträge in Aussicht standen. Daraufhin gaben die Bayerischen Motoren-Werke, die bis dato nicht über eigene Karosseriewerkzeuge

Pinin Farina offerierte den Münchnern vergeblich diesen Prototyp. Dessen Form fand sich später im Alfa Romeo 1900 wieder.

verfügten, den Auftrag zur Fertigung der 501-Aufbauten an den Stuttgarter Karossier Karl Baur. Bis zur Inbetriebnahme eines eigenen, aus staatlichen Krediten errichteten Karosseriepreßwerks in Bayern im Jahr 1955 wurden alle weiteren Karosserieaufbauten bei Baur gefertigt.

Gewinne fuhr man damit nicht ein. Nicht nur das umständliche Procedere – die in München gebauten Chassis mußten nach Stuttgart und dann komplettiert zurück – war viel zu teuer. Da war auch die offensichtliche Konkurrenz zum schon seit 1946 wieder etablierten Mercedes 170 (dem bereits fünf Jahre später die hubraumgrößeren Typen 220 und 300 folgten). Sie wurde vergeblich angestrebt mit einem Modell, dessen Gewicht von 1340 Kilogramm überhaupt nicht mit dem nur 65 PS starken 326-ohv-Sechszylinder harmonierte. Die vermögende Kundschaft für derartige Wagen wollte mehr, wollte schnell und mühelos unterwegs sein.

Man sollte nicht vergessen, daß Autos überhaupt, noch dazu solche für über 10.000 Mark, von Normalverdienern mit durchschnittlich 350 Mark Monatslohn nur ehrfürchtig angestarrt werden konnten. Wenn schon, denn schon – Ansatz und Zielrichtung der Münchner waren gut, die Realisierung ihres Oberkläßlers aber halbherzig. Der ab November 1952 ausgelieferte Serien-501 und sein besser motorisierter Nachfolger wären um ein Haar zum Sargnagel von BMW geworden.

Geradezu tollkühn war darum der Gedanke, in jenem von zahlreichen potenten Konkurrenten besetzten Marktsegment mit einem neuen Sportwagen in Erscheinung zu treten. Und doch wurde diese Idee Wirklichkeit. Sie fußte auf der unerfüllten Hoffnung der verantwortlichen Visionäre, mit hohen Stückzahlen schwarze Zahlen schreiben zu können. Doch wäre ein solches Massenerzeugnis überhaupt noch exklusiv gewesen?

Griff nach den Sternen

Der erste deutsche Nachkriegs-Achtzylinder

Zu einer Zeit gegen stärkste Konkurrenz anzurennen, in der nicht einmal eigene Fertigungseinrichtungen vorhanden waren, erinnert an Don Quichottes Kampf gegen die Windmühlen. »Auto fahren viele, Anspruchsvolle fahren BMW«, hieß einer der Werbesprüche der frühen Fünfziger. Dabei gab es wahrlich genug andere Marken, deren Image nicht minder schlecht war. Neben den potenten deutschen Wettbewerbern – Mercedes, Opel, Ford und Borgward – drängten zunehmend Ausländer ins Wirtschaftswunderland: Alfa Romeo, Aston-Martin, AC, Austin-Healey, Fiat, Jaguar, Lancia, MG, Nash-Healey, Talbot – ja, auch Ferrari, Maserati und Pegaso.

Dennoch, BMW verfügte über unbeirrbare, selbstbewußte Visionäre, ohne die alle späteren Erfolge nicht möglich gewesen wäre. Sie trieben die Entstehung von Spitzenprodukten voran, ungeachtet aller kaufmännischen Vorbehalte. Ähnlich war es seinerzeit auch bei den legendären Sechszylindern vom 303 bis zum 335 gewesen – nur stützte damals die profitable Flugmotorenproduktion die vorpreschende Pkw-Entwicklung.

Vorgestellt wurde der glücklose 501 mit dem 65 PS schwachen 1971-ccm-Sechszylinder zur Internationalen Automobil-Ausstellung 1951 in Frankfurt, zeitgleich mit dem amerikanisierten 2,5-Liter-Opel Kapitän, dessen 2,5-Liter-Sechszylindermaschine nur ganze 58 PS leistete. Ebenfalls auf der IAA präsentiert wurden die Mercedes-Sechszylinder Typ 220 mit 80 PS starker 2,2-Liter-Maschine und Typ 300 »Adenauer« mit dem 115-PS-Triebwerk. Die

18

Auf diesem Vollschutzrahmen saß die schwülstige Karosserie des 501-Sechszylinders.

Serienproduktion des ersten Nachkriegs-BMW begann jedoch erst ein Jahr nach der IAA-Präsentation. Ein verwegenes Unterfangen angesichts der Konkurrenten, auch wenn Fahrgestell (»Vollschutzrahmen«), Hinterachse und Lenkung des Autos als gutgelungen galten. Diese Komponenten wurden nahezu unverändert für alle weiteren bayerischen Oberkläßler beibehalten. Ursprünglich sollte die Barockengel-Karosserie sogar ganz aus Aluminium bestehen. Doch aus Fertigungs- und Kostengründen wurden nur Koffer- und Motorhaube aus Leichtmetall hergestellt. Zur Karosseriegestaltung meinte die Fachpresse bedauernd: »Es war leider versäumt worden, für den Entwurf der Karosserie einen tüchtigen Formgestalter heranzuziehen...« (»ams« 26/1956).

Der Verkauf lief nur schleppend, kein Wunder bei einem Verkaufspreis von anfangs astronomischen 15.150 Mark. Zum Vergleich: Mercedes verlangte für seinen Typ 220 in der Grundversion 11.925 Mark, der 300er kostete 19.900 DM. Opel forderte dagegen nur 9.600 Mark für den Kapitän. Garantieschäden und daraus resultierendem Image-Verlust verschlimmerten noch die Lage von BMW. Da halfen auch Preissenkungen um zweimal 1.000 Mark, die Leistungssteigerung um 4 PS und die Einführung einer noch preisgünstigeren Einfach-Version (501 B) nichts. Im März 1955 kam der auf 2,1 Liter Hubraum aufgebohrte 72-PS-Motor heraus, Ende 1958 lief schlußendlich die Sechszylinder-Produktion aus. Der mit dem erfolglosen Triebwerk ausgestattete Wagen kostete jetzt nur noch 11.500 Mark, während der Ponton-220er von Mercedes inzwischen in der einfachsten Ausführung (219) immer noch einen Tausender billiger kam.

Und doch konnte BMW den Anspruch auf seine besondere Stellung auch konstruktiv untermauern. Europa blickte Anfang der Fünfziger fasziniert nach Amerika, wo mittlerweile ganz selbstverständlich ausgereifte V8-Motoren in Großserie vom Band liefen. In der Alten Welt galt die V-förmige Anordnung der Zylinderbänke als absolut Oberklasse-typisch. Bei Fiat war man sogar davon überzeugt, daß die Bezeichnung »V8« amerikanischen Musterschutz genieße und nannte darum das hauseigene Achtzylinder-Modell ganz bescheiden »8V«. Die Bayern waren hier respektloser: Sie schoben im Sommer 1954 nicht nur den 100 PS starken Leichtmetall-V8 mit 2,6 Liter Hubraum nach, sondern setzten gleichzeitig das prestigeträchtige V8-Zeichen unübersehbar auf die Kofferraumhaube. Seht her, signalisierte dies den just überholten Autofahrern, hier zieht ein standesgemäß motorisierter BMW an euch vorbei!

Für das Erscheinen dieses Triebwerks gab es, neben aller unbestreitbaren Exklusivität, vor allem konstruktive Gründe. Ein etwaiger Reihen-Achtzylinder wäre zu lang geraten; überdies bietet ein V-Motor stets besseren Gleichlauf und günstigeren Massenausgleich. Weniger seine Leistung (da boten andere mehr), als Laufruhe und Elastizität des seidenweich agierenden Motors wurden darum von der Fachpresse immer und immer wieder gelobt. Er war für lange Zeit der erste und einzige Achtzylinder in Deutschland; Mercedes wartete erst mit dem noblen Typ 600 von 1963 mit einem solchen Triebwerk auf, dem Opel Diplomat V8 von 1964 hatte man gar einen Chevrolet-Motor implantiert. Mehr noch: Das neue Münchner Triebwerk war der erste serienmäßig gefertigte Leichtmetall-V8 der Welt. Und es war nur ganze 20 Kilogramm schwerer als der bisherige Sechszylinder.

BMWs Wunderwerk der Technik kam heraus, als vor Anbruch einer sechsjährigen Durststrecke das letzte Mal schwarze Zahlen geschrieben wurden. Seine Entwicklung hatten Fritz Fiedler und sein Team im Jahr 1952 begonnen. Oft und gern wird Alexander von Falkenhausen die Vaterschaft zugeschrieben. Das ist falsch: Der zukünftige Chef der BMW-Rennabteilung stieß erst während der Konstruktion hinzu. Sechs Monate lang hatte das bayerische Team zuvor in den USA den Stand der dortigen V8-Technik vor Ort studiert. Hauptverantwortlich für den sauber und glattflächig gezeichneten V8 war Leonard Ischinger, ein kleiner, freundlicher Mann von Mitte vierzig, der eine Zeitlang in Amerika gelebt hatte.

Nach innerbetrieblichen Querelen mit Fiedler wechselte er später zu Glas. Der dort von ihm ab 1967 lancierte 2,6- bzw. 3-Liter-V8 im glücklosen »Glaserati« hatte freilich trotz anderslautender übler Nachrede mit der BMW-Maschine nichts gemein. Es muß ein Abschied mit Pauken und Trompeten gewesen sein: Mit Ischingers Ausscheiden tilgte man bei BMW alle Spuren dieses Mannes. Abgesehen von den Aussagen einiger weniger Zeitzeugen ist heute nichts mehr über den Motorenspezialisten zu erfahren.

Äußerlich unterschied sich der 502 – unbescheidenes Werbeargument: »Souveräne Beherrschung von Zeit und Raum« –

nur unwesentlich vom imagegeschädigten 501: Neues Armaturenbrett und Nebelscheinwerfer als Serienausstattung, besagter V8-Schriftzug am Heck – die charakteristische Panorama-Heckscheibe kam erst 1955. Der 2,6-Liter-V8 debütierte im März 1954 zum Genfer Automobilsalon in eben jenem BMW 502. Die weitere Aufrüstung ließ nicht auf sich warten: Parallel neben dem 2,6 Liter gab's für den 502 ab 1955 einen 120 PS starken 3,2 Liter. Zusätzlich kam nun der bislang sechszylindrige 501 mit 2,6-Liter-V8 heraus, der hier aber nur 95 PS brachte.

Zwei Jahre später sollte den Barockengeln bereits ein 3,2 Liter mit einem Doppelvergaser zur Seite stehen, dessen Leistung für den 3,2 Liter Super/3200 L (Luxus) auf 140 PS gesteigert wurde. Gleichsam als Bonbon bekam dieses Auto etwas später als erster deutscher Wagen serienmäßig servobetätigte, vordere Dunlop-Scheibenbremsen. Den imposanten Endpunkt bei den Limousinen bildete der

1961 bis 1963 gebaute 3200 S (Sport) mit 160-PS-Vergasertriebwerk und zwei Doppelvergasern. Mit einer Höchstgeschwindigkeit von 190 km/h übertraf der 21.240 Mark teure Eineinhalbtonner nicht nur den 170 km/h schnellen Mercedes 300 mit 160-PS-Einspritzer (ab 27.000 Mark), sondern war darüberhinaus unbestritten Deutschlands rasanteste Serien-Limousine.

Und trotzdem hielt sich die umworbene Klientel beim V8-Erwerb höflich zurück: Neben 8.936 Sechszylindern wurden insgesamt lediglich 9.109 2,6-Liter-501/502 (intern Typ 502) sowie 3.935 3,2-Liter-502 (intern Typ 506) ausgeliefert. Nicht viel im Vergleich zu den ab 1955 produzierten 200.000 Kleinstwagen vom Schlage der Isetta und des 600. Die nämlich sorgten derweil wenigstens für magere Gewinne, während BMW bei jedem Barockengel rund 5.000 Mark drauflegte. Mercedes stellte allein vom 220er Ponton (1954 bis 1960) exakt 111.035 Wagen her, vom 300er entstanden 10.707 Limousinen.

Obwohl BMW gern den Eindruck einer richtiggehenden Serienproduktion vermittelte, wurde auch bei 501 und 502 sehr viel Handarbeit geleistet. Ein Foto von der Karosseriemontage.

Der Leichtmetall-V8

Die Motorenkonstrukteure brauchten für die Fertigstellung des kurzhubigen Triebwerks ganze acht Wochen. Auf hauseigene Konstruktionen konnten sie angesichts der bisherigen BMW-Sechszylinder-Tradition nicht zurückschauen, wohl aber aus den ausgiebigen Erfahrungen amerikanischer Hersteller schöpfen. Wobei Leichtmetall-Konstruktionen dort erst Ende der Fünfziger so richtig up to date waren.

Anfangs kaprizierte sich Leonard Ischinger auf einen 2,4 Liter-V8 mit V-förmig hängenden Ventilen. Doch diese grundsätzlich moderne Konstruktion war allergisch gegen hohe Drehzahlen. So wich das 115-PS-Triebwerk einem V8 mit konventionell einfachen Zylinderköpfen mit parallel sitzenden Ventilen. Da nunmehr bei 2,4 Liter Hubraum nur 80 Pferdestärken zu erreichen waren, wurde der Hubraum auf 2,6 Liter vergrößert: Auf diese Art und

Weise konnten werbeträchtige 100 PS erzielt werden.

Die zwei im 90-Grad-Winkel angeordneten Zylinderbänke thronten über der fünffach gelagerten, geschmiedeten Stahl-Kurbelwelle, auf der auch der Anlasserkranz mit der Schwungscheibe saß. Sie diente gleichzeitig als Friktionsscheibe für die hydraulisch betätigte Einscheiben-Trockenkupplung von Fichtel & Sachs. An das Alu-Motorgehäuse (Kurbelgehäuse mit angegossenen Zylindermantel-Blöcken und Kurbelwellen-Lagerdeckeln) angeflanscht waren Kupplungsgehäuse und Ölwanne. Die sogenannten nassen Zylinderbüchsen – exakter: Perlit-Schleuderguß-Zylinderlaufbuchsen – saßen wassergekühlt im Kurbelgehäuse. In die blockweise gegossenen Alu-Zylinderköpfe eingepreßt waren Bronze-Führungsbuchsen und Sitzringe für die Ein- und Auslaßventile.

Erstmals war man bei BMW vom traditionellen Langhuber der Vorkriegszeit abge-

Unter der rundlichen Haube des BMW 502 hockte ein damals hochmodernes Leichtmetall-ohv-Triebwerk.

gangen: Bei 74 mm Bohrung und 75 mm Hub ergaben sich exakt 2580 ccm für die erste, die kleinere Maschine. 7,0 : 1 verdichtet, brachte sie besagte 100 PS hervor. Für den später lancierten 3168-ccm-Motor (nach Steuerformel 3146 ccm) wurde die Bohrung um 8 mm vergrößert. Mit 7,2 : 1 etwas höher komprimiert, zauberte das Triebwerk 120 PS hervor; die leistungsstärkste Version sollte später auf 160 PS kommen. Die mittlere Kolbengeschwindigkeit des 120-PS-Motors lag bei erträglichen 12 m/s – was für eine Auslegung zugunsten langer Lebensdauer spricht. Das maximale Drehmoment von 18 mkg fiel schon im mittleren Tourenbereich bei sehr zivilen 2500 U/min an – bei den künftigen Sporttypen sollte es schließlich erst bei 3600 U/min erreicht werden.

An eine oder gar zwei obenliegende Nockenwellen – wie in dem Jahre später herausgebrachten Mercedes 600 – war damals freilich nicht zu denken: Die Ventil-Steuerung erfolgte über eine untenliegende, fünffach gelagerte Nockenwelle. Sie betätigte über Stößel, Stoßstangen und Kipphebel (mit Einstellschraube fürs Ventilspiel – warm je 0,25 mm) die im Zylinderkopf parallel in Reihe hängenden, nach oben geneigten Ventile. Die Auslaßventile waren an Schaftende und Ventilsitz hartmetallbeschichtet. Den Antrieb der Nockenwelle besorgte eine Duplex-Rollenkette, die mit halber Motordrehzahl lief. Ventile und Kipphebel wurden durch Zylinderkopf-Hauben öldicht und geräuschdämmend eingekapselt. Einfach, aber wirkungsvoll war die Lagerung der Kipphebelwelle an langen Zugankerschrauben zu Zylinderkopf

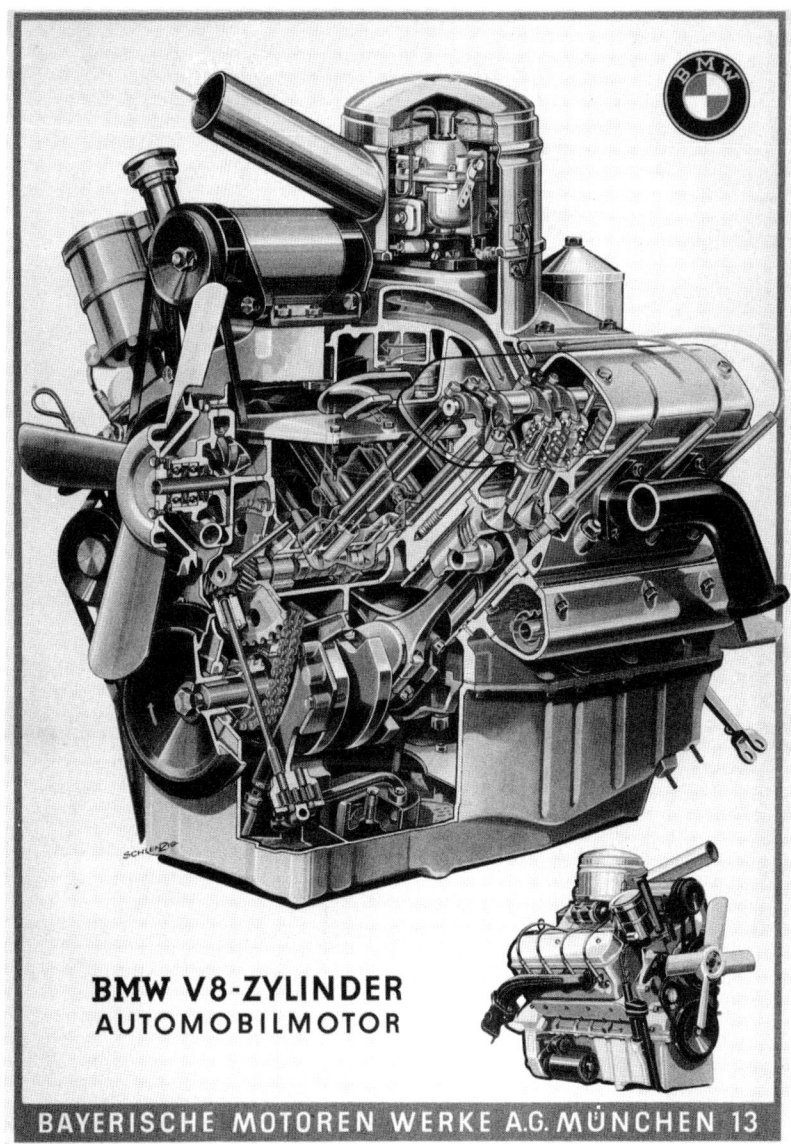

Ingenieurgeist: Nockenwelle im Ölbad, rechts der Wärmeaustauscher im Kühlmantel des Zylinderblocks mit eingebautem Ölkühler.

und Kurbelgehäuse, die das Ventilspiel temperaturunabhängig machte.

Die flach abschließenden LM-Mahle-Kolben (Vollschaft-Autothermik) der 95-, 100- und 120-PS-Maschinen besaßen je drei Dichtringe sowie einen Öl-Abstreifring, der Kolbenbolzen wurde seitlich mittels Federring gesichert. Auf je einem Hubzapfen gemeinsam gelagert waren die auf drei

Stofflagern laufenden Pleuelstangen der versetzt gegenüberliegenden Zylinder.

Für die Gemisch-Zubereitung des 2,6-Liter-Motors (Superbenzin) waren eine Benzinpumpe und ein Doppel-Solex-Fallstromvergaser 32 NDIX mit Membran-Beschleunigungspumpe zuständig, wobei die zwei Zylinderbänke getrennt bedient wurden. Einspritzanlagen galten seinerzeit noch als nicht ausgereift. Die leistungsstärkeren 3,2-Liter-Triebwerke erhielten schließlich zwei 32er Doppel-Fallstromvergaser.

Auf der anderen Seite des Motors saß die 160-Watt-Bosch-Lichtmaschine, die ihrerseits die 12-Volt-56-Ah-Batterie speiste. Ab Werk wurden 225/14er Bosch- oder Beru-Kerzen (Unterbrecher-Kontaktabstand 0,9 mm) eingebaut. Die Betätigung des Zündverteilers (Zündfolge 1-5-4-8-6-3-7-2) übernahmen Nockenwelle und Schmierpumpen-Antrieb. Die Zündzeitpunkt-Verstellung erfolgte selbsttätig über einen Fliehkraft-Regler und eine Unterdruck-Teillastreglung (Zündeinstellung 5 Grad vor oberem Totpunkt bei Leerlaufdrehzahl). Die Kurbelwelle trieb auch die Öl-Druckumlauf-Schmierung (Ölfilter mit Papierfilter-Patrone im Hauptstrom, Feinstfilterung im Nebenstrom) und die Kühlwasser-Umlaufpumpe (7,5 Liter Kühlwasser-Inhalt) an. Die alle 3.000 Kilometer vorgeschriebenen Ölwechselintervalle waren kürzer als die der Sport-Sechszylinder von Mercedes.

Durchaus nicht selbstverständlich war damals der Öl-Wasser-Wärmetauscher: Die Gemisch-Vorwärmung erfolgte nicht nur durch die Abgasvorwärmung des Ansaugrohrs, sondern auch durch heißes Kühl-

wasser! Bei kaltem Motor sperrte ein Bimetall-Thermostat den Wasser-Rücklauf zum Kühler – woraufhin die schnell erhitzte Flüssigkeit im Motor kreisend für Erwärmung sorgte. Für die Kühlung des Motoröls (6 Liter plus 0,5 Liter im Filter) funktionierte das System genau umgekehrt.

Dieses Leichtmetall-Triebwerk sollte über zehn Jahre lang im Programm bleiben und für den Antrieb von rund 14.000 Pkw sorgen. Tester jener Jahre hatten stets ein

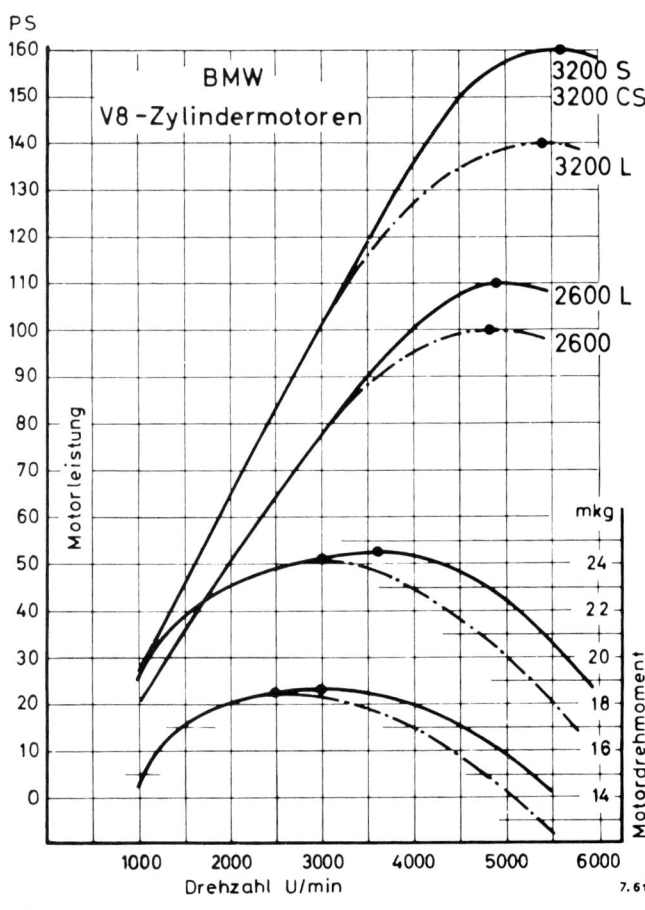

Höchste Leistungsentfaltung bei über 5000 Touren bei den stärksten Modellen; die schwächeren Typen hatten bereits bei 4800 U/min ihre Spitzenleistung erreicht. Die Drehmomentkurve verlief erfreulich flach.

24

Der 3,2-Liter-V8 als Bootsmotor:
Bis Ende der sechziger Jahre
blieb dieses 140 PS starke
Aggregat im Lieferprogramm.

Der 3200 Super war
Deutschlands schnellste
Serien-Limousine und markierte
den imposanten Endpunkt der
Barockengel-Ära.

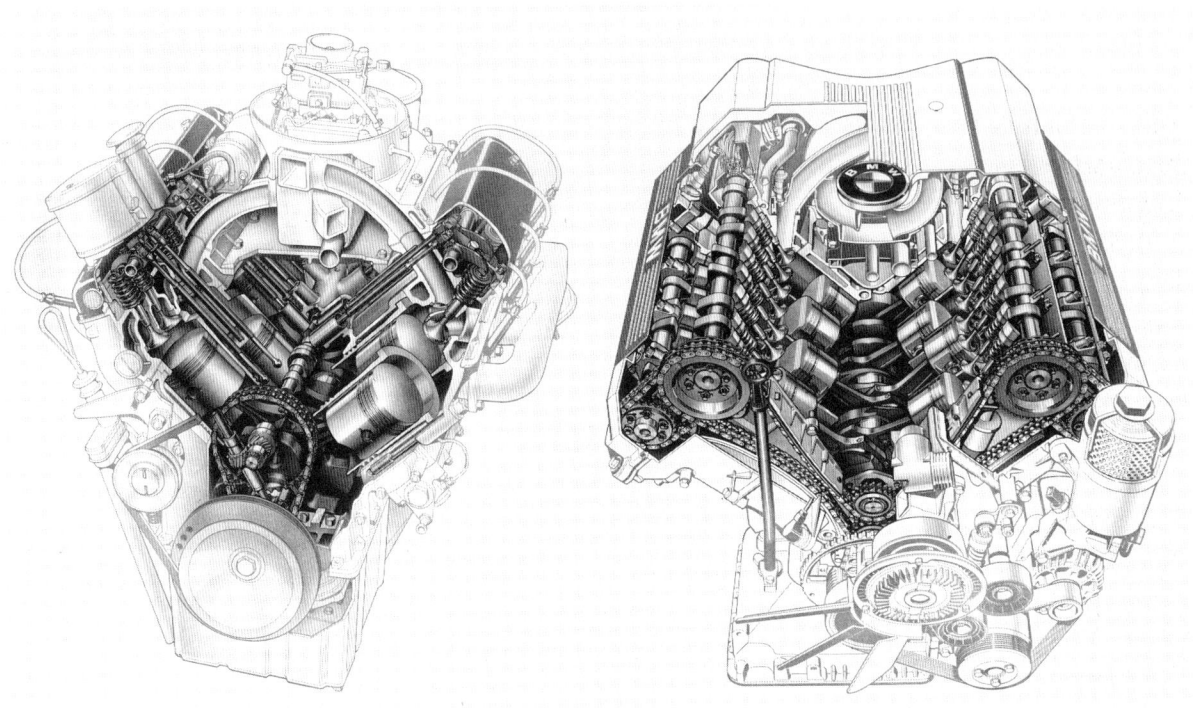

V8-Vergleich einst und jetzt: Statt zwei heute vier Ventile, statt einer zentralen heute vier obenliegende Nockenwellen, statt Fallstrom-Doppelvergaser modernes Motormanagement mit strömungsoptimierter Sauganlage und digitaler Motorelektronik.

besonderes Herz für BMW – die glorreichen Vorkriegsjahre der München-Eisenacher Marke waren halt noch gegenwärtig. Doch ihre Sprache war offen und unverbrämt, und solchen Urteilen durfte man durchaus Glauben schenken: »Im gesamten Drehzahl-bereich sehr leise, wirklich ausgeglichener, geschmeidiger Lauf, Temperament« (»MR« 1/1959). Oder: »Tatsächlich gibt es keinen laufruhigern und geschmeidigeren Motor auf dem deutschen Markt als den BMW-Achtzylinder. Auch der 3,2 Liter ist ohne weiteres mit 15 km/h noch im direkten Gang zu fahren« (»ams« 8/1957).

Noch viel länger – nämlich bis Ende der sechziger Jahre – diente der V8 als Boots-motor. In Zusammenarbeit mit der Firma Hurth wurde dabei der sogenannte Standard-Z-Antrieb entwickelt, das Wendegetriebe kam von ZF. Der 3,2 Liter-V8 erreichte

dabei wie im sportlichen BMW 503 maximal 140 PS bei 4800 Touren. Die Verwendung von Hochleistungs-Pkw-Motoren gerade für Sportboote war und ist gang und gäbe: So ließ sich beispielsweise der spätere BMW-Hauptaktionär Dr. Herbert Quandt 1959 einen 300-SL-Sechs-zylinder in sein Mahagoni-Rennboot implantieren. Im Jahr zuvor hatte BMW mit der Fertigung von Einbau-, Boots- und Industriemotoren begonnen.

Übrigens hätte der V8 um ein Haar Geburtshilfe bei der neuen, sehnlich erwar-teten Mittelklasse geleistet: Schon 1955 experimentierte man bei BMW mit einem in der Länge halbierten 3,2-Liter-V8, der auf knapp 2 Liter Hubraum aufgebohrt wurde. Wegen der schräg unter der Motorhaube des Mittelklasse-Prototypen sitzenden Zylinder und der merkwürdigen Heckgestaltung des

Autos bekam das nie in die Serienfertigung überführte Modell den Spitznamen »Schräger Otto«.

BMWs Achtzylinder-Tradition ruhte nach dem Leichtmetall-Meisterwerk über drei Jahrzehnte. Erst im Sommer 1992 überraschten die Bayern erneut mit einem hochmodernen V8 mit 3 bzw. 4 Liter Hubraum, der nun für den Oberklasse-Siebener und Spitzenmodelle der gehobenen Mittelklasse-Fünfer zur Verfügung steht. Der seidenweiche, kraftstrotzende und nur rund 210 Kilo schwere Motor hat freilich mit dem frühen V8 nicht mehr gemein als die Zylinderzahl und den klassischen Zylinderbank-Winkel von 90 Grad. Gegenüber dem Fünfziger-Jahre-Achtzylinder sanken die Anzahl der Ölwechselintervalle um das Vierfache, die Abgaswerte ums Doppelte und der Kraftstoffverbrauch um ein Drittel, während gleichzeitig Leistung und maximales Drehmoment um 30 bis 50 Prozent wuchsen.

»In technologischer Hinsicht war er gewiß seiner Zeit voraus, aber in einem Produkt-Umfeld aus Motorrädern, Isetta, 600er und 700er war die Zeit bei BMW für ihn wohl noch nicht reif«, würdigte die Münchner Firma den V8-Veteranen bei der Präsentation des 1992er Schmuckstücks.

Sonderkarosserien und Fremdfabrikate

Automobile mit stabilem Kasten-Rahmen waren und sind ein gefundenes Fressen für ambitionierte Karossiers, ermöglicht doch ein separates Chassis nahezu jeden nur denkbaren Aufbau ohne aufwendige Versteifungen. Mitte der fünfziger Jahre waren auch Mercedes-Benz und die meisten Amerikaner noch weit von einer Entscheidung zugunsten der selbsttragenden Karosserie entfernt.

Die anfangs allein von Baur gefertigten BMW-Viertürer-Limousinen kamen ab 1955

Baur baute zwei- und viertürige Cabriolets auf Basis des Barockengels.

Stilistisch sehr eigenwillig präsentierten sich die Baur-Coupés.

komplett aus dem inzwischen hochgerüsteten Münchner Werk. Den Stuttgartern brach die Kündigung des lukrativen Auftrags wirtschaftlich fast das Genick. Sie erhielten wenigstens die Chance, zwischen 1954 bis 1956 rund 280 V8-bestückte Coupés und Cabrios (davon 50 Viertürer-Cabrios) anzufertigen. Es handelte sich um 2+2-Coupés des Typs 502 und Fünfsitzer-Cabrios des Typs 501 A sowie 2+2-Cabrios vom Typ 502, die auch im offiziellen Verkaufsprogramm von BMW auftauchten.

Etwas später, ab 1955, stieg die Darmstädter Firma Autenrieth ebenfalls ins BMW-Geschäft ein. Hier entstanden rund 60 weitere, zum Teil erheblich anders als bei Baur gestaltete Cabrios und Coupés. BMW lieferte ausschließlich das Chassis mit Motoren von 100, 120 oder 140 PS, Spritzwand und Motorhaube. Innerhalb von vier bis zwölf Wochen baute Autenrieth dann seine Karosserien, die teilweise gänzlich auf die BMW-Frontgestaltung verzichteten und stattdessen mit US-mäßigem Haifisch-Maul oder Kotflügelfalzen daherkamen. Daran hatte auch der US-Importeur Max Hoffman Interesse, jener Mann, der beim Zustandekommen des BMW 507 noch eine große Rolle spielen sollte. Doch BMW untersagte den Autenrieth-Transfer. Die Darmstädter setzten den Bau ihrer Sonderkarossen – zum Schluß übrigens dem BMW 503 recht ähnlich – noch bis 1962 fort. Billig waren diese Autos nie: Die Baur- und Autenrieth-Wagen lagen bis zu 100 Prozent über den 10.000 bis 15.000 Mark teuren Limousinen.

Auch Graber im schweizerischen Wichtrach bei Bern baute ein sehr gefälliges Cabriolet auf BMW-Großwagen-Chassis. Gleiches galt für den Karossier Wendler im schwäbischen Reutlingen.

Flugzeug- und Automobilhersteller Bristol im westenglischen Filton (Grafschaft Avon) – neben Frazer-Nash die zweite britische Firma, die BMW-Technik verwendete – bot ebenfalls bis Anfang der Sechziger eine Art Barockengel-Coupé (Typ 406) an. Beim Motor handelte es sich jedoch nicht um einen V8, sondern um den weiterentwickelten BMW-328-Sechszylinder. Eine in Europa als »blitzhäßlich« (»auto, motor und sport« 21/1956) geltende, in den USA aber beliebte Karosserie erhielt der Arnolt-Bristol. Für die schwungvolle Linienführung des Wagens hatte Nuccio Bertone verantwortlich gezeichnet. Auch den Antrieb des Arnolt-Bristol besorgte eine leistungsgesteigerte 328-Maschine.

Anders bei Frazer-Nash im Londoner Vorort Isleworth: Bei der zeitweiligen Bristol-Tochtergesellschaft wurde, nach jahrelangem Einsatz überarbeiteter Zweiliter-Sechszylinder, ab 1956 der mit 2,6 Litern Hubraum kleinere BMW-V8 übernommen. Er trieb den im Folgejahr auf der herbstlichen Londoner Earls Court Show präsentierten Continental an. Genau wie seine hauseigenen Vorläufer besaß er ein sportives Rohrrahmen-Chassis und eine aufwendige DeDion-Achse, verwendete aber bei Türen und Dach deutlich Stilelemente des Porsche 356. Aufgrund der traditionell guten Beziehungen von Frazer-Nash zu den Münchnern hatte man den Engländern sogar vor der 1955er IAA-Präsentation das Modell des nagelneuen BMW 507 gezeigt! Und sofort einige Begehrlichkeiten geweckt…

Der Schweizer Karossier Graber wartete mit diesem V8-Cabriolet auf.

Das im Continental verwendete 2580-ccm-Triebwerk leistete zwischen 110 und 140 PS bei 5000 U/min. Ebenfalls diesen Motor – der nun aus Homologationsgründen maximal 2,5 Liter Hubraum haben durfte – erhielten die Wettbewerbs-Coupés Competition und Sebring. 1959 bekam ein Continental-Prototyp endlich den größten BMW-V8, den 3,2 Liter. Kurz darauf wurde die britische Firma allerdings aufgelöst. Von beiden V8-Ausführungen waren bis dahin nur wenige Wagen entstanden.

Auch der französische Traditionshersteller Talbot griff auf den BMW-V8 zurück. Die Firma in Suresnes bei Paris baute nach dem Zweiten Weltkrieg ausschließlich aufwendige, schnelle Reise- und Sportwagen mit Vier- und Sechszylinder-Maschinen. Weil aber die hauseigene Entwicklung eines leistungsstarken dohc-Vierzylinders für den 1955 lancierten Grand Sport nicht so recht vorankam, übernahm man 1956/57 den kleineren BMW-V8 für ein stilistisch nahezu gleiches, von Chapron gezeichnetes 4,20-m-Sportcoupé mit Linkslenkung. Die Karosserie entsprach tatsächlich fast völlig dem Vorgänger-Modell, dem Talbot 2500 Lago Sport.

Aufgrund der hohen Luxussteuer für Wagen über 2,5 Liter Hubraum in Frankreich wurden Laufbüchsen und Kolben mit Untermaß versehen: Aus nunmehr 2476 ccm (Bohrung x Hub = 72,5 x 75 mm) – und bei umgestalteter BMW-Auspuffanlage – entsprangen ganze 125 SAE-PS bei 5000 Umdrehungen. Das reichte für 175 km/h Höchstgeschwindigkeit. In erster Linie war das auf dem Pariser Salon am 14. Mai 1957 erstmals vorgestellte Auto für den US-Markt konzipiert, darum auch der Name Talbot Lago America 2500. Das Coupé traf aber mit seinem hohen Preis von 42.000 Mark auf bedeutend potentere Konkurrenten. So entstanden nur zwölf Exemplare des edlen ohv-V8-Derivats. Zwei davon befinden sich heute in den Händen deutscher Sammler.

Die Firma von Anthony Lago (1897 – 1960) schrieb schon längst keine schwarzen Zahlen mehr. Um zu überleben, hatte man sogar Fabrikhallen für die Montage der französischen BMW-Isetta-Schwester, der Velam-Isetta, vermietet! Ende 1958 übernahm Simca den einstigen Nobelhersteller und pflanzte den noch vorhandenen vier America-Wagen den 2351 ccm kleinen, seitengesteuerten V8 der Simca/Ford Vedette ein. Der brachte nur schlappe 95 PS bei 5600 Touren und verhalf zu knapp 170 km/h Spitze. Schade: Das 1959 präsentierte Gefährt bildete den unrühmlichen Abgang einer großen Marke.

Den Bayern ließ die Umtriebigkeit ihrer Konkurrenten keine Ruhe. So versuchten sie sich schließlich selbst an gehobenen Oberklasse-Wagen, um damit wortwörtlich nach den Sternen zu greifen: Der auf der IAA 1955 präsentierte 505 sollte dem repräsentativen Mercedes-Benz 300 Paroli bieten. Das spurverbreiterte 502-Chassis war um 20 Zentimeter verlängert worden, der vergrößerte, mit allen denkbaren Extras ausgestattete Aufbau stammte von Giovanni Michelotti und sollte vom Schweizer Karossier Ghia in Aigle (Waadt) gebaut werden. Doch nachdem Bundeskanzler Konrad Adenauer dieses Auto als Dienstwagen zugunsten des 300er Mercedes

Für den Talbot Lago America 2500 wurde der ursprünglich 2,6 Liter große BMW-V8 verkleinert.

Es ist falsch zu behaupten, Anthony Talbot hätte für seinen Typ America auch BMW-Stilelemente übernommen.

31

Auf Basis des BMW 3200 Super entstand diese Sonderversion mit sanfter abfallender Heckpartie und 503/507-Heckleuchten.

verwarf, ließen es die Bayern bei zwei Prototypen bewenden. Eine Serienfertigung lief gar nicht erst an. Auf Basis des 3200 S entstand dann Anfang der sechziger Jahre ein weiteres Einzelstück mit höherer Dachlinie, vorn angeschlagenen Hecktüren und einer stufenheckähnlichen, sanft abfallenden Heckpartie mit den Schlußleuchten des BMW 503/507.

Das erste V8-Sportmodell

Der Stoff, aus dem die automobilen Träume sind, rollt nur selten in einer schnöden Limousinen-Karosserie daher. Ganz besonders gilt dies, wenn mit Oberklasse-Wagen ein neuer Markt erobert werden soll. Im Falle von BMW waren dies die reichen USA, wo der gute Name der Bayern seit dem Zweiten Weltkrieg mehr und mehr in Vergessenheit zu geraten drohte. Hier mußte ein richtiger Renner her, ein werbeträchtiger Hingucker, ein Vorbote des dank Marshall-Plans prosperierenden Deutschlands.

Es grenzt an ein Wunder, mit wieviel Enthusiasmus und Engagement ein unausweichlich in die Verlustzone rutschendes Unternehmen auf das Projekt Traumwagen setzte, anstatt sich nach einem bodenständigeren Rettungsanker umzusehen. Genaugenommen waren es sogar zwei Projekte: Luxuriös-gediegen der 503 in Coupé- oder Cabrio-Gestalt, weiblich-rassig, geradezu

erotisch der Roadster 507. Die Väter der tatsächlich umgesetzten Idee waren Kaufleute, Techniker und Designer. Ihre Namen: Max Hoffman, Fritz Fiedler und Albrecht Graf Goertz. Doch dem Ganzen ging noch ein umstrittenes Vorspiel voraus.

Begonnen hatte alles 1954 mit dem größten Importeur europäischer Wagen in den USA, Max Edwin Hoffman. Er nahm den Bayern 30 der neuen V8-Limousinen ab, die daraufhin Morgenluft zu wittern begannen. Doch die US-Händler blieben auf den Barockengeln sitzen. Ein BMW-Sportwagen mit dem bewährten Sechszylindermotor müßte her, meinte der erfolgsverwöhnte Auto-Dealer, der im Jahr zuvor bereits Mercedes-Benz zur Produktion des 300 SL gedrängt hatte. Von diesem Sportwagen könne er – sofern das Auto einigermaßen preisgünstig sei – im Nu einige Hundert verkaufen. Die Amerikaner seien ganz verrückt nach so etwas, wenn aus nur aus Good Old Germany käme.

In München nahm man diesen Vorschlag sehr ernst, wandten sich doch inzwischen viele frühere BMW-Kunden in aller Welt Mercedes und Porsche zu. Schon Ende 1953 hatten sich BMW-Techniker mit dem Projekt eines neuen Sportwagens beschäftigt. Direktor Kurt Donath hatte eine »Ausweitung des Wagenprogramms« in Aussicht gestellt und gleichzeitig auf die Teilnahme dreier Werksteams an der 1954er Rallye Monte Carlo verwiesen. Fachleute schlußfolgerten daraus, daß ein Zweiliter-Sportwagen unmittelbar bevorstünde. Das jedoch nur »angedachte« Projekt 528 war aber letztlich zu sportlich konzipiert: Den Antrieb des leichten, auf einem Gitterrohr-Rahmen sitzenden Flitzers sollte ein langhubiger Vierzylinder-Boxermotor (Bohrung x Hub = 78 x 90 mm) besorgen, dessen Clou die Vierventiltechnik war! Dieses Projekt wurde noch vor der Modell-phase verworfen.

Nicht zuletzt angespornt durch den Maßstäbe setzenden 300 SL gab der BMW-Aufsichtsrat endlich Grünes Licht für einen neuen Sportwagen. Doch es war fast ein Treppenwitz der Technikgeschichte, daß sich ausgerechnet der umstrittene Ernst Loof als erster darum kümmerte. Der gebürtige Bad Godesberger war vor dem Krieg von den Imperia-Motorradwerken über die Auto Union zur BMW-Rennabteilung gekommen. Nach Kriegsende hatte er zusammen mit Schorsch Meier und Lorenz Dietrich die Firma Veritas gegründet, dort BMW-Konstruktionen modifiziert und erfolgreich in Rennen eingesetzt. 1950 offerierte Veritas mit dem zweisitzigen Comet den ersten Privatkunden-Wagen, von dem jedoch nur zehn Stück entstanden. Geplant war weiterhin die Serienfertigung der Typen Comet S, des Saturn-Coupés und des Scorpion-Cabrios. Loof war zweifelsohne ein ehrgeiziger Techniker, aber ein schlechter Kaufmann. 1953 ging seine Firma

Ernst Loof war vor dem Krieg Rennleiter bei BMW gewesen. Ab 1947 machte er sich durch seine Veritas-Konstruktionen auf BMW-328-Basis einen Namen. Doch die Veritas-Rennsportwagen bescherten Loof und seinen Mitstreitern keinen kommerziellen Erfolg.

– die »Rennsportgemeinschaft Nürburgring« – ein. Sie wurde schließlich auf Drängen des Bundesverkehrsministeriums – aufgrund einer Bitte des Stuttgarter Verlegers und Veritas-Enthusiasten Paul Pietsch – von den Münchnern übernommen. Kurt Donath befürchtete Eigenmächtigkeiten von Ernst Loof und ließ sicherheitshalber sämtliche Montageeinrichtungen verschrotten.

Die künftige »BMW Forschungs- und Entwicklungsabteilung, Außenstelle Nürburgring« mit einem Dutzend Mitarbeiter durfte fortan nur noch Detail-Neuentwicklungen für den »Barockengel« testen. Mit dem 501 nahm Loof – gelegentlich zusammen mit Hans Wencher – erfolgreich an einigen Rundstreckenrennen und Rallyes teil. Eine Kommisssion von BMW-Technikern befand aber nach einem überraschenden Besuch, Loof arbeite ohne System und Geschick. Und Schorsch Meier bezeichnete später seinen damals schon schwerkranken Chef ziemlich abfällig als »Isolierband-Ingenieur«. Die Außenstelle erhielt jedenfalls künftig kaum noch Aufträge.

Loof also bekam durch eine nie aufgeklärte Indiskretion Wind von Hoffmans Idee und bot dem kaufmännischen Vorstand Hanns Grewenig (1897 – 1961) an, den Sportwagen sofort zu bauen. Der verwies auf Vorstandschef Kurt Donath, der gerade zu einer Heilkur nach Bad Kissingen fahren mußte und von der Aufsichtsrat-Entscheidung erst kurz zuvor überrascht wurde. Ernst Loof nutzte die Gunst der Stunde und holte sich bei Donath handstreichartig den Segen für dieses Projekt – allerdings nicht als Sechs-, sondern als Achtzylinder! Es

kann sich wirklich nur um einen Überraschungscoup gehandelt haben, denn gerade Donath hielt angesichts der wenig gewinnträchtigen Limousinen nichts von kostspieligen Experimenten und noch weniger von Loof. »Bauen Sie den Wagen von Hand, Motor und Chassis liefert Ihnen die Fabrik... Der Achtzylinder ist serienreif, den nehmen wir«, zitiert Werkschronist Horst Mönnich den BMW-Direktor. Tatsächlich war die Serienfertigung des 2,6-Liter-V8 gerade angelaufen.

Loof legte los, baute die Holzform am Nürburgring und war mit dabei, als bei Baur in Stuttgart nach seinen Wünschen die Aluminiumkarosserie gedengelt wurde. Baur fertigte auch das Holzmodell an. Die Kosten in Höhe von 15.000 Mark übernahm BMW. Sicherlich aber erst nach einigem Hin und Her, denn die Auftragserteilung an die Stuttgarter war hinter dem Rücken der Münchner erfolgt. Am Nürburgring setzte Loof dann die Karosserie auf das um 35 Zentimeter verkürzte, modifizierte 502-Fahrgestell. Offensichtlich sollte damit wirklich eine neue Baureihe eingeleitet werden, denn es erhielt die Chassis-Nummer 70.001. Fachleute streiten noch heute, ob jenes Loof-Auto als erster 507 gelten kann oder nicht – mit der 70.002 begann jedenfalls ein halbes Jahr später die eigentliche 507-Prototypen-Fertigung.

Es stimmt jedoch nicht, daß der Loof-Wagen parallel zum »echten« 507 entstand. Inoffizielle Vergleichsfahrten auf dem Nürburgring fanden dagegen im Nachhinein ziemlich sicher statt, da Loof seinen Prototyp erst einmal behalten durfte und den ersten 507 im Werksauftrag zu testen hatte.

Dieses Foto des Loof-Prototyps zierte sogar, als »502 Sportwagen« bezeichnet, ein Händler-Verkaufsbuch und einen Prospekt.

Der bei Baur gebaute Wagen wies deutliche Veritas-Stilelemente auf.

Daß jedoch der 180 km/h schnelle 001 den Werkswagen 002 schlug (»AMC« 10/1979), darf getrost bezweifelt werden.

Auch beim Antriebsaggregat für den Loof-Wagen wurden neue Wege beschritten: Den 95 PS starken 2,6-Liter-V8 steigerte das Team vom Nürburgring auf 135 PS. Andere Quellen sprechen gar von kaum glaubhaften 150 PS. Anders als beim Barockengel wurde das über einen kurzen Schaltknüppel zu betätigende, schon im Veritas verwendete Fünfgang-ZF-Getriebe an den Motor angeflanscht. Die kettengetriebene Ölpumpe fand übrigens später Eingang in die endgültige Werkskonstruktion. Loof verwendete fürs Fahrwerk auch einen Panhardstab und andere Goodies aus dem Rennsport (bis hin zu den sportiven Rudge-Radverschlüssen). Vieles davon tauchte im »echten« 507 wieder auf. Weniger kundenfreudig dachte Loof bei der Gestaltung des »Koffer«-Raums: Hier befanden sich das Reserverad und der Tank, dessen Deckel von außen nicht zugänglich war.

Entstanden war ein relativ unkompliziert zu fertigender, wuchtig wirkender, aber nur 900 Kilogramm schwerer Zweisitzer. Doch er war den vorangegangenen Veritas-Modellen (speziell dem Veritas Nürburgring RS 2/52) wie aus dem Gesicht geschnitten. Eine weit herumreichende Panoramascheibe mit hochgezogenen Scheibenrändern, eine Lufthutze auf der Motorhaube, seitliche, sichelförmige Luftaustritte hinter den Vorderrädern und die ovale Kühlerfront waren stilistische Kennzeichen des Loof-Prototyps, der werksintern die Bezeichnung 507 a erhielt. Damit war das Auto immerhin

erst einmal vom Münchner Management akzeptiert.

Grewenig und Donath sahen den Wagen erstmals »life« im August 1954, waren aber, genau wie der Aufsichtsrat und die restlichen Vorstandsmitglieder, »enttäuscht«. Hoffman ließ sich die Neuschöpfung einige Tage später von Fritz Fiedler bei Baur in Stuttgart zeigen – und lehnte sie rundheraus ab. Ein so häßliches Auto, mit flachem Armaturenbrett und unattraktiver Form, ließe sich in den USA nicht verkaufen.

Doch die Münchner waren bereits zu weit vorgeprescht: Im allerersten Händler-Pkw-Verkaufsalbum der Nachkriegszeit von Ende 1954 wurden neben dem sechs- und achtzylindrigen 501 (als Limousine, Cabrio und Coupé) auch vier verschiedene 502-Versionen vorgestellt: Limousine, Cabrio, Coupé – und »Sportwagen 502 – wahlweise als Cabriolet oder aufsetzbares Coupé«. Allerdings enthielten die zwei dem Loof-Wagen gewidmeten Seiten keinen Preisvermerk.

Ob BMW nun wollte oder nicht – ein Sportwagen mußte her, so schnell wie möglich. Hoffman war vergnatzt und kündigte an, italienische Designer heranzuziehen. Was er letztlich – glücklicherweise – nicht tat. Warum, wurde nie bekannt. Nun endlich konnte Albrecht Graf Goertz ins Spiel kommen, jener begnadete Jung-Designer, der bei Raymond Loewy das Handwerk gelernt hatte und ab Ende 1954 den ultimativen BMW-Sportwagen kreierte. Für den Loof-Prototypen empfand er »nur Nostalgie. Für Deutschland wäre der gut gewesen, nicht aber für die USA.«

Ernst Loof versuchte – sehr wahrscheinlich auf eigene Faust – seinen nochmals leicht modifizierten Entwurf doch noch durchzubringen. Und ging damit endgültig baden: Er nahm mit dem blauen, für den Straßenverkehr zugelassenen Aluminium-Zweisitzer am 12. September 1954 an der Schönheitskonkurrenz von Bad Neuenahr teil, an der Seite von vier Limousinen, Cabrios und Coupés von BMW. Die weiß-blaue Firmen-Geschichtsschreibung streitet freilich ab, daß der Loof-Wagen ab Werk gemeldet worden sei. Obwohl die Pressemeldung anders klingt: »Der erstmals gezeigte BMW Sportwagen hat sich ebenfalls auf Anhieb Bewunderung und Sympathie erobert – eine Goldmedaille und der goldene Kranz, die höchste Auszeichnung für Linie, Form und Ausstattung, waren der sichtbare Ausdruck für die ungeteilte Anerkennung von Jury und Publikum«, hieß es in der BMW-Pressemitteilung 26/1954 vom 13. September 1954 lapidar. Zu jenem Zeitpunkt war allerdings längst klar, daß der 502 Sportwagen nicht in Produktion gehen würde.

Hinter den Kulissen gab es mächtig Zoff: Die Eigenmächtigkeit Loofs hatte BMW in eine peinliche Lage gebracht. So fragte Werner Oswald in »auto, motor und sport« (20/1954) in einem zweiseitigen Artikel: »Welchen Zweck die Taktik der BMW-Geschäftsleitung haben mag, den Prototyp des seit längerer Zeit erwarteten Sportwagens ausgerechnet auf einer der heute doch wohl von keinem Menschen mehr sehr ernst genommenen Schönheitskonkurrenzen der Öffentlichkeit erstmals vorzuführen, ihn dann aber rasch wieder wegzunehmen und mit dem Mantel geheimnisumwitterten

Schweigens zu umgeben, ist uns unerfindlich... Der gezeigte Wagen, ein Prototyp, ist das erste, nur wenige Tage vor seinem Debüt fertiggewordene Exemplar des neuen Sportmodells. Erst nach Neuenahr begann Ernst Loof, diesen Wagen praktischen Fahrerprobungen auf dem Nürburgring zu unterziehen... Äußerlich ist die Verwandtschaft zu jenen Vorgängern unverkennbar, denn seine Form erinnert zweifellos an die Aerosaurier der ersten Nachkriegsjahre. Noch wäre es Zeit, dem hoffnungsvollen Münchner Sprößling ein moderneres Kleid anzumessen. Die Karosserie des Prototyps besitzt eine Leichtmetallhaut, die freilich aus Kostengründen für die spätere Serienausführung kaum in Betracht kommt. ... (Es wird) den Münchnern noch viel Kopfzerbrechen machen, wenn sie tatsächlich die 20.000-Mark-Grenze nicht wesentlich überschreiten wollen. Der BMW-Sportwagen ist, wie man hört, in drei Ausführungen vorgesehen: nämlich mit Zweiliter-Sechszylinder, mit 2,6-Liter- und mit 3-Liter-V8. Letzterer soll eine Neuentwicklung, vielleicht sogar mit zwei obenliegenden Nockenwellen, sein... Gegen das 300 SL-Coupé mit Einspritzmotor... wird freilich in sportlichen Konkurrenzen allenfalls der für später geplante BMW-Dreiliter-Sportwagen mit Aussicht auf Erfolg antreten können.«

Grewenig war nach der Lektüre dieses Artikels außer sich vor Wut und verbot Loof, jemals wieder mit diesem Wagen an die Öffentlichkeit zu gehen. Der inzwischen todkranke Ernst Loof überlebte das Debakel nur um wenige Monate und starb 56jährig am 3. März 1956. Das Auto aber wurde nicht verschrottet, sondern dem »wenig bekannten italienischen Rennfahrer Paolino Alessandro zur Verfügung gestellt«, wie es in der »Automobil und Motorrad Chronik« heißt. Für eine Million Lire übernahm es dann der Römer Paolo Minichelli, bevor es schließlich 1967 zurück nach Deutschland kam. Es ging durch die Hände mehrerer Sammler, wurde sogar dem BMW-Werk zum Kauf angeboten und landete schließlich bei einem Sonthofener Sammler, der das Auto sehr aufwendig restaurierte.

Inzwischen silberfarben lackiert, hat es einige Modifikationen erfahren. So wanderte das BMW-Logo aus dem Kühlergrill auf die Motorhaube. Rechts vom Fahrer wurde ein Talbot-Spiegel installiert, das Zweispeichen-Lenkrad wich einem Dreispeichen-Sportlenker. Der Wagen erhielt eine neue Frontscheibe mit einem gefälligeren Scheibenrahmen, die Stoßstangen entfielen. Das ursprünglich vorgesehene Hardtop kam übrigens nie zustande.

Das Gerücht, es hätte einen zweiten Wettbewerbsprototyp des eigenwilligen Ingenieurs vom Nürburgring gegeben, gehört ins Reich der Legende. Loof-Mitarbeiter wie der spätere BMW-700-Tuning-Papst Willi Martini erinnern sich, wie aufwendig und kaum machbar schon die Fertigstellung des einen Wagens war!

Der Schöpfer

Albrecht Graf Goertz

Kunstwerke beziehen einen Teil ihrer Faszination und ihres Wertes aus der Persönlichkeit ihres Schöpfers. Nobodies haben kaum eine Chance: Man sieht – oder kauft – nicht »Die Mohnblumen« oder »Den Turm der blauen Pferde«, sondern einen Van Gogh, einen Chagall, einen Matisse. Bei Industrieprodukten aber, so klassisch und schön sie auch geraten mögen, bleibt der Gestalter meist unbekannt. Ganz besonders gilt dies für Automobile: Wer weiß schon, wer den Mercedes 300 SL zeichnete, wer dem BMW 328 seine unverwechselbare Optik verpaßte?

Der BMW 507 und in seinem Gefolge der 503 sind in jeder Hinsicht die großen Ausnahmen, auch was ihren Gestalter betrifft. Er ist einer der ganz wenigen Freiberufler (vielleicht sogar der einzige), der in Eigenregie ein komplettes Gestaltungskonzept bis zur Serienreife durchzog – und sich damit schon zu Lebzeiten ein Denkmal

setzte! Und mit ungewöhnlich ehrlichen Statements aufwartet. Beispielsweise: »Zwölf Monate lang nur Autos zu machen, ist einfach zu viel. Obwohl Autos die wohl reizvollste Aufgabe für einen Designer sind.«

Dabei hatte der junge Mann mit der Hakennase einst als leichtlebiger Bohemian gegolten, ohne Ehrgeiz, ohne vernünftige Ausbildung. Geboren am 12. Januar 1914 im niedersächsischen Brunkensen-Alfeld als Albrecht Graf von Schlitz genannt Goertz und Freiherr von Wriesberg, aufgewachsen als zweiter Sohn auf dem elterlichen Gut, vertrödelte er seine Zeit nur ungern mit Schulaufgaben. Er zeichnete, er meditierte. Es stimmt nicht, daß er lieber im Sattel schneller Pferde zuhause gewesen sei: Der Graf verabscheute es, daß seine Eltern als begeisterte Springreiter die Söhne gegen deren Willen auf den Pferderücken zwangen, ohne Sattel und ohne Zaumzeug.

Das Aufbegehren gegen jedwede Autorität ließ auch das Abitur am deutschen Elite-Institut Salem scheitern. Auch die Lehrzeit bei der Deutschen Bank in Hamburg stand er nicht durch, sondern ging für ein paar Monate nach London.

Die besten Voraussetzungen für eine Karriere in Amerika, wo man schon vor 60 Jahren »Learning by doing« praktizierte! Mit Erfolg, wie ein Blick in die Designstudios der großen Automobilwerke lehrt. Und genau das Schöpferische lag ihm, das nicht genau zu Definierende, die Vision und ihre Umsetzung. Doch als Goertz 1936 in die USA kam, war er ein Nobody und mußte sich nach dem Aufenthalt bei Freunden in Florida erst einmal mit Gelegenheitsarbeiten durchschlagen. So arbeitete er etwa in einem Flugzeug-Montagewerk der Firma Menasco und machte später den Pilotenschein.

»Selfmademen« nennt man solche Leute, sofern sie denn nach oben gelangen. Goertz, inzwischen amerikanischer Staatsbürger, stieg erst einmal zum Tech-Sergeant der US-Army auf. 1940 bis 1945 leistete er seinen Wehrdienst im pazifischen Raum ab. Man hatte ihm angeboten, als Soldat nach Deutschland zu gehen – was er schon deshalb ablehnte, weil sein 1951 verstorbener älterer Bruder in der Wehrmacht diente. Im übrigen war eine Armeekarriere nicht das Ziel des leidenschaftlichen Individualisten gewesen, als er glückssuchend die Heimat hinter sich gelassen hatte. Den ersten Besuch dorthin machte er erst wieder 1947/48, glücklich darüber, daß Mutter und Geschwister überlebt hatten und das elterliche Gut nicht an die Ostzone gefallen und damit enteignet war.

Schon vor dem Krieg hatte er in einer Karosseriewerkstatt gearbeitet, die sich mit

Der »Paragon«-Coupé-Aufbau saß auf einem Ford-Mercury-Chassis. Der Entwurf dafür stammt aus dem Jahr 1939.

Das gewagte Coupé verschaffte dem deutschen Grafen Zugang beim Stardesigner Raymond Loewy.

Schüler und Lehrer: Von Loewy (links) erlernte Goertz das Handwerk und einige PR-Tricks.

Mittels dieser Galgen wurden die 1:4-Modelle vermessen. Die Aufnahme aus dem Studebaker-Designstudio zeigt Raymond Loewy (im Anzug, rechts) und Virgil Exner im Jahr 1945.

dem in Mode kommenden »Choppen« braver Familienautos – vor allem des Ford B – über Wasser hielt. In Los Angeles, mitten auf dem heute so berühmten Rodeo Drive, eröffnete Goertz schließlich gar eine kleine, aber eigene Firma. Schicksalhaft war erst die Begegnung mit dem berühmten Industriedesigner Raymond Loewy: Irgendwann im Jahre 1947 hatte Goertz nämlich seinen »Paragon«, ein gewagtes, zweitüriges Custom-Car auf Ford-Mercury-Chassis, im Innenhof des New Yorker Waldorf Astoria Hotel hinter einem anderen ungewöhnlichen Automobil geparkt.

Die Karosserie seines Autos hatte Goertz bereits 1939 gezeichnet und in einer kleinen Firma für Lüftungsschächte dengeln lassen. Während des Krieges war es bei einem Freund in Los Angeles untergestellt;

verkauft wurde es 1948. Besitzer des anderen Fahrzeugs war der US-Design-Papst Raymond Loewy (1894–1986), der im Waldorf Astoria logierte. Nach zustimmenden Kennerblicken auf das Goertz-Auto, bat er den Grafen um dessen Karte und empfahl ihm, sich doch im renommierten Pratt-Institut einzuschreiben. Die von General Motors und General Electric unterstützte Design-Schule ermöglichte Kriegsteilnehmern ein kostenloses Kurzstudium. Zwei Monate später begann Goertz für ganze 60 Dollar wöchentlich ein halbjähriges Apprentice-Praktikum bei Loewy, bevor der ihn als Junior-Designer unter Vertrag nahm und ihn Studebaker-Karosserien und andere Consumer-Produkte entwerfen ließ. Loewy hatte unter anderem

ein Achtmann-Designbüro im Studebaker-Werk, wobei der Automobilhersteller selbst ebenfalls ein Designbüro unterhielt, dem mit Virgil Exner noch dazu ein ehemaliger Loewy-Mann vorstand.

Und nebenbei bekam der Deutsche alle Tricks und Kniffe mit, ohne die man dieses Handwerk besser nicht betreibt. Daß gutes Design zeitlos sein sollte und daß Weglassen eine Kunst ist (»Ein Produkt ist für mich erst dann perfekt, wenn nichts mehr weggelassen werden kann«). Er lernte, daß Autos den Frauen-Geschmack treffen müssen (denen bei teuren Consumer-Produkten stets die letzte Kaufentscheidung obliegt), aber auch, daß Klingeln zum Handwerk gehört: Loewy, dessen Bestseller »Häßlichkeit verkauft sich schlecht« in aller Munde war, kochte auch nur mit Wasser, verstand aber, seine Kreationen hervorragend zu verkaufen (»Das ist ja das wichtigste an unserem Beruf, und es ist ein gewisses Talent«, sagte der Graf in einem Interview). »Er verstand nicht viel vom Blech«, bekannte Robert Bourke, neben Gordon M. Buehrig (Schöpfer des Cord 810 Winchester) und Goertz im Gestalter-Team für das erste US-Familienauto.

Goertz übte fleißig, wahrscheinlich zu fleißig. »Design kann man nicht lernen«, sagte er später, »entweder man hat ein Gefühl dafür oder nicht.« Loewy jedenfalls duldete keinen aufstrebenden Star neben sich und feuerte den jungverheirateten Grafen nach zweieinhalb Jahren. Angeblich mit den Worten: »Aus dir wird nie ein anständiger Designer – warum gehst du nicht los und heiratest eine reiche Frau?«

Goertz eröffnete daraufhin 1952/53 sein

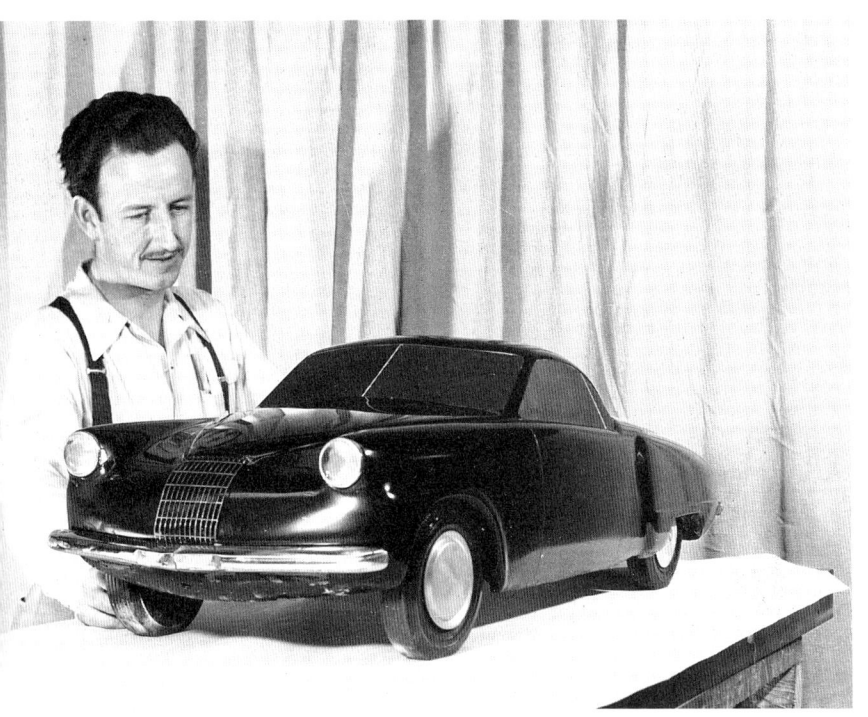

Goertz mit einem 1:4-Modell während seiner Zeit als Loewy-Mitarbeiter.

eigenes Büro: Goertz Industrial Design, Inc., New York. Daß er anfangs dieses Geschäft noch in seiner Wohnung betrieb und sich dafür sogar einen drehbaren Modelliertisch für die Arbeit mit Plastellin bauen ließ («eine echte Schweinerei»), fand seine Partnerin gar nicht so gut. Dabei arbeitete er gern mit Metall und Plastellin, meinte für Glas und Holz kein richtiges Gefühl zu haben. In den USA üblich waren 1 : 4-Modelle – für europäische und japanische Auftraggeber mußte Goertz später auf den Maßstab 1 : 5 umsteigen. Zum Weichmachen des Materials hatte er sich extra eine handelsübliche Fritteuse angeschafft. Daraufhin nahm er sich ein Wohnbüro mit drei Zeichentischen in der 57sten Straße und arbeitete dort gleichzeitig an verschiedenen Aufträgen. »Eine gute Sache – kam ich abends spät nach Hause und hatte eine Idee, konnte ich gleich noch daran arbeiten! Es fällt einem immer etwas ein.« In diesem Büro verhandelte er auch mit seinen Vertragspartnern und Auftraggebern.

Sein ganzes Arbeitsleben lang betrieb er künftig dieses Geschäft als »One-man-show«, lediglich dreimal wöchentlich schaute halbtags eine Sekretärin herein. Er ließ sich von niemanden mehr hineinreden, hielt sich von allen Designideologien und -grabenkämpfen fern. »Mein Erfolgsrezept ist einfach: 50 Prozent Glück, 49 Prozent Ausdauer, 1 Prozent Talent.« Wie hatte doch Loewy immer gepredigt: »Design ist 10 Prozent Inspiration und 90 Prozent Transpiration« ...

Goertz hatte künftig genügend zu tun, entwarf schlichte, aber emotional anspre-

chende Alltagsgegenstände, gestaltete Ausstellungen und zeichnete für die US-Zeitschrift »Motor Sport«. Aufträge erhielt er nie von allein, auch nach seinen großen Erfolgen nicht. »Ich habe mir immer die Firmen selbst ausgesucht, für die ich gern arbeiten wollte. Per Brief. Und ich habe nie anders als mit einem Jahresvertrag gearbeitet«, gestand er freimütig. Doch immer suchte er sich Verhandlungspartner im gehobenen Management, nie biederte er sich bei Subalternen an.

Seine Beharrlichkeit und Unverblümtheit sollten sich auszahlen: Sie bescherten ihm 38 Jahre lang volle Auftragsbücher. Nicht weniger als 60 Firmen nahmen seine Beraterdienste in Anspruch, einige davon sehr, sehr lange: Rolotex zwölf Jahre, ACCO 17 Jahre und Electrostar gar 23 Jahre! Natürlich verhalf ihm nach seinen ersten Autokreationen sein Bekanntheitsgrad zu vielen weiteren Aufträgen: Kameras für Fuji, Uhren für Kienzle, Feuerzeuge für Rowenta, Füller für Mont Blanc, Mundharmonikas für Hohner. Tiefkühltruhen, Staubsauger, Händetrockner, Kochtöpfe, Sportkleidung – außer Schiffen und Motorrädern dürfte er ziemlich alles gestaltet haben. Am meisten Spaß machte ihm aber die komplexe Gestaltung von Schulmöbeln für mexikanische Bildungseinrichtungen ab 1972, wovon jährlich rund 250.000 Einheiten entstanden. »Wenn ich jemanden mit einem Auto emotional ansprechen kann«, bekannte er, »gelingt mir das auch mit einem anderen Produkt ... Man soll nicht nur Autos machen, sonst ist man zu spezialisiert.«

Befreundet war der charmante, gutaus-

WCC 1970

ROWENTA 1961

CUSTOM CRAFT 1959

FUJI 1967

POLAROID 1960

AGFA 1958

FUJI 1967

Consumer-Produkte
waren über lange Jahre
die Hauptaufgabe für das
Einmann-Unternehmen
»Goertz Design Inc.«.

46

sehende Mann mit interessanten Leuten der unterschiedlichsten Sparten – zum Beispiel mit dem Meister des Schwarzen Humors, Chas Adams, einem leidenschaftlichen Bugatti-35-Fahrer. 1954 heiratete er zum zweiten Mal, wiederum eine Österreicherin, die in der Werbebranche ihre Brötchen verdiente. Sein drei Jahre später geborener Sohn ist heute Arzt in den USA. Die im Nachhinein gesehen wichtigste berufliche Beziehung aber hatte er mit Max Edwin Hoffmann. Der nämlich vermittelte ihm mehr beiläufig den größten Auftrag seines Lebens – die Gestaltung des unvergleichlichen BMW 507.

Sowohl der luxuriöse 503 als auch der 507-Roadster wirkten wie aus einem Guß. »Ein Sportwagen muß schon im Stehen wie ein schnelles Rennpferd wirken. Auch wenn es steht, muß es Bewegung ausstrahlen«, resümierte der Graf. Und: »Ein Auto ist immer auch ein Sex-Symbol.« Es stimme nicht, sagte er, daß einige Partien des 507 bestimmten Rundungen der Lollo oder der Loren nachgebildet seien: »Die kannte ich leider nicht persönlich!«

Insgesamt drei Jahre lang arbeitete Goertz für die Bayerischen Motoren-Werke, darunter auch an Projekten wie einer viersitzigen Isetta und einem leider nie realisierten Mittelklassemodell mit selbsttragender Karosserie. Die zwei Ausführungen -Typ 570 und 580 – hätten ein ganzes Baukasten-System begründen sollen. Tatsächlich gingen einige wenige Komponenten später in den 700er BMW ein. Doch zuvor trennte man sich aus Kostengründen von Goertz.

Reichtümer konnte er bei den Bayern

nicht erwerben, wohl aber Erfahrung und Renommée. Einen 507 bekam der Graf übrigens ungeachtet aller anderslautenden Gerüchte nie als Gratisdreingabe. Die Firma stellte ihm lediglich während seiner Aufenthalte in Deutschland zwei verschiedene VIP-Wagen zur Verfügung, die er allerdings stets in München abholen mußte. Als die

Zusammen mit »Butzi« Porsche zeichnete Goertz am Nachfolger des 356. Dieser Entwurf wurde vom Firmenchef als »wunderschöner Goertz, aber eben kein Porsche« abgelehnt.

Produktion des Wagens zu Ende ging, bot ihm Verkaufsmanager Oskar Kolk telefonisch zwei 507-Sportwagen zum Dumpingpreis an: »Wir hören endgültig auf. Wir haben noch zwei 507, die würden wir Ihnen zu einem guten Preis überlassen – sagen wir 5.000 Dollar pro Stück.« Doch Goertz lehnte ab, vor allem deshalb, weil er

die Autos für sehr pflege- und wartungs-
intensiv hielt.

Aber Goertz war nicht zur Untätigkeit
verdammt. Bei BMW traf er kurz vor
seinem Ausscheiden auf Dr. Ferry Porsche,
der ihn nach Stuttgart einlud. Dort wurde
fieberhaft am Nachfolger des 356 gearbeitet,
und der Graf sollte dafür einen Entwurf
anfertigen. Als er bei seinem ersten Besuch
in dieser Sache 1958 den Leih-507 auf dem
Porsche-Firmengelände abstellte, fragte ihn
der Chef der Sportwagenschmiede nur, ob
dies denn unbedingt sein müsse. Fortan fuhr
Goertz Porsche. Die Zuffenhausener waren
einfach generöser als die Münchner: Die
Fahrzeuge standen stets am Flughafen seiner
Wahl, denn der Graf hatte keinen festen
Wohnsitz in Deutschland und lebte aus dem
Koffer. Im Stuttgarter Park Hotel stellte man
ihm draußen im Flur immerhin einen Schrank
zur Verfügung… Gleiches galt übrigens
später für das Palace Hotel in Tokyo.

Der Goertz Entwurf von 1959/60 ging
jedoch daneben: »Ein wunderschöner Goertz«,
lobte Ferry Porsche, »aber eben kein
Porsche.« »Es ist wirklich ganz leicht, ein
schönes Auto zu machen. Aber der Mann hatte
recht«, gibt der Deutschamerikaner heute zu,
»jedes Haus hat seine Philosophie. Die baut
immer auf einer Tradition auf – deshalb ist die
Arbeit für BMW oder Mercedes auch sehr,
sehr anspruchsvoll. Bei BMW konnte ich
mich in die Hausphilosophie voll hinein-
denken – Porsche war mir noch zu jung, ich
hatte zu wenig Anknüpfungspunkte.« Sicher
hätte er auch gern für Mercedes gearbeitet,
doch gab es persönliche Diskrepanzen mit
Designchef Fritz Wilfert, mit dem Goertz
wiederholt zusammentraf.

Anfang 1962 wagte der Graf auf eigene
Faust den Weg nach Japan: »Ich wußte
nichts über das Land, nur, daß dort vieles in
Entwicklung war. Ich wollte einfach ein
Gefühl für Japan bekommen. Die ersten
Treffen dort brachten nichts.« Wieder
zuhause, schrieb er alle Autofirmen an.
Interesse zeigten nur Mazda, für die Bertone
damals arbeitete, und Datsun. Doch die
Arbeit mit Freiberuflern war eigentlich
unüblich: »Fünfmal war ich dort, wurde
immer wieder abgewimmelt. Dann bekam
ich den Vertrag mit Datsun.«

Von 1963 bis 1968 arbeitete der deutsche
Graf für die japanische Firma, kreierte als
erstes den Datsun Silvia. Anders als damals
die italienischen Designer war Goertz alle
drei Monate für mehrere Wochen vor Ort –
und arbeitete auch hier selbst am 1 : 1-
Tonmodell mit. Speziell für den US-Export
gedacht war das zweite Datsun-Projekt, das
Modell Z, das tatsächlich zum meistverkauf-
testen Sportwagen aller Zeiten werden
sollte. Die Datsun-Manager wußten um
Goertz' guten Ruf in den USA – aber auch,
daß der Graf exotisch-unamerikanisch
denken konnte. Diese Mischung kam an,
genau wie die geniale Bewältigung der
Forderung, einen schicken Wagen ähnlich
dem Jaguar E-Typ im Porsche-911-Format
zu schaffen. Doch das Z-Modell debütierte
erst 1969, und noch lange Jahre gab es
gerichtliche Auseinandersetzungen mit den
Datsun-Anwälten, die die Formgestaltung
im Nachhinein nicht mehr bei Goertz sehen
wollten. Das Ganze endete in einem
Vergleich.

In der Zwischenzeit hatte Goertz, der
mittlerweile Kontaktbüros in Deutschland,

Dem in Europa weithin unbekannten Datsun Silvia folgte das Z-Modell, dessen Form ebenfalls von Albrecht Graf Goertz stammt.

Mexico, Japan, in den USA und auf den Bahamas unterhielt, immer wieder Kontakte mit anderen Automobilfirmen: Mit Henry Ford Junior, mit Bill Mitchell von General Motors, mit Renault und Jaguar (1972 entstanden zehn spezielle XJS-Jubiläumsversionen für die USA).

1970 staunte die Fachwelt auf dem Turiner Autosalon über einen schicken deutschen Sportwagen: den VW-Porsche 914/6, gezeichnet vom Grafen anläßlich eines von Giugiaro ausgeschriebenen Wettbewerbs. Das formal an den Lotus Europa erinnernde Auto ging jedoch nie in Serie. Schade: Unmittelbar nach der Ausstellung beendeten VW und Porsche ihre Zusammenarbeit.

In den Siebzigern holte BMW-Entwicklungsvorstand Dr. Karl-Heinz Radermacher den gebürtigen Niedersachsen nochmals nach München, um an einem neuen Sportcoupé mitzuwirken. Erste Skizzen des Sechser-Coupé-Nachfolgers fanden den Beifall Radermachers und des Designchefs

Claus Luthe. Finanziell konnte man sich jedoch nicht einigen. Alternativ ging später das Achter-Coupé in Serie. Mitte der Achtziger wurde der Graf nochmals aktiv und zeichnete Detaillösungen für neue BMW-Automobile – beispielsweise die Niere des neuen Dreiers.

Befragt nach seinen Favoriten unter den Autodesignern scherzte er: »Bill Mitchell von General Motors ist der Beste, ich komme erst an zweiter Stelle.« Bill, der den jungen Grafen einst vertrauensvoll in seine Modellräume schauen ließ, gehörte dem GM-Vorstand an – was Goertz These untermauerte, daß gute Designer verantwortlich Firmen-Entscheidungen mittragen sollten (was in Deutschland nie der Fall war). Giorgio Giugaro, Ypsilon Ghandini, Nuccio Bertone und »Butzi« Porsche gehören gleichfalls zu den ganz Großen, deren Größter Ettore Bugatti («mein Vorbild») war.

Sein Lebenswerk gibt Graf Goertz gern

49

Prototyp des VW-Porsche 914/6 von
1970: Zu einer Serienproduktion
kam es nicht.

Alternative zum BMW Achter-Coupé
hätte dieser Goertz-Entwurf
sein können.

50

an junge Designstudenten weiter, sein Terminkalender ist ausgebucht. Ob er heute noch mal ein komplettes Auto zeichnen würde? »Na sicher, aber nur zu meinen Konditionen«, schmunzelt der Anfang 1990 nach Deutschland Übergesiedelte. »Aber ich würde nur für Firmen arbeiten, die entweder renommiert genug sind oder bei denen ich merke, daß es wirklich Spaß macht.«

Doch so, wie es inzwischen in den Designabteilungen mit ihren angeschlossenem Windkanälen und den heutigen Nachwuchs-Design-Akademikern aussieht, hat der eigenwillige Graf wohl keine echte Chance mehr: »Windkanäle sind Gimicks für die Werbung, ihr Einsatz bringt erst etwas für Geschwindigkeiten über 140 km/h!« Die enge Zusammenarbeit zwischen Ingenieur und Designer ist eine Traumvorstellung. »Pioniergeist, Phantasie, Intuition – für mich war es ein aufregendes Leben. Übrigens bin ich der einzige Designer mit einem eigenen Fan-Club«, meinte er und verwies auf den rührigen 507-Club, der ihn zu jedem seiner Jahrestreffen einlädt.

In der BMW-Hauszeitschrift schrieb er: »Der BMW Z1 ist kein legitimer 507-Nachfolger ... Ich habe in München vorgeschlagen, eine Replika-Version des 507 zu bauen, mit modernster Technik unter dem unveränderten Blechkleid aus den fünfziger Jahren. Die müßte doch zu verkaufen sein, oder?«

Sein großes Interesse gilt freilich schon länger den kompakt-vernünftigen Citycars. Von 1972 bis 1979 zeichnete er verschiedene, Anfang der Neunziger erneut. Schon in den Fünfzigern hatte er Fiedler um eine BMW Isetta gebeten, die sich aber als Stadt-

mobil in den USA als ungeeignet erwies. Heute fährt er gern kompakte, aber leistungsstarke Autos wie den Dreier-BMW, »aber niemals mit der in den USA so beliebten Automatic«.

Der Internationale BMW 507-Club lädt den Designer zu jedem großen Treffen ein.

Unmengen von Zeichnungen, Fotos, Briefen haben sich im Laufe der Jahre angesammelt. Viele Stücke überstanden den Umzug nach Deutschland nicht. Von den verbleibenden Dingen übergab der Graf einen Großteil dem Hamburger Museum für Kunstgewerbe. »Die können mehr damit anfangen«, sagte er und erinnert sich an die großen Ausstellungen des Jahres 1992: In Hamburg und Frankfurt wurde ein Teil des Gesamtwerks des großen Designers präsentiert.

Sexbomben auf Rädern

Die Goertz-Prototypen

Goertz bekam den so einhellig verworfenen Loof-Prototyp nie zu Gesicht. Bei der New Yorker Automobilausstellung im Herbst 1954 zeigte ihm Max Hoffman, der schon mehrfach erwähnte Alleinimporteur großer europäischer Automobilmarken und Initiator der Mercedes-Typen 300 SL und 190 SL, lediglich ein Foto. »So etwas läßt sich hier nicht verkaufen. Schicken Sie doch mal ein, zwei Skizzen an Hanns Grewenig, den BMW-Boß in München« empfahl Hoffman dem Grafen, »aber verraten Sie nicht, daß Sie das Foto bei mir gesehen haben!« Er schilderte Goertz seine Vorstellungen eines erfolgversprechenden Sportwagens und regte ein paar Detailskizzen an. Beim Interview mit Automobile Quaterly glaubte sich Hoffman sogar erinnern zu können, selbst Skizzen angefertigt und zehn Tage später nach München geschickt zu haben. Eine kaum glaubhafte Darstellung, der Insider nachdrücklich widersprechen.

Der junge Designer ging sofort an die Arbeit und warf innerhalb weniger Tage mehrere Skizzen aufs Papier. Darunter waren auch Corvette-ähnliche Ideen und Zweisitzer-Entwürfe mit sehr flacher Frontpartie und niedriger Panoramascheibe. Zum ersten und letzten Mal in seiner Karriere schickte Goertz nun diese vorab gefertigten Skizzen zur Ansicht an den potientiellen Auftraggeber! Vielleicht gerade weil ihm ganz neue Stilmittel vorschwebten und er sogar die bislang unverzichtbare Front-Niere wegließ – ähnlich wie dies mit dem typischen Mercedes-Kühler beim 300 SL gemacht worden war – stieß er auf positive Resonanz. Binnen kurzem lud ihn BMW telegrafisch nach München ein.

Hier traf der Graf auf Verkaufsvorstand Hanns Grewenig, der ihn erst einmal fragte, ob er denn jemals ein serienreifes Auto gezeichnet habe. »Nein«, lautete die Antwort, aber er wolle es versuchen. Der 300 SL kam ins Gespräch, und Goertz

Die allererste Skizze
für den gewünschten
Sportwagen.
Goertz schickte sie an
den BMW-Vorstand.

Die zweite Skizze
eines gedrungeneren Autos
ähnelte der Corvette.

Eine dritte Skizze
des Sportwagens mit
stark eingezogenem Grill.

53

Weitere Entwürfe aus dem Jahre 1955 für den 507, Fingerübungen für einen guten Stylisten. Man beachte besonders die Rennsport-Ausführung mit winziger Rennscheibe. In ähnlicher Form wurde sie einmal vom Werk gebaut.

Erst nach Serienanlauf entsann sich der Graf wieder des seinerzeit topaktuellen Heckflossen-Themas.

versprach: »Natürlich wollen wir ein Auto machen, das noch spektakulärer ist.« Der 300 SL, so sagte er, sei »zu maskulin«, und in den südlichen Bundesstaaten der USA fände man es unbequem, »daß sich bei Hitze kein Fenster öffnen läßt«.

Per Schiff ging als nächstes ein von Designchef Wilhelm Hofmeister, dem Nachfolger Peter Szimanowskis, beeinflußtes Plastellin-Modell zu Hoffman nach New York. Die Vorgaben für die graue 1:5-Studie stammten von Goertz. Das Urteil

Abbildungen oben und unten: Ein ausgeprägter Heckschwung kennzeichnete diese Entwürfe.

Verkaufsvorstand Hanns Grewenig lud den Grafen nach München ein und besprach mit ihm die zukünftige Marschrichtung.

Hoffmans war für die Münchner schicksalhaft: Bei einem Verkaufspreis von nur 5.000 Dollar, so hatte der clevere Geschäftsmann nämlich inzwischen verlauten lassen, könne er sogar 2.000 bis 5.000 Exemplare des BMW-Sportwagens absetzen. Doch das erste, relativ kantige Modell mit angedeuteten Heckflossen lehnte er als »zu hoch, zu eckig, zu sehr Thunderbird« ab. »Es war überhaupt nicht gut«, resümierte der Importeur, »nichts war wie bei meiner ursprünglichen Idee.«

Hoffman bat Goertz, in New York ein weiteres, besseres Tonmodell zu formen. Mit Werkzeug und spezieller Modellier-

Der im Maßstab 1:5 geformte BMW 507 erfuhr mehrere Modifikationen.

56

Dieses 1:5-Modell – noch mit angedeuteten Heckflossen – war schließlich Grundlage für alle weiteren Arbeiten am 507.

technik unterstützt wurde der Graf dabei von seinen früheren Loewy-Kollegen. Das Zeichnen und Modellieren in Personalunion dürfte sicher einer der Gründe für Goertz' überzeugenden Erfolg gewesen sein. Das nach München zurückgeschickte braune Modell wurde von den BMW-Verantwortlichen ohne Wenn und Aber akzeptiert. »Bauen Sie diesen Wagen für den amerikanischen Markt«, sagte man dem Designer, »er muß fünf Jahre lang laufen.«

Der Baron von der Park Avenue

Maximilian Edwin Hoffmann, jener gebürtige Österreicher (1904 – 1986), war schon zu Lebzeiten eine Legende, die sich mit zahlosen Freunden und Feinden umgab.

Nach seiner Übersiedlung in die USA amerikanisierte er seinen Namen in Hoffman. »Ein knallharter Geschäftsmann, der weniger mit verkauften Autos als durch Konventionalstrafen verdiente«, sagten die einen, »einen Autonarr und Visionär« nannten ihn die anderen. Seit 1946/47 bot er den großen Importeuren Quale, Chinetti und Grossman mit seiner New Yorker Firma »Hoffman Motors Corporation« im Seagram-Gebäude an der Ecke 487 Park Avenue/59th Straße erfolgreich Paroli. Niederlassungen unterhielt er bald auch in den Bundesstaaten New Jersey und hauptsächlich in Kalifornien.

Der Österreicher Maximiliam Hoffman war der bedeutendste Importeur europäischer Wagen in den USA. Er initiierte sowohl den Mercedes 300 SL als auch den BMW 507.

Er führte Jaguar, Volkswagen, Porsche, Mercedes, Alfa, Lancia und Fiat ein, bevor er sich vor allem dem BMW-Geschäft zuwandte. Berühmt und erfolgreich machten ihn sein Service und sein Gespür, in die richtigen Fahrzeuge und in die richtigen Leute zu investieren. So blieb es nicht aus, daß er mit verschiedenen Automobil-Managern wie William Lyons von Jaguar, Heinrich Nordhoff von Volkswagen, Alfred Neubauer und Fritz Nallinger von Mercedes, Donald Healey und Ferry Porsche auf vertrautem Fuße stand, Geschäfte vermittelte und Projekte anregte. Hoffman initiierte beispielsweise den erfolgreichen Porsche Speedster und die SL-Typen von Mercedes.

Mit dem Mercedes 300 SL und dem preisgünstigeren 190 SL mischte Hoffman den Sportwagen-Markt in den USA neu auf.

Seit 1951/52 importierte er Mercedes und gründete eigens dafür eine eigene Firma. Der im Februar 1954 in New York vorgestellte 190 SL gefiel dem Liebhaber kleiner, niedriger Sportwagen-Schönlinge besser als der ab August des gleichen Jahres folgende Dreiliter-Flügeltürer – «ohne den 190er und nur mit dem 300 SL hätten wir keinen Erfolg gehabt.« Mercedes zahlte später 18 Millionen Dollar, um die Vertriebsrechte zurückzubekommen. Nur bei VW hatte sich der »Baron« verschätzt und den Alleinvertrieb zu zeitig aufgegeben.

Europäische Autos galten als exklusiv, ihr Anteil lag damals in Amerika bei einem halben Prozent (1954: 25.385 Europäer bei 5.535.646 Neuzulassungen). Fast die Hälfte davon entfiel auf Sportwagen von Jaguar, Porsche, MG, Ferrari, Austin-Healey, Mercedes und Triumph. Marktführer bei den Importen war allerdings Volkswagen mit seinem simplen Käfer.

Mit dem so unteutonisch wirkenden BMW mit werbewirksamem Leichtmetall-V8 versprach sich Hoffman eine hoffnungsvolle Zukunft. Doch der Traum zerrann, weil die Bayern in ihrer Preiskalkulation wenigstens einen kleinen Gewinn erwirtschaften wollten. So zog Hoffman seine Vorabzusage zur Großabnahme des 507 zurück, als das Auto mit rund 9.000 Dollar (36.000 Mark) erheblich über den avisierten 5.000 Dollar (20.000 Mark) lag. Überdies waren inzwischen zwei bedeutend preisgünstigere US-Sportwagen auf dem Markt: Der im Herbst 1954 präsentierte Ford Thunderbird mit 4,8-Liter-V8 sowie die Chevrolet Corvette, deren ursprünglicher 3,5-Liter-Sechszylinder 1955 von einem neuen V8-«Dream Power Plant« – einem Traum-Triebwerk – mit 4,3 Liter Hubraum ersetzt wurde. Während der später verlachte »T-

Die Chevrolet Corvette war der einzige ernstzunehmende amerikanische Sportwagen. Anfangs war sie mit Sechs-, dann wahlweise auch mit Achtzylinder zu haben.

Bird« für unter 3.500 Dollar (14.000 Mark) zu haben war, kostete die Fiberglas-Corvette fast 4.000 Dollar.

Selbst das war in den USA, wo der Anteil offener Wagen stolze 20 Prozent betrug, viel zu viel. So kam im Laufe der nächsten Jahre der Corvette-Absatz nie über die eigentlich angestrebte 10.000er-Jahres-Stückzahlgrenze. Der V8 war in den Staaten damals schon Allgemeingut, auch wenn es sich bis Ende der Fünfziger um Grauguß-Konstruktionen handelte – die dann allerdings fast 90 Prozent aller Wagen befeuerten! An leichte Aluminium-Karosserien war in den USA jedoch selbst zu diesem Zeitpunkt noch nicht zu denken.

Warum auch? In einem Land, in dem letztendlich die Ehefrau über den Neuerwerb eines Autos entschied, zählten Kriterien wie schicke Karosserie, muntere Farben und gute Ausstattung mehr als unsichtbare Raffinessen. Die Werbung verzichtete darum auf technische Angaben wie Hubraum (es gab eh keine Hubraum-Steuer!), Motor- oder Fahrwerk-Auslegung. Doch für normale Nullachtfünfzehn-Kunden war der 507 nicht gedacht. Goertz meinte im Nachhinein, die US-Sportwagen seien keine echte Konkurrenz für den bedeutend solider ausgelegten BMW gewesen; wirkliche Kenner hätten dies zu schätzen gewußt.

Hoffmans Absage sorgte erst einmal für eine anhaltende Verstimmung. Zeitweilig ruhten die Geschäftsverbindungen des Austro-Amerikaners mit den Münchnern. Der Wiener BMW-Importeur und BMW-700-Mitschöpfer Wolfgang Denzel behauptete 1959 sogar, BMW hätte Hoffman die Vertretung entzogen, und der

Importeur hätte daraufhin einen Prozeß gegen BMW angestrengt. Bis zu 50 Einzelimporteure bezogen nun BMW-Wagen aus München! Man arrangierte sich doch irgendwie, und nach einem Besuch des damals neuen Vertriebschefs Paul Hahnemann («Nischen-Paule«) im Jahr 1960 wurde der smarte »Baron« schließlich doch noch Alleinimporteur von BMW. In der Folgezeit regte Hoffman zum Beispiel den Neue Klasse 1800 TI und den Nullzweier 2002 an. Sein Engagement trug ihm schließlich die Bezeichnung »Graue Eminenz von BMW« ein. Nur ein einziges Ziel glaubte er verfehlt zu haben, bekannte er nach langen Gesprächen mit Alexander von Falkenhausen, dem kurzzeitigen Eigner der AFM-Rennwagenschmiede: Genau wie der BMW-Adelsmann eine kleine, aber feine eigene Automobilfirma besessen zu haben.

Das 507-Modell

Goertz wurde im November 1954 als Design-Berater («Consultant«) der Bayern engagiert. Auch die Vertragsunterzeichnung in München war Chefsache: Sein Gegenüber war der Leiter der BMW-Rechtsabteilung, Heinrich Krafft von Dellmensingen. Goertz, damals bei weitem nicht so geschäftstüchtig wie beispielsweise Loewy, hatte sich zuvor in den USA erkundigt, was er denn als Gage verlangen könne. Ausgehandelt wurden schließlich jährlich rund 80.000 Mark plus eine Aufwandsentschädigung.

Allerdings blieben bis zur nächsten Automobilausstellung in Frankfurt nur noch ganze neun Monate Zeit für das intern 547-1 genannte Sportwagen-Projekt. Das bedeutete: Volldampf voraus! Direktor Hanns Grewenig direkt unterstellt, schuf Goertz zusammen mit dem Technikvorstand Fritz Fiedler den unvergleichlichen Roadster BMW 507 und stellte nebenbei noch den Gran-Tourisme-Wagen BMW 503 mit auf die Räder. Goertz, der gern selbst den Arbeitskittel anlegte und »seinen« Modelleur König (später als »König der Modelleure« gelobt) unterstützte, bezeichnete das 150prozentiges Engagement im Nachhinein als Fehler: »Ich war so engagiert bei BMW, daß ich alles andere vergessen habe. Selbst in New York habe ich nur an Details für dieses Auto gearbeitet und andere Kunden vernachlässigt.«

Doch sein Credo, daß eine gute Automobilkarosserie nur von einem einzigen Designer zu realisieren ist – »damit Vorder- und Hinterteil zusammenpassen« – bewahrheitete sich hundertprozentig. »Es kam mir darauf an, durch klare Linien zu unaufdringlicher Eleganz zu kommen. Die langgestreckte Seitenlinie mit dem sanften Knick hinter der Tür vermittelt das Gefühl von Geschwindigkeit und Windschlüpfigkeit. Die Radausschnitte sind so gestaltet, daß die Räder besonders gut zur Geltung kommen. Denn sie gehören zu den schönsten Teilen eines Autos, werden aber zu oft versteckt.«

Seine Arbeitsbedingungen waren einzigartig und fast schon traumhaft. Goertz war alleinverantwortlich für das komplette Kleid seines Autos, des 507, ohne daß ihm irgendjemand hineinredete. Er mußte nicht einmal bereits vorhandene Komponenten über-

nehmen, abgesehen vom modifizierten Fahrgestell. »Solche Freiheiten hätte ich in den USA nie gehabt«, resümierte er später. Was Goertz auch verlangte – Fiedler machte es möglich, verlegte die zwei Doppelvergaser zugunsten einer niedrigeren Motorhaube, konzipierte die Kühllufteinlässe vollkommen neu. Dafür stand er oft selbst stunden- und nächtelang am Reißbrett. Ihm untergeordnet war Konstruktionschef Alfred Böning, der wiederum auch als Chef für Hofmeister und seine Leute agierte.

Fritz Fiedler (1899 – 1972) war als ehemaliger Horch-Konstrukteur Anfang der dreißiger Jahre zu BMW gekommen, wo er als erstes das nagelneue Sechszylinder-Chassis entwarf. Bei dieser Gelegenheit »erfand« er die markentypische BMW-Niere und stellte schließlich auch den legendären BMW 328 auf die Räder. Beim Neuanfang der Bayern im Jahr 1946 war dem letzten technischen Direktor der Vorkriegszeit als ehemaligem »Wehrwirtschaftsführer« der Wiedereintritt ins Werk verwehrt, und er ging für zwei Jahre zu Bristol nach England. Endlich wieder zurück bei BMW, wirkte er maßgeblich sowohl am Barockengel als auch an der Isetta mit. Der rundliche, gemütlich wirkende Mann war ein Energiebündel – und ein bajuwarischer Dickschädel (er leitete auch ein bayerisches Bauerntheater!). »Fiedler hat ebenso großen Anteil am 507 wie ich«, sagte Goertz. »Wir nannten ihn oft 'Mr. No Problem': Dauernd kam er in die Modellabteilung, fragte 'Na, wo fehlt's denn?' und machte dann das Unmögliche möglich. Nie fragte er 'Warum wollen Sie's denn gerade so haben?' Wirklich, er gehörte in die gleiche Kategorie wie Uhlenhaut von Mercedes.« Der begnadete Techniker blieb bis 1964 bei BMW. Sicher bewußt übertreibend seufzte er später einmal bei einem Interview: »Mit Goertz zu arbeiten, war das Schlimmste, was man sich vorstellen kann.«

Baron Alexander von Falkenhausen, früherer Inhaber der besagten AFM-Manufaktur und ab dem 15. Oktober 1954 Leiter der BMW-Rennabteilung, war zumindest mitverantwortlich für die Vorbereitung des 507-Projekts. Doch dürfte er in der Anfangszeit eher am Rande mitgewirkt haben. Ihm werden die Abstimmung von Fahrwerk und Bremsen für 503 und 507 zugeschrieben. Seine profunde Kenntnis der unterschiedlichsten Technikbereiche – so hatte er bei BMW später entscheidenden Anteil an der Entwicklung der Motor-Desmotronic, der Fahrwerke und bei der Einführung der Scheibenbremse – spiegelte sich im Laufe der späteren 507/503-Produktion in den Fahrzeugen wieder. Ab 1957 war er – neben seiner Funktion als Rennchef – gleichzeitig Leiter der Motorenentwicklung.

Reibungslos lief die Entwicklung der V8-Sportwagen jedoch keineswegs. In zahlreichen Abteilungen von BMW lebte man noch Mitte der fünfziger Jahre von der Hand in den Mund. Gepaart war dies mit extremem Autoritätsbedürfnis mancher Führungskräfte – auch die Wirtschaftswunderzeit hatte ihre Respektpersonen. Unverständlicherweise wurden manche wichtigen Entscheidungen den zuständigen Mitarbeitern erst sehr spät mitgeteilt, manche Entwicklungen erfolgten aus Unwissenheit parallel. Sicher, das gab (und gibt) es auch anderswo. Dafür war die Bezahlung aber keineswegs besser als in

anderen Firmen. Ein Arbeiter bei BMW verdiente noch Ende der Fünfziger rund 400 Mark im Monat; ein eigenes Auto blieb für ihn ein Wunschtraum. Beispielsweise von den Formgestaltern konnte sich nur Hofmeister einen Wagen leisten. Kein Wunder, daß die Fluktuation recht groß war, wie frühere Mitarbeiter der Firma bestätigen.

In der Karosserie-Entwicklung im Werk 1, im Haus 84 a (rechts vom Eingang), wo üblicherweise von jedem Auto zuvor ein 1 : 1-Tonmodell angefertigt wurde, war man über das neue Projekt 507 höchst überrascht. Für Samstag, den 10. Dezember 1954, war von Designchef Hofmeister ein Arbeitstag im rund 120 Quadratmeter großen Modellraum in Gebäude 84 a angeordnet worden. Hier war alles top secret: Weil es sich hier um eine der zukunftsentscheidenen Abteilungen handelte, besaß der Modellraum als einziger ein Sicherheitsschloß – und beim Herannahen von Besuchern wurden die 1 : 1- und 1 : 5-Modelle abgedeckt.

Ein halbes Dutzend Leute – Fritz Ertle (30), Alfred Ertl (29), Gerhard Weher (50), Büroleiter Karl Schmuck (45), Josef Nefzger (50) und Karl Brosch (34) – brachte von innen beginnend graues Plastellin auf ein zentral im Raum stehendes, bis zur späteren Gürtellinie reichendes Traggerippe aus Fichtenholz auf. Nur der frühere Stellmacher Schmuck war – von Opel – zum Modelleur ausgebildet worden. Die anderen waren Dreher, Schlosser, Kunstmaler und Stellmacher. Angefertigt hatte die Kombination aus einem Grundgerüst aus 10 x 10 cm starken Vierkanthölzern, 4 cm starken Formgrob-Rippen und Verkrall-Vierkant-

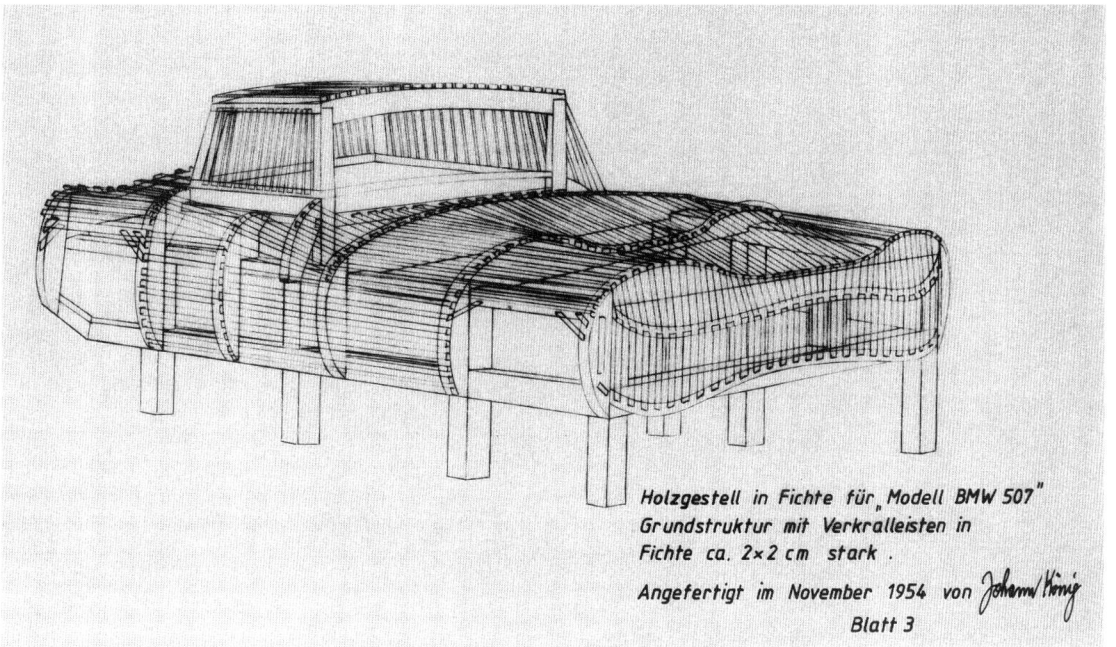

Holzgestell in Fichte für „Modell BMW 507"
Grundstruktur mit Verkralleisten in
Fichte ca. 2×2 cm stark.

Angefertigt im November 1954 von Johann König
Blatt 3

leisten (2 x 2 cm) im November 1954 der
24jährige Benjamin der Abteilung, Johann
König, nach den Angaben Hofmeisters. Der
gelernte Stellmacher wußte damals nicht,
daß darauf die Formgestaltung des BMW
507 erfolgen würde.

Hofmeister wiederum hatte eine A4-
Grobskizze von Goertz – damals noch
Mercedes-ähnlich mit zwei Hutzen – mit
den Hauptmaßen (Länge, Breite, Höhe) und
jenes verworfene, kantig-graue 1 : 5-Cabrio-
Modell aus Plastellin von Büroleiter
Schmuck vorgelegen. Das Lattengestell
einschließlich der mittels zweier Schrauben
fixierten Original-Räder stand zwischen
einem 5 cm hohen Aluminium-Rahmen, der
mit einem eingravierten 10-cm-Raster
versehen war. Die technische Abteilung
hatte für den 507 lediglich ein Dutzend
Maße wie den Radstand, die Außenab-
messungen, die Spurweiten, sowie die Lage
der Vergaser und Lampen vorgegeben.
Koffer- und Motorraum-Gestaltung, die

Anordnung der stählernen Innenkotflügel
und die Unterbodenausführung ergaben sich
peu á peu in Zusammenarbeit mit den Tech-
nikern. Die Modellierungsarbeiten, so
wollte es ein eherner Gestaltergrundsatz,
begannen nun mit der Linienführung der
Motorhauben-Mitte.

Mit im Raum, so erinnert sich Johann
König, war Graf Goertz, der schweigend die
Arbeit begutachtete. An jenem Samstag
machte die Mannschaft gegen 14 Uhr
Feierabend, nachdem etwa die Hälfte des
insgesamt vorgesehenen Plastellins aufge-
tragen war. Ab Montag begann die Fein-
arbeit, zu der Schmuck den jungen König an
die Fahrerseite des Autos beorderte. Sechs
weitere Modelleure waren an anderen
Stellen beschäftigt. Goertz, in einen beigen
Kamelhaar-Mantel gehüllt, schwieg weiter,
um dann nach der Mittagspause alle Mitarbeiter bis auf König für andere Aufgaben
freizustellen.

Der junge Mann war in der Folgezeit nur

63

Modelleur Johann König am 1:1-Modell. Im Hintergrund rechts die 1:5-Vorlage.

noch Goertz gegenüber rechenschaftspflichtig, der alle zwei Wochen mit neuen Detailskizzen (z.B. Lenkrad, Betätigungsknöpfe, Türgriffe) ein bis zwei Tage in den Modellraum kam. Die Kleinteile wurden von König aus Ahornholz gedreht. Goertz brachte übrigens den Trick amerikanischer Designer mit, die mit einem stumpfen Schlachtermesser leichte Schnitte in die frisch geformte Oberfläche vornahmen: Mit den Augen konnte nun geprüft werden, ob sich die Schnittfläche verdrehte oder harmonisch im parallel verlaufenden Linienfluß blieb.

Weder Goertz noch Fiedler hatten an der handwerklich sehr gekonnten 1:1-Nach-

bildung des im Hintergrund des Modellraums stehenden 1:5-Modells irgendetwas auszusetzen. An Stelle des Schmuck-Modells stand jetzt das aktualisierte, braune Goertz-Modell hier. Sechs Wochen modellierte König allein, lediglich unterstützt von seinem Helfer Karl Brosch. Der machte das in runden Stangen angelieferte Plastellin im elektrischen Wärmeofen mit 40 Kilo Fassungsvermögen geschmeidig und knetete es vor. Goertz bezeichnete das deutsche Plastellin aber schlichtweg als minderwertig. Darüber hinaus befanden sich meist noch ein, zwei weitere Modelleure im Raum, die an anderen Projekten arbeiteten. Nur in Zweifelsfällen wurde der von vielen unge-

64

Schön schlicht: die Heckpartie. Der Verzicht auf gestalterische Mätzchen verleiht dem 507 aus jeder Perspektive zeitlose Eleganz.

Einblicke: 507-Cockpit; Kenner unterscheiden die beiden 507-Serien an der anders gehaltenen Armaturenbrett-Oberkante. Das Radio ist nicht ganz zeittypisch, um so mehr allerdings das Vierspeichen-Lenkrad mit den Griffmulden.

Meisterhaft restauriert: Der 507 aus der zweiten Serie mit aufgesetztem Hardtop eines Wiesbadener Enthusiasten.

Charakteristisch:
die Frontansicht
des 507. Die
Nebelschein-
werfer waren
nicht ab Werk
montiert, gehörten
aber zur gerne
georderten Son-
derausstattung.

Unverkennbar: die seitlichen
Entlüftungsschlitze des 507.

Atemberaubend wie die
Rundungen der Loren:
eine Detailstudie der 507-
Frontpartie. Die fließenden
Formen, die große Radaus-
schnitte und die schräge
Frontpartie sollten typisch
für einen Goertz-Entwurf
werden.

68

Familienbande: Exakt 254
BMW 507 verließen das Werk –
diese Aufnahme von einem
Clubtreffen zeigt gleich 22 der
raren Stücke auf einen Blick.

Der eilige Geist: Sportpapst
Alex von Falkenhausen, einer
der Wegbereiter des 507-
Projekts, pilotiert hier während
einer Clubausfahrt einen roten
Roadster, dahinter der Roadster
mit der programmatischen
Nummer B-MW 507.

69

Fahren in seiner schönste

Zweiter Frühling:
Der 507 bei einer Veteranen-
veranstaltung auf dem Salzburgring. Während seiner
aktiven Zeit wurde der
Roadster vor allem bei
Bergrennen eingesetzt.

Stiefmütterchen:
Der 503 stand lange im
Schatten des Sportwagens,
doch das hat sich inzwischen
geändert. Bei Veteranen-
veranstaltungen wird ihm
nicht weniger Aufmerksam-
keit zuteil wie seinem
sportlichen Bruder.

70

Durchgehend geöffnet: der luxuriöse 3200 CS. Bei dem von Bertone geformten Klassiker lassen sich auch die hinteren Seitenscheiben voll versenken.

Langstreckentourer: Der 503 wurde als leistungsstarkes und komfortables Langstreckenfahrzeug konzipiert.

72

liebte Hofmeister um Rat gefragt, der sich
ansonsten bei dieser »Chefsache« zurück-
halten mußte.

    Übrigens nahm am 1:1-Modell nie
jemand irgendwelche Änderungen ohne
Einwilligung des Grafen vor. Augenzeugen
behaupten sogar, daß Goertz sicherheitshalber den jeweiligen Sachstand mit einer
Mini-Kamera fotografierte, bevor er nach
New York zurückflog. Kam er wieder nach
München – jeden Monat ein bis zwei
Wochen – verlangte er als erstes eine Leiter,
um das 1:1-Modell von oben zu begut-
achten. Was wie eine Marotte wirken mag,
machte tatsächlich Sinn: Der perspek-
tivische Überblick ließ Disharmonien schon
im Ansatz erkennen – und vermeiden. Diese

**Bis auf das Verdeck war das 1:1-Modell in diesem
Stadium fast vollendet.**

**Die seitlichen Entlüftungsschlitze waren ein Muster
stilistischen Könnens.**

73

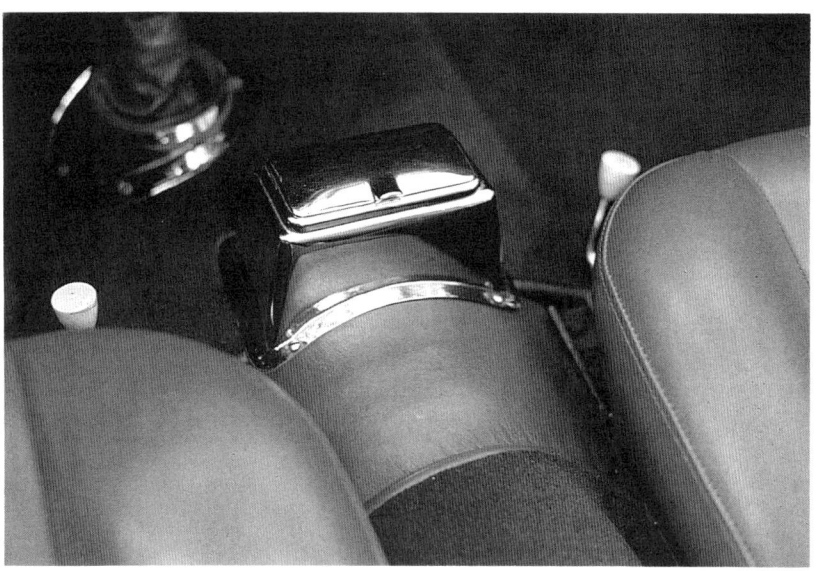
Der Chrom-Aschenbecher stammte aus dem BMW 502.

Art der Inaugenscheinnahme von oben behielt Goertz auch später in Japan bei und verblüffte damit die Nissan-Gestalter.

Normalerweise arbeiteten bei BMW durchschnittlich drei Mann 60 bis 70 Arbeitsstunden pro Woche gleichzeitig an einem Modell. Immerhin, alle anfallenden Überstunden wurden bezahlt, was als Stimulans sicher eine gute Sache war. Alles in allem wurden so etwa 30 Zentner Plastellin (1500 Kilogramm) per Hand aufgebracht – mit Auftragsdicken zwischen 3 und 15 Zentimetern. Zum Glattziehen benutzte König einen Metalldraht-Griff mit einem 40 cm langen Sägeblatt – eine weitere Goertz-Idee – sowie eine 40 mm breite und 3 mm dicke Holzlatte zum Abziehen.

Details wie das Armaturenbrett wurden bei BMW normalerweise als Extra-Modell im Maßstab 1:1 hergestellt, wobei für den 507 nur eine einzige Version direkt im Innenraum entstand. Auch Türverkleidung und Instrumente wurden von innen geformt,

Lage des Lenkrads und Pedalerie sowie der auf dem Kardantunnel plazierte Chrom-Aschenbecher des BMW 502 waren vorgegeben. Extra für dieses Auto entwickelte VDO eine spezielle Kombi-Instrumente-Garnitur, die in keinem anderen Wagen – abgesehen vom späteren BMW 503 – verwendet wurde. Dank der damaligen Spaltbeleuchtung konnten die Skalenfelder mit den damals topaktuellen, zierenden Erhebungen versehen werden. Der Drehzahlmesser reichte übrigens bis 7000 Touren; in der Serie sollten es dann nur 6000 U/min sein. Goertz klärte die Einzelheiten stets direkt mit VDO-Technikchef Heinrich Henz in Frankfurt am Main.

Als letztes wurde das Verdeck (und nicht etwa das abnehmbare Hardtop!) modelliert sowie ein Alurahmen und eine Plexiglas-Frontscheibe eingesetzt. Auf Goertz Wunsch kamen imitierte Rudge-Verschlüsse auf die 16-Zoll-Räder. Die charakteristischen seitlichen Entlüftungsschlitze wurden ebenfalls mit einem Alurahmen versehen, in den silbern gestrichene Holzleisten eingesetzt waren. In ähnlicher Form zierten sie auch den 250er Ferrari (einen Pininfarina-Entwurf), den 3,5-Liter-Maserati von Touring und den Hauptkonkurrenten, den Mercedes 300 SL. Ursprünglich wollte Goertz auch die Frischluftöffnungen vor der Frontscheibe mit dem Ziergitter des Wagen-Grills bestükken. Den US-Erfodernissen entsprechend, wo beim Parken schon mal gerempelt wurde, hatte Goertz ursprünglich Stoßstangenhörner für den 507 vorgesehen. Für den Prototyp wurden sie jedoch nicht realisiert.

Üblicherweise wurde in dieser Phase das komplette Modell zweimal mit Schellack gespritzt und mit dem Originallack versehen. Beim 507 war dafür keine Zeit. So wurde er nur noch vermessen und blieb dann eine Zeitlang als Tonmodell stehen.

Ende Januar 1955 war das 1:1-Modell fertig und wurde dem Vorstand präsentiert. Nach dessen Zustimmung wurde es innerhalb weniger Tage von König und Brosch mittels eines 1,80 m hohen Galgens vermessen. Die Meßblätter gingen von der Entwicklungs- direkt in die Konstruktionsabteilung, wo ein 1:1-Plan angefertigt wurde. Bei der Herstellung von Detailzeichnungen nahmen die Techniker nochmals Rücksprache mit Hofmeister. Für Deutschland war das Meßverfahren mittels Galgen neu, in den USA jedoch bereits seit zehn Jahren üblich. Bei früheren BMW-Modellen befand sich die ganze Konstruktion übrigens noch auf einer Holzplatte ohne Meßgalgen.

Der beidseitig auf den eingeölten 45-cm-Stegen laufende Galgen wurde von bis zu vier Mann von vorn in Längsrichtung über das Auto geschoben; Nullachse war die vordere Radachse. Gemessen wurde nur von der Fahrer-Seite aus. Durch das Auftragen leichter Hilfslinien im 10-cm-Raster (bei stärkeren Rundungen und beim Übergang A- und C-Säule auch 2,5-cm-Raster) unter Zuhilfenahme von Winkel, Höhenreißer und Reißnadel konnte beispielsweise die Lage der Lufteinlässe zweifelsfrei festgelegt werden. Die erst unten und dann oben abgenommenen Maße wurden von König auf Millimeterpapier übertragen. Daraus entstanden Detail-Zeichnungen und Zeichnungsschnitte, die im März/April 1955, vier Monate vor der IAA, vollendet waren. In jener hektischen Zeit waren Sechs- bis Sieben-Tage-Arbeitswochen absolut keine Seltenheit.

Brandeilig: der 503

Inzwischen hatte die Führungsetage beschlossen, neben dem Roadster auch noch

Anfangs versuchte Goertz, Stilelemente des 507 in den 503 zu übernehmen. Wie üblich, wurde zuerst nur die Fahrerseite ausgeformt.

75

Bredschneiders 1:1-Modell hatte viele Ähnlichkeiten zum später tatsächlich auf die Räder gestellten BMW 503.

eine noble Coupé- und Cabrio-Ausführung für gediegen-seriöse Kunden ohne supersportliches Faible anzubieten. Woher dieser Wunsch kam, kann nur vermutet werden: Von Vorständlern nämlich, denen die 507-Kurven zu gewagt erschienen und die nicht so recht an eine Serienproduktion glaubten. Doch die Zeit für den internen Konkurrenten war sehr, sehr knapp.

Parallel zum 507-Modell war Ende Januar 1955 von Johann König innerhalb einer Woche ein zweites Holzgerüst für den späteren 503 aufgebaut worden. Es handelte sich um das leicht abgewandelte Gestell eines Limousinen-Modells, dessen Radstand um 35 cm länger als der des 507 war – und damit in der Länge exakt dem des 502 entsprach. Als Zeichnungsvorlage hatte König nur eine Skizze zur Verfügung. »Den Wagen mußte ich dann so nebenbei mitmachen«, schmunzelte der Graf später. »BMW wollte noch ein Komfortmodell für

die anspruchsvolle Kundschaft. Ich meinte, vier alte Leute mit Hut sollten darin bequem Platz finden.«

Begonnen hatte den Entwurf Anfang Januar 1955 der hauseigene Stylist Gerhard Bredschneider, während zwei, drei Meter weiter Goertz und König am 507 arbeiteten. Außerdem befand sich noch ein Limousinen-Modell im Raum. Bredschneider, der zumindest eine Zeitlang dem Designchef gleichgestellt war, legte nie selbst Hand an seinen Entwurf an und verdarb es sich bald mit seinen Mitarbeitern. Ein nicht zu vertuschendes Alkoholproblem wirkte auch nicht gerade erleichternd. Schließlich überwarf er sich mit Hofmeister und schied dann kurzfristig aus der Firma aus. Goertz übernahm seine Aufgabe am 503. Doch blieb ihm nicht viel Zeit, denn auch dieser Wagen mußte zur IAA fertig sein!

Das als Coupé ausgeführte 1:1-Modell konnte insofern abgewandelt werden, als

76

nach Abnehmen des eigentlich feststehenden Daches ein richtiges Cabriolet (ursprünglich mit Extra-Hardtop vorgesehen) entstand. Konstruktiive Unterschiede zwischen Coupé und Cabrio bestanden ansonsten nicht. Für dieses Auto lag nur eine Skizze von Goertz vor, kein 1:5-Modell. Dies erforderte viel Phantasie bei der Umsetzung! Der Goertz-Entwurf behielt zwar Bredschneiders Grundform bei, wies aber zahlreiche neue Gestaltungs-Lösungen von den hinten nach oben abknickenden Zierleisten über die Heckleuchten, die Türen und das Dach bis zur Front- und Heckausführung auf. BMW hatte aber die Höhe der Scheinwerfer vorgegeben und ausdrücklich um eine Front-Niere gebeten.

Genau wie beim 507 öffnete die Motorhaube nach vorn, weil beim Barockengel die hinten angeschlagene Haube gelegentlich in voller Fahrt aufflog... Ursprünglich sah Goertz gegenläufige Schmetterlings-Scheibenwischer, kurze Scheinwerferringe und die Unterbringung von Blinker und Nebelleuchte in einem gemeinsamen Kombigehäuse vor. Die Heckpartie mit den verlängerten Stoßstangen wies dagegen ganz bewußt Familienähnlichkeiten zum 507 auf. Stoßstangenhörner waren allerdings nie geplant.

Verschiedentlich ziehen 503-Liebhaber eine in zahllosen Büchern und Veröffentlichungen abgedruckte Goertz-Skizze mit seitlichen Entlüftungsschlitzen à la 507 als Beweis dafür heran, daß diese auch dem 503 zugedacht waren. Das stimmt nicht – es handelt sich bei der Skizze um einen optisch verkleinerten Vierzylinder-Wagen mit 503-Stilelementen! Es gab jedoch ein 503-Einzelstück mit diesen Schlitzen – eine Sonderanfertigung für den Pudding-Millionär Dr. Oetker in Bielefeld.

Auch beim 503 wurde die Instrumentierung direkt im Innern des Modells vorgenommen. Hier kam eine weitere VDO-Neuentwicklung, der nie in Serie gegangene und ansonsten nur im repräsentativen 505 verwendete Bandtacho, zum Einsatz. Alle anderen Instrumente entsprachen denen des sportlichen Bruders. Die Lenkradschaltung behagte Goertz ganz und gar nicht, doch wurde sie ihm als ein Muß vorgegeben. Eines der wenigen Stilelemente, die wiederum vom 503 für den 507 übernommen wurden, waren die wuchtigen Einfassungen der Rückleuchten. Ursprünglich waren für den Roadster nur zwei kleine Lampen im Heck vorgesehen.

Mit dem 503, dem zweiten, an der Wand stehenden Wagen im Modellierraum, wurde also tatsächlich bedeutend weniger Aufwand getrieben als mit anderen BMW-Neuentwicklungen. Umso mehr sollte später das Ergebnis überraschen. An dem Neuling formten diesmal nicht nur ein Mann, sondern gleich drei von Goertz eingeteilte Modelleure: König gestaltete die gesamte Frontpartie bis zur A-Säule, Schmuck die Fahrgastzelle und Ertl das Heck. Zum Aufmessen des zweiten V8-Sportwagens wurde der bereits für den 507 verwendete Alu-Rahmen mit dem 1,80 m hohen Galgen genutzt.

Das Hardtop dieses 1:5-Modells wurde im Nachhinein hineinretuschiert. Es handelte sich um Königs weißes Demonstrationsmuster, das auf Pressebildern und in Werbefilmen gezeigt wurde.

1:5-Modelle

Nach Fertigstellung des 1:1-Modells des 503 innerhalb von nur vier Wochen entstand bis zum Juni 1955 ein drittes 1:5-Modell des 507 aus Gips für die Prospektfotos, Pressebilder und Trickfilme, vorbereitet von Alfred Ertl und hergestellt innerhalb von vier Wochen von Johann König. Dafür kam das zuvor angefertigte Plastellin-Modell in eine Holzkiste, die dann für den Formguß mit heißem »Hasenpudding« – einer Art Leim – ausgegossen wurde. Als Trennmittel diente simple Kernseife. Das Plastellin-Modell war anschließend unbrauchbar. In den erstarrten Hasenpudding konnte dann der Gips eingebracht werden.

Die Hardtop-lose Modell-Karosserie (auf die bei einigen Fotos ein Verdeck retuschiert war) wurde grundiert, gefüllt und weiß lackiert. Sämtliche Fugen waren sorgsam eingeritzt worden. Das Interieur war in Rot ausgeführt, die Räder wurden mit Weißwandreifen besonders betont. Lufteinlässe, Radblenden und Chromringe bestanden aus Aluminium. Die Lochfelgen waren mittels winziger aufgeklebter, schwarzer Ovale wirklichkeitsgetreu gestaltet. Rückspiegel waren nicht vorgesehen.

78

Das zweite 1:5-Modell Johann Königs: Die rotlackierte Miniatur erhielt nicht etwa der Betrachter, Curd Jürgens, sondern Graf Goertz als Geschenk.

Dieses Modell blieb im Besitz von BMW, während ein danach von König angefertigter, vierter 1:5-507 als Geschenk Fiedlers an Goertz ging. Die Räder dieses roten Modells ließen sich allerdings nicht bewegen. Auch sonst war es etwas einfacher gehalten als das Modell für die Pressefotos – so wurden beispielsweise die Fugen nur aufgeklebt.

Den 1:1-Plastellin-Modellen erging es übrigens ähnlich wie den Pendants in 1:5. Sie wurden nicht für die Nachwelt aufbewahrt, sondern weiterverwendet: Nach der Galgen-Vermessung wurde die knetbare Schicht wieder abgetragen und für neue

Modelle aufbewahrt, das Holzgerüst wurde demontiert.

Prototypen-Fertigstellung

Die Montage der insgesamt drei 507-Prototypen mit den Chassis-Nummern 70.002, 003 und 004 (zwei Roadster, ein Hardtop-Coupé) erfolgte ab Ende April 1955 in der Versuchsabteilung. Mit verschärftem Tempo – denn es waren nur noch rund vier Monate Zeit bis zur Frankfurter Ausstellung.

In einem »Nachtrag 1 zum Versuchsantrag 91/4« an den Vorstand, die Versuchsleitung, die Stücklistenabteilung und die Abteilung Karosserie-Entwicklung vom 25. April 1955 hatte Böning die ursprüngliche Bestellung von drei Fahrgestellen des Typs 507 b konkretisiert. Im ersten Versuchsantrag Bönings war »der Aufbau der Sportwagen-Fahrgestelle nur in groben Umrissen angedeutet« worden – bis nun endlich verbindliche Angaben gemacht werden konnten.

So wurde der 1440 mm breite Rahmen aufgrund der stärker eingezogenen Karosserie mit 1340 mm deutlich schmaler. Er war »vollkommen anders aufgebaut als der Rahmen 507 a (vorher 528 a)« hieß es im Nachtrag.

«Vorerst wird der Motor 506.1 SS mit parallelen Ventilen eingebaut, welcher in seinen Abmessungen gegenüber der Serie 506.1 so abgeändert ist, daß er in dieses niedrigere Fahrzeug paßt. Für später ist der Einbau von Motoren 507 a mit kugeligem Verbrennungsraum und V-förmig aufge-

79

hängten Ventilen vorgesehen. Diese Motoren wurden bereits mit Versuchsantrag VA 91/2 bestellt«, schrieb Böning. Der gewölbte Verbrennungsraum sollte später tatsächlich zum Einsatz kommen, nicht aber die V-förmig hängenden Ventile. Dennoch – es handelte sich stets um einen Tourensport-, keinen Sportmotor!

Abgeändert am 506.1 SS-Triebwerk wurden für die drei Prototypen der vordere Motordeckel und die Lage der Lichtmaschine, die vor den Motor wanderte. Auf ihr saß der Ventilator. Neu war auch die vorerst provisorische Anordnung der zwei flachbauenden Vergaser und der Ansaugfilter. Geplant, aber noch nicht erreicht waren zu diesem Zeitpunkt 140 PS Maximalleistung. »Der Kühler muß weit vorgeschoben werden, wie dies von Herrn Loof am Fahrzeug 507 a geändert wurde. Dazu ist ein neuer Kühler notwendig«, verlangte Böning.

Wie beim Loof-Prototyp wurde anfangs auch ein von ZF gebautes, »langes« BMW-Porsche-Fünfgang-Getriebe eingebaut (Übersetzungen: I. Gang: 3,09 : 1, II : 2,023, III : 1,5, IV : 1,205, V : 1, R : 2,205). Das kugelgeschaltete Getriebe machte das das 502-Schaltgestänge überflüssig. Weil es direkt an den Motor angeflanscht wurde, mußte ihm eine neue Kupplungsglocke spendiert werden. Das hier verwendete Getriebe wich nach der IAA einem Viergang-Getriebe, weil der 5. Gang schlicht und einfach zu laut war. BMW nutzte damit übrigens nur eine von Hurth und ZF betriebene Entwicklung, da die Firma kein eigenes Getriebeprojekt finanzieren konnte.

Vorder- und Hinterachse für die Proto-

typen stammten fast unverändert aus der 502-Limousine, die äußeren Spurstangen ebenfalls – nur die mittlere geriet etwas länger. Auch die Lenkung kam vom 502, die Lenksäule mit zwei Kreuzgelenken war eine Neuentwicklung. Stoßdämpfer und Federhebel waren gleichfalls 502-Teile, die Federn wurden in anderen Stärken bestellt. Neu war auch das von einer starken Alu-Platte gehaltene Fußhebelwerk mit hängenden Pedalen, während Fußbremse und Radbremszylinder vom 502 stammten. Beim Serien-507 wurde später bemängelt, daß die Pedale zu weit voneinander entfernt hingen, während sie beim 503 zu weit links und zu nahe beieinander installiert waren. Der Tandem-Hauptbremszylinder war bereits im 507 a (528 a) verwendet worden. Der gleitgelagerte Handbremshebel stammte von Bredschneiders 503 a.

Wie für den 503 b (das ursprüngliche 503-Cabrio) sollten »16-Zoll-Räder mit einem neuartigen Schnellverschluß« montiert werden, »hierfür werden noch neue Zeichnungen nach Vorschlägen der Firma Kronprinz angefertigt.« Auch diverse andere Teile wie Kraftstoffleitung, Tank (geplant war ein 100-Liter-Behälter zwischen Rückenlehne und Hinterachse), Auspuffanlage, Heizung/Lüftung und Elektrik waren zu diesem Zeitpunkt noch nicht greifbar.

Ganz klar: Die Prototypen wichen auch vom Finish her in vielen Kleinigkeiten von der späteren Serie ab. So war das 507-Lenkrad ursprünglich zweifarbig – Kranz und Hupknopf elfenbein, die Speichen in der Farbe des übrigen Interieurs. Das 503-Steuerrad stammte aus dem 502: zweispeichig, mit durchgehendem Hupring.

Auch die Skalenblätter von Tacho, Drehzahlmesser und Radio sollten zuerst in der Innenraum-Farbe lackiert werden; für den 503 war ja der extra entwickelte Bandtacho gedacht.

Die Gummis der Fenster und des Hardtops waren anfangs weiß. Daß sich die Scheibenwischer gegenläufig bewegten, behielt man für keines der beiden Sportmodelle bei. Im 503 saß übrigens der Blinkerhebel genau wie beim 507 rechts; im Serien-503 wanderte er auf die linke Seite der Lenksäule. Man weiß nicht so richtig, warum eigentlich – auf jeden Fall war die unterschiedliche Plazierung nicht etwa ein Spleen des Grafen, sondern entsprang den konkreten Vorgaben der Techniker.

Ebenfalls am 25. April 1955 waren mit Nachtrag 2 zum Versuchsantrag 77/10 hausintern drei 503 c-Fahrgestelle für die »vollkommen neue Karosserie« des Design-Grafen bestellt worden, die sehr vom ursprünglich vorgesehenen 503 a-Chassis Bredschneiders abwichen. Im hinteren Teil entsprachen sie dem 502, vorn dem 507. Davon sollten anfänglich sogar sieben Stück gebaut werden – nun aber waren zwei Cabrios und ein Coupé vorgesehen.

Vorder- und Hinterachse, äußere Spurstangen, Lenkung, Stoßdämpfer, Fußbremse, Bremsleitung, Bordwerkzeug stammten vom 502. Bereits für den 503 a freigegeben waren Teile wie die Lenksäule, die mittlere Spurstange, Schaltgestänge, Federhebel, Fußhebelwerk, Handbremse, Kühler und Armaturen. Die Universal-Gelenkwellen kamen aus den USA, während Kraftstoffleitung, Tank (unterhalb des Gepäckraums), Auspuff, Elektrik, Schnell-

verschluß-Räder für die zwei Cabrios sowie Heizung und Lüftung genau wie beim 507 noch nicht fertig waren.

Die im 503 weiter vorn als im 507 sitzende, äußerlich unveränderte 3,2-Liter-V8-Maschine (Typ 506.1 S) sollte ursprünglich durch »kleine Änderungen wie an Nockenwelle, höhere Verdichtung usw.« auf nur 130 PS leistungsgesteigert werden. Bereits von ZF fertiggestellt waren drei Spezial-Getriebe, die wie beim BMW 502 getrennt vom Motor eingebaut wurden. Weitere Änderungen erfolgten bis zur endgültigen Serien-Freigabe des modifizierten Typs 503/1 a (Coupé) und 503/1 c (Cabrio). Davon wurden mit Antrag VA 77/12 zwei Monate nach der IAA, am 17. November 1955, zwei Einzelstücke in Auftrag gegeben. Noch bis unmittelbar vor der IAA im September setzte der Vorstand eine Reihe von kleinen Änderungen durch.

Die 0,75 mm dünne Aluminium-Karosseriehaut mußte nun Blech für Blech per Hand in seine Form gehämmert werden. Dies taten vier bis fünf Spengler im linken Seitenteil der Halle 84 a (wo während des Krieges der Doppelstern-Flugmotor BMW 801 montiert wurde) – unerhört lautstark, wie sich Zeitzeugen erinnern. Es waren Künstler, die ihr Handwerk verstanden; zählt doch die Bearbeitung von Leichtmetall-Blechen zu den absoluten Spezialisten-Tätigkeiten. Führend im Aluminium-Verbrauch waren damals übrigens italienische Automobilhersteller, nur übertroffen von BMW und Mercedes – wo selbst bei den Limousinen der LM-Anteil bei über fünf Prozent des Leergewichts lag.

Im Keller des Hauses befand sich die

Modellschreinerei, wo die detailgetreuen
»Klopfmodelle« aus schichtverleimtem
Ahorn mit stahlbandarmierten Kanten
hergestellt wurden. Die innerhalb der Klopfmodelle alle 10 cm angeordneten, 5 mm
breiten Spenglerschablonen aus Sperrholz
für den 507 stammten übrigens auch von
Johann König, der für diese Arbeit frei-
gestellt wurde. Entscheidenden Anteil an
der Spenglerarbeit für die Prototypen hatten
der gutmütige Meister Grabmeier und der
cholerische, aber ungeheuer engagierte
Obermeister Ulrich, der Goertz wieder und
wieder für seinen 507-Entwurf lobte: »Eine
Sensation!« Der künstlerisch ambitionierte
Ulrich war auch an der Herstellung der
Holzformen beteiligt. Es stimmt keinesfalls,
daß die drei 507-Prototypen (507 b)

komplett bei Baur entstanden (»AMC«
5/1972) – dies bestätigen daran beteiligte
Blechner wie Willi Martini und Baur selbst.
Die Stuttgarter lieferten allerdings einige
Teile zu.

Es ist jedoch sicher, daß zumindest ein
503-Prototyp in Stuttgart gehämmert wurde.
Die Karosserie bestand hier aus Stahlblech,
Motor- und Kofferraum-Haube waren aus
Leichtmetall. Karl Baur erinnert sich , daß
nach der Barockengel-Anlaufserie mit
BMW verhandelt wurde, neben Cabrios und
Coupés weitere Aufbauten für zukünftige
Sporttypen zu übernehmen. Einen offi-
ziellen 503-Serien-Auftrag habe es anschlie-
ßend nie gegeben.

Die Armaturenbretter für die IAA-Wagen
entstanden in München. Die Stuttgarter

waren verstimmt über die häppchenweise Auftragserteilung – und hielten ihren Groll nicht zurück. Nur ein einziges Mal war Goertz selbst bei Baur, entsinnt sich aber nur eines »frostigen Empfangs«. Ein bißchen verständlich ist dies schon.

Die anderen 503-Prototypen waren – wie später in der Serie – mit einer Aluminium-Haut versehen. Fahrfertig gemacht wurden die Wagen schließlich, zusammen mit dem 505-Repräsentationslimousinen, bei Ghia in Aigle. Luxusattribute wie der erwähnte Bandtacho, Lenkradschaltung und die elektrohydraulische Betätigung der Fenster waren 503 und 505 gleich. Gespräche über eine 503-Vorserie soll es übrigens auch mit Karmann gegeben haben.

Die erste Karosserie des 507 – dies war Hofmeisters Vorgabe – mußte bis zum 15. Juni 1955 komplett fertig sein. Sicherlich nicht gerade zu seiner Begeisterung durfte Loof dann die Tests auf dem Nürburgring fahren. Tatsächlich wurden die drei Prototypen des 507 rechtzeitig vor der IAA fertiggestellt. Mindestens einer davon besaß ein Hardtop, keiner kam mit Weißwandreifen und Rückspiegel daher. Die Antenne saß grundsätzlich auf der linken Seite.

Auch die drei 503 (einer kirschrot, einer lind-resedagrün, einer silbern lackiert) wurden rechtzeitig vor der IAA fertig. Noch während des Aufladens für die Messe, so erinnern sich Augenzeugen, habe ein Lackierer letzte Ausbesserungsarbeiten an dem weißen 507-Standmodell mit roter Innenausstattung vorgenommen. Technisch seien sie wirklich noch nicht 100prozentig gewesen, erinnert sich Goertz.

Wirklich nicht: Gerade das weiße Standmodell mit Armaturenbrett und Lenkrad in Rosa, das sowohl in Frankfurt als auch in Paris gezeigt wurde, war ein Blender. Es besaß lediglich ein Motorengehäuse ohne Innereien, die Bremsen waren Attrappen. Als dieser Wagen in den Keller der BMW-Reparaturabteilung gerollt wurde, saß der nichteingeweihte Gustl Glemmnitz (Vater des Schauspielers Reinhard Glemmnitz) am Steuer, der vergeblich das Bremspedal durchtrat. Der weiße 507 knallte an eine Wand und demolierte sich das Vorderteil. Zu einem günstigen Preis übernahm daraufhin Schorsch Meier das maltraitierte Gefährt.

Sensationelle Präsentationen

Im Juli 1955, eineinhalb Monate vor der 37. IAA, hatten Grewenig und von Falkenhausen die ersten beiden 507-Prototypen zu Max Hoffman nach New York gebracht. Sie wurden dort in Gegenwart von Graf Goertz im Waldorf Astoria Hotel erstmals der Weltöffentlichkeit präsentiert – sprich: potenten Kunden, Presseleuten und Prominenten, wie dem US-Star-Rennfahrer Briggs Cunningham. In diesen Räumlichkeiten fand normalerweise die New Yorker »Motorama« statt.

Kurz darauf lief im Colosseum die New Yorker Auto Show. Auch hier sorgte der Goertz-Entwurf für viel Aufsehen. Eine pikierte Dame hielt Goertz für einen Besucher und flüsterte ihm angesichts der knappsitzenden, enganliegenden Karosserie entrüstet zu, sie fände den 507 »indecent« (unanständig). Verbindliche Vorbestel-

507 und 503 (verdeckt) waren die Hauptanziehungspunkte der IAA von 1955.

Sehen und Gesehen werden: Bundespräsident Theodor Heuss (mit Zigarre) und seine hochkarätige Begleitung (unter ihnen Wirtschaftsminister Ehrhardt) am 507.

Diese nach Serienanlauf des BMW 507 mit Kohle hingeworfenen Striche treffen die Dynamik des Wagens am besten. Goertz bezeichnet dieses Blatt als »einzig interessante, gelungene Skizze«.

lungen aber gab es nur wenige. »1000 Wagen kann man normalerweise für jeden Preis verkaufen«, klagte Goertz später, »in New York wurde aber der Fehler gemacht, den Wagen viel zu billig anzubieten!« Die Prototypen wurden anschließend per Luftfracht nach Deutschland zurückgebracht.

Der 503 wurde in Amerika nicht gezeigt-zum einen war er noch nicht fertig, zum anderen von vornherein nicht für den US-Markt konzipiert worden. Obwohl er später eben doch in den Staaten verkauft wurde. Seine erste Auslands-Präsentation erfolgte auf dem Pariser Automobilsalon im Oktober 1955.

Obwohl ihm sein Freund Hans-Ulrich Wieselmann, von 1951 bis 1970 Chefredakteur der »auto, motor und sport«, immer wieder Mut machte, war Goertz vor der IAA aufgeregt wie ein Kind vor dem Halbjahreszeugnis. Doch das Debüt der beiden Autos am 21. September 1955 war ein voller Erfolg. Unmittelbar vorher hatte es harsche

Kritik der Vorständler am 507 gegeben, vor allem am Karosserieeinzug und den herausstehenden Rädern – die doch nichts weiter waren als die Vorwegnahme des Jahrzehnte später in Mode kommenden Trends zu tiefergelegten, verbreiterten Autos! Donath war bis zum Schluß skeptisch. Goertz flog daraufhin verärgert nach New York zurück. Das Telegramm Grewenigs »Ein Mordserfolg!« war wie das Ende eines Alptraums für ihn.

Cockpit des 507-Prototyps: zweifarbiges Lenkrad, Drehzahlmessser bis 7000 Touren.

BMW 503 Cabrio mit Proto-
typ-Lenkrad und Bandtacho
im allerersten Werbe-
prospekt.

BMW 507 mit Weißwandreifen:
Eine Zeichnung
aus dem Debüt-Prospekt.

86

Tatsächlich geriet die Präsentation der Autos während der 37. Internationalen Automobil-Ausstellung triumphal. BMW hatte »Automobile, Motorräder und das Motocoupé Isetta« gemeldet, wie es in den Unterlagen des Verbandes der deutschen Automobilindustrie (VDA) heißt. Im Kuppelbau, Halle 1 B direkt am Haupteingang des Frankfurter Messegeländes, Stand 63, hatte BMW sieben verschiedene Großwagen-Typen ausgestellt – nämlich der 501 mit Sechs- und Achtzylindermotor, der 502 mit 2,6- und 3,2-Liter-V8 – und die Neukonstruktionen 503, 505 und 507. »Kühlung des Schmieröls durch Wärmeaustauscher im Kühlwassermantel des Zylinderblocks, Vorderachse mit Einzelradaufhängung und einstellbaren Stabfedern, Hinterachse mit Hypoid-Getriebe und einstellbaren Stabfedern«, war im Ausstellerverzeichnis über die Neuen notiert worden.

Das kirschrote 503 Cabrio, das lindgrünresedagrüne 503 Coupé und der weiße 507 stahlen dem Großen DKW 3=6, der Borgward Isabella TS, dem Mercedes 220 Cabrio und dem 300er-Einspritzer die Show. Die V8-Sporttypen leisteten überdies 20 PS mehr als der ebenfalls auf der IAA vorgestellte 502 mit 3,2-Liter-Motor. »Konstruk-

teure und Fachleute von der Konkurrenz fühlten sich zu den neuen BMW-Modellen hingezogen – nicht nur Dr. Josef Müller und Dipl.-Ing. Rudolf Uhlenhaut von Daimler-Benz. Einige Mercedes-Herren sieht man hier öfter als in der Mercedes-Halle«, spöttelte die »ams«.

Für Begeisterung sorgte vor allem der sensationelle Stil der Wagen, weniger die bereits vom 502 her bekannte Technik. Und auch nicht die Motorleistung: Der 300 SL-Einspritzer leistete nominell überlegene 215 PS, während der 507 noch mit 140 PS angegeben wurde.

Der damals ausschließlich mit Stahlblech-Aufbau offerierte Mercedes kostete 29.000 Mark und diktierte BMW den Preis des 507. Der wurde schließlich zähneknirschend genau zweieinhalb Tausender darunter angesiedelt, während der 503 immerhin 500 Mark teurer als der Flügeltürer war. Der als Reaktion auf den gelungenen 507 lancierte 300 SL-Roadster kam erst im Februar 1957 heraus. Nur in der detaillierten Einschätzung der Wagen widersprachen sich die Experten. »So etwas wie den 507 können wir nicht«, soll Uhlenhaut zu Grewenig gesagt haben, während Farina meinte: »Der 503 ist das schönste Auto der Ausstellung.«

503-Cabrio-Prototyp mit geschlossenem Verdeck.

Zeit-Zeugen

Pressestimmen von der IAA 1955

FRANKFURTER NEUE PRESSE (22.9.)

Die BMW Sensation Der Stand der Bayerischen Motoren Werke wird der Anziehungspunkt des Frankfurter Salons sein. Der Sportwagen Typ 507 ist eine Konstruktion von seltener Schönheit. Bei der Karosserie wurden alle Grundsätze beachtet, die aerodynamischen Regeln wie die ästhetisch-schwungvolle Linie. Dieser BMW Sportwagen mit dem weißblauen Gütezeichen ist ein Prunkstück. Der Karosserie-Architekt ist ein Künstler von Format.

FRANKFURTER NACHTAUSGABE (22.9.)

Ein Traum von der Isar Es ist wirklich ein Fest, was in der Festhalle geboten wird. Bereits gestern war der neue BMW-Achtzylinder als Sportwagen ständig umlagert. Ein schneeweißer Traum von phantastischer Gestalt, ein abnehmbares Coupe, niedrig, mit langgestreckter Haube, das Ganze stilvoll bis zu den ausgesparten vernickelten Scheibenrädern, wie auch die anderen Sportausführungen ein Stück, das beste italienische Schule repräsentiert, auch in der erstaunlichen Leistung. Ein meisterlicher Entwurf des aus Amerika heimgekehrten Grafen Goertz.

FRANKFURTER ALLGEMEINE (22.9.)

Eine echte Neuschöpfung Die Bayrische Motoren Werke AG München bringt wirklich einige Überraschungen auf die Ausstellung. Zu ihren bisherigen Typen gesellen sich echte Neuschöpfungen, die dem Zug nach schnellen und sportlichen Wagen entgegenkommen. Der Schlager auf dem Münchner Stand wird zweifellos der neue 3,2 Liter Sportwagen.

FRANKFURTER RUNDSCHAU (23.9.)

Die große Überraschung Die im doppelten Sinne »große« Überraschung sind die Neuerscheinungen auf dem BMW-Stand. Einmal deshalb groß, weil nur die ganz wenig Eingeweihte etwas von den neuen Modellen wußten, und zum anderen, weil BMW sein Typenprogramm durch einen 3,2 Liter V 8 Motor erweitert hat, so daß es gegenwärtig den hubraummäßig größten Personenwagenmotor in Deutschland herstellt. Man stellt keine gewagten Prognosen, wenn man behauptet, daß diese BMW-Modelle in den nächsten Ausstellungstagen einer der Hauptanziehungspunkte sein werden. Man ist zunächst geneigt anzunehmen, daß diese BMWs nicht ausschließlich auf bayerischen Boden gewachsen sind. So schön sind sie. Doch versichert man von Seiten des Werkes, daß sie durch und durch BMW-Schöpfungen seien, so daß man nur den Hut ziehen kann vor soviel wohlverstandener Interpretation der gegenwärtigen Geschmacksrichtung.

FRANKFURTER NACHTAUSGABE (23.9.)

Der weiße Traum Ohne Zweifel dürfte diese Neuschöpfung von BMW viele Besucher der Automobilaustellung anlocken. Traumhaft schön diese Gestalt. Die Kameramänner standen vor den wunderbaren Achtzylindern von BMW Schlange.

FRANKFURTER NEUE PRESSE (23.9.)

Traumwagen aus München Der Stand der Bayerischen Motoren Werke hat einen magischen Anziehungspunkt -den schneeweißen neuen Sportwagen, dessen edel geschwungene Form die Rasse und Geschwindigkeit ahnen lässt. Die Neukonstruktionen des renommierten Münchener Werkes sind weit mehr, sie sind wirkliche weißblaue BMW-Edelsteine in dem reichhaltigen deutschen Automobilangebot, besonders für den ausländischen Markt.

FRANKFURTER NACHTAUSGABE (27.9.)

Enthusiasten aus USA Amerikaner sind bestimmt autoverwöhnt. Sie haben eine besondere Vorstellung von Autos, und diese Vorstellung ist durch eine perfekte technische und komfortable Massenproduktion entstanden. Am Wochenende besuchte der amerikanische Racing-Club den BMW Stand. Diese Experten wurden im Nu zu Enthusiasten. Jim James Tutle, in den USA Champion der Kleinstrennwagenklasse, nennt die neue BMW Konzeption »eine phantasievoll geniale Linie, mit der das deutsche Werk das Richtige getroffen hat. Dieser Wagen wird auch in den USA begeistern, weil der Luxus in der Verarbeitung nicht vorgetäuscht wird, sondern echt ist.«

Ernst Hornickel, ein bekannter Motorjournalist, würdigte die neuen BMW-Modelle. Das Cabriolet bezeichnete er als das »schönste Auto, das je in Europa gebaut wurde.« Die beiden 503-Typen von BMW, die 3,2 Liter Coupé und Cabriolet mit 29.500,- DM können als das Nonplusultra der europäischen Produktion und Spitzenfabrikate des Weltmarktes gelten.

FRANKFURTER NACHTAUSGABE (28.9.)

Klasssischer Stil Der bekannte Pariser Fachmann Ickx schrieb über den »Triumph der neuen Karosserien von BMW«, die von Goertz, einem Schüler des berühmten amerikanischen Stilisten Raymond Loewy, gestaltet sind: »Es ist klar, daß es sich hier um jemand handelt, der künftig als Stilist von klassischer Reinheit viel von sich reden machen wird. Die berühmtesten Karossiers der Welt haben nichts schöneres zu bieten. Die italienische Schule hat ihren deutschen Ausduck gefunden.«

HAMBURGER ABENDBLATT (22.9.)

Als Stars gelten auch die beiden, unseren Lesern schon bekannten neuen Sportwagen von BMW. Dem 507 sagt man eine Höchstgeschwindigkeit von 220 km/h nach, so daß dieser Wagen im Renn- und Tourensport wohl eine wichtige Rolle spielen wird. Allerdings soll die Auslieferung der Sportwagen, die wie die großen Limousinen als einzige deutsche Wagen 8-Zylinder-Motoren haben, nicht vor dem nächsten Frühjahr möglich sein.

HAMBURGER MORGENPOST (22.9.)

Wer ein Herz für schnittige schnelle Wagen hat, wird sich nur schwer vom BMW-Stand trennen können. Vom neuen BMW 507 Sportwagen mit dem 3,2 Liter Motor und der Spitzengeschwindigkeit 220 km/st kann man genau so träumen wie vom Sportcoupe oder dem Sportcabriolet.

HAMBURGER ECHO (22.9.)

Bei BMW sind Wagen entwickelt worden, die, gemessen an den derzeitigen Produktion der deutschen Automobilfirmen, als Traumwagen zu bezeichnen sind. Der Gipfel dieser Pracht ist der BMW 507, ein Sportwagen mit einer Spitzengeschwindigkeit von 220 km/st. Das Coupé ist abnehmbar. Dann fällt noch ein kirschrotes 503 Teilcabriolet besonders ins Auge.

HAMBURGER ANZEIGER (24.9.)

Die neuen BMW-Modelle sind überhaupt das Tagesgespräch in Frankfurt, weil die Münchner ihr Comeback in der Sportwagenklasse mit Erfolg so lange geheimhalten konnten. Wir haben uns mit Italienern, die mit Recht auf ihren Karosseriebau stolz sind, über die neue Linie unterhalten. Sowohl die BMW-Sportwagen als auch das neue Mercedes Cabriolet 220 A hielten sie für die formschönsten Modelle der gesamtem Ausstellung.

HAMBURGER ABENDBLATT (28.9.)

Star im BMW-Stall Mit diesem neuen Touring-Sportwagen 507 knüpft BMW an alte Vorkriegstradition an und wird den Wünschen derjenigen gerecht, die einen schnellen, rassigen Wagen erträumen. Wie richtig die Bayrischen Motoren Werke mit ihrer Neuschöpfung liegen, beweist das starke Interesse, das der Wagen auf der Ausstellung gefunden hat. Das Werk sagt dem BMW 507 eine Höchstgeschwindigkeit von 220 km/st voraus. Der Wagen wird demnach eine gewichtige Rolle in kommenden Veranstaltungen des Renn- und Touringsports spielen.

RHEINISCHER MERKUR (23.9.)

Der repräsentative Stand der Bayrischen Motoren Werke wird besondere Beachtung finden. Keine Firma bringt – rein optisch gesehen – so viele Neuigkeiten wie das Münchner Haus…

WESTDEUTSCHE RUNDSCHAU (24.9.)

Die Attraktion von Frankfurt Man übertreibt bestimmt nicht, wenn man dem BMW Sportwagen mit seinem 3,2 Liter V-8 Motor und seiner formschönen und eleganten Karosserie als die Attraktion der Frankfurter Ausstellung bezeichnet, denn schließlich gelang dem Münchner Werk damit eine der wenigen Überraschungen.

HANNOVERSCHE ALLG. ZEITUNG (24./25.9.)

Rassig in der Form ist der neue 507. In der Richtung der Reise-Sport-Eleganz liegt auch der BMW 503, eine Augenweide und ein Träger hoher Werte.

GIESSENER ANZEIGER (24.9.)

In vollendeter Eleganz und Formschönheit präsentiert sich als Neuschöpfung das BMW

Coupe 503. Beiden neuen Modelle gebührt, wie es auf einem Empfang am Freitag vom Sprecher der Journalisten ausgesprochen wurde, der Schönheitspreis der IAA. Die Linienführung ist in solcher Eleganz einmalig und in Europa und Amerika ohne Beispiel.

HANDELSBLATT (23.9.)

Zu den schönsten Fahrzeugen der Automobilausstellung gehört das neue BMW Cabriolet Typ 503. Mit den meisten Neuschöpfungen geht wohl BMW nach Frankfurt. Die alten Freunde dieser Marke können nicht weniger als vier neue Typen bewundern. Ja, man wird sagen können bewundern, denn was da aus München kommt, ist in der äußeren Gestaltung so elegant und in der technischen Auslegung so solide, daß man des Erfolges dieser Fahrzeuge sicher sein darf.

INDUSTRIEKURIER (22.9.)

Überraschungen von BMW Eine der Überraschungen des Frankfurter Salons ist die Tatsache, daß der Mercedes 300 nicht mehr unser größter Wagen ist, wenigstens was den Hubraum anlangt. BMW bringt seinen bewährten Achtzylinder in vier verschiedenen Modellen als 3,2 Liter heraus, wobei das sportliche Element so stark dominiert, daß das Spitzenerzeugnis, der Typ 507, ein reiner Rennsportwagen ist, auf dessen Einsatz man bei den kommenden Sportveranstaltungen gespannt sein darf.

BREMER NACHRICHTEN (22.9.)

BMW-Tradition verpflichtet In aller Stille und mit für BMW sprichwörtlicher Gründlichkeit gingen die Vorbereitungen vor sich, und nun zeigt das Werk auf der IAA drei bis ins letzte ausgereifte Wagentypen. Was diese ungewöhnlich schnittigen Neuschöpfungen gemeinsam haben, ist die sehr temperamentvolle Kraftquelle, der V8 Zylinder Motor von 3,2 Liter Hubraum.

KÖLNISCHE RUNDSCHAU (IAA-Sondernummer)

Der BMW 507 Touring-Sportwagen hat helle Begeisterung unter den Besuchern der Ausstellung erweckt. Kaum war eine halbe Stunde vergangen, nachdem die grauen Tücher von von den BMW Modellen gefallen waren, da ging ein Raunen durch die Halle – »die BMW-Leute haben sogar die Italiener geschlagen«.

BZ BERLIN (23.9.)

Dieser Achtzylinder 3,2 Liter Wagen ist somit der größte deutsche Sportwagen geworden und hat Mercedes Benz verdrängt. Wird er Mercedes auch auf den Rennpisten verdrängen?

SÜDDEUTSCHE ZEITUNG (24./25.9.)

Das Rennommierstück der 37. Int. Automobilausstellung verbarg sich unter einem weißen Leinentuch. Wie gebannt starrten Ingenieure, Motorsport-Journalisten, Autohändler und Fotografen: »Da steckt 'ne rassige Sache darunter.« Die rassige Sache entpuppte sich als die neueste BMW-Schöpfung: Ein schneeweißer Touring-Sportwagen, der den Eindruck vermittelte, als habe sich die bullige Kraft einer D-Zug Lokomotive mit der spielerischen Eleganz eines englischen Windhundes vereinigt. Da stand dieser Wagen – drei Meter lange Motorhaube, hellgelbe Schweinsledersitze, funkelnde Armaturen, spiegelnder Lack, sparsamer Chrom, einn Zwitter fast schon zwischen Flugzeug und Auto, ein Düsenjäger der Autobahn, ein technisches und formgestalterisches Wunderwerk.

MÜNCHNER MERKUR (23.9.)

Die Überraschung kommt aus München: Das BMW 503 Coupé ist formgewordene Tradition und aristrokratische Vornehmheit! Auch die Sensation von Frankfurt ist auf dem

BMW-Stand zu finden: Ein blendend weißer, reinrassiger Vollblutsportwagen und ein in dezentem Lichtgrün gehaltenes Coupé – beide von geradezu aristokratischer Vornehmheit und unbestrittener Mittelpunkt der Ausstellung. Es fällt einem beim Anblick dieser hinreißenden Schöpfungen leicht, vorauszusagen, daß die Vorkriegstypen würdige Nachfolger gefunden haben. Sowohl der 507 Touring-Sport als auch das 503 Coupé wurden in ihrer Linienführung in Milbertshofen entworfen, und man könnte den Schöpfern wohl kein größeres Kompliment machen, als wenn man sagt, daß es die berühmten italienischen Karosseriebauer nicht hätten besser machen können. Beide Typen zählen nicht nur zu den schönsten, sondern auch zu den schnellsten Wagen ihrer Kategorie.

AUTOMOBIL-REVUE (10 / 1955)

Eine große Überraschung erleben die Ausstellungsbesucher auf dem Stand der Bayrischen Motoren Werke AG., München, wo es in erster Linie für die sportbegeisterten Fahrer eine ebenso interessante wie schöne Neuschöpfung zu bewundern gibt. Jetzt aber ist BMW in seiner alten Leistungsfähigkeit wieder da und zeigt uns Erzeugnisse, die bedenkenlos der internationalen Sonderklasse zugezählt werden dürfen.

KRAFTHAND (21.9.)

Gediegene Meisterkompostionen aus München. Mit vier völlig neuen Wagentypen, exclusiven Sport- und Repräsentationswagen, überraschen die Bayrische Motorweke AG die Öffentlichkeit. Cabriolet und Coupé erhielten neue, wirklich bestechende Karosserieformen. Als weitere außerordentliche Neuerung darf die elektro-hydraulische Betätigung des vollversenkbaren Verdecks und der Türscheiben beim Cabriolet gelten. Die neuen Wagen dürfen als eine überaus gekonnte, glückliche

Fortführung der alten Tradition gelten. BMW 507 Touring-Sport: Frappierend vor allem die Form des Fahrzeugs, die schwerlich von den berühmten italienischen Karosseriekünstlern so leicht in den Schatten gestellt werden kann.

AUTOMOBIL REVUE BERN (28.9.)

BMW wieder unter den Sportwagen Zu den größten Überraschungen und gleichzeitig zu den schönsten Wagen der Ausstellung gehört dieses Sport-Coupe 507 von BMW, mit dem diese Marke auf höchster Ebene wieder die Sportwagen-Produktion aufnimmt. Im Mittelpunkt der Ausstellungsgespräche und von einer geradezu magischen Anziehungskraft umgeben, präsentiert sich der BMW-Stand mit den neuen Modellen 503, 505 und 507. Darauf haben die Ausstellungsbesucher gewartet!

AUTO, MOTOR UND SPORT (20 / 1955)

Und was hatten sich Abertausende von BMW-Freunden von der Nachkriegsproduktion ihres Hauses erträumt? Gewiß doch jenen sportlichen BMW in Neuausführung, der das blauweiße Zeichen zur Tradition werden ließ. Mit den Modellen 503 und 507 hat BMW nicht nur ihre Erwartungen erfüllt, sondern den Clou dieser Ausstellung bereitgestellt. Sie sind so schön, daß sich die Besucher gar nicht wieder von ihnen trennen können. Auch Dipl.-Ing. Uhlenhaut ging es so.

Allein auf die Linie des neuen Typs 503 kann BMW mit Recht stolz sein. Er ist in der Linienführung ganz hervorragend gelungen. Technk, Ausführung und Ausstattung sind ebenfalls echte BMW-Qualität. Ein Auto, das kein Protz sein will, sondern edle Rasse hinter beinahe bescheidenen, aber nichts desto weniger begeisternden Formen verbirgt.

Und das ist zweifellos das Prunkstück der ganzen Ausstellung: der BMW 507 Touring

Sport. Er ist ein Gedicht für sich, mit ihm ist BMW zweifellos ein ganz großer Wurf gelungen.

STARS AND STRIPES (28.9.)

Die Leistung des BMW 507 entspricht dem sensationellen Stil der Formgebung.

THE OVERSEAS WEEKLY (25.9.)

BMW ist der interessanteste, bestaussehendste und vielversprechenste Sportwagen seit einer langen Zeit. Die Überraschung der Ausstellung war der BMW 507 mit seinen 140 PS und 220 Stundenkilometern. Ein Wiederanknüpfen an die hohe Vorkrriegs-Tradition des Münchner Werks.

SPORT-ILLUSTRIERTE (9/1955)

Das schönste Automobil, das je in Deutschland gebaut wurde ist – auch nach dem Urteil der Experten und von der Konkurrenz – der neue BMW Typ 503, der als viersitziges Coupé in Lind- und Resedagrün eine Augenweide für alle Ästheten war. Graf Goertz, ein deutscher Mitarbeiter des berühmten amerikanischen Formgestalters Loewy, entwarf diesen wundervollen Wagen zusammen mit den Karosseuren von BMW.

SCHWÄBISCHE LANDESZEITUNG (1./2.10.)

Der »Traum von der Isar« In der großen Festhalle ist ein Stand immer umlagert: Der von den Bayrischen Motorwerken. Die Milbertshofener Konstrukteure komponierten nach dem meisterhaften Entwurf des aus Amerika heimgekehrten Grafen Goertz ein echtes »Münchener Kindl«. Ein blendend weißer, rassiger Vollblutsportwagen und ein Coupé, dezent in Lindgrün gehalten und beide von aristokratischer Vornehmheit, sind Mittelpunkt der Personenwagenschau. Diese für deutsche Begriffe märchenhaften Wagen veranlaßten einen Besucher zu dem enthusiastischen Ausruf: »Ein Traum von der Isar.«

Hoffnungsträger

Die erste Generation

Beginnend mit den Präsentationen in New York und Frankfurt traten die neuen Traumwagen von BMW fortan bei allen großen Ausstellungen in Erscheinung – 1955 in Paris, 1956 in Genf, Turin, Paris und London. Aber nicht in Frankfurt: Die IAA fiel 1956 aus – in der Folgezeit sollte sie nur noch alle zwei Jahre stattfinden. Auch der 503/507-Gestalter, Albrecht Graf Goertz, war bei einigen Veranstaltungen dabei. Auf eigene Initiative: Er wollte sehen, wie seine »Babys« ankommen. Doch es sollte sich zeigen, daß selbst überschwengliches Journalisten-Lob den Absatz nicht unbedingt entscheidend ankurbelt.

Wenn die BMW-Verantwortlichen je geplant hatten, eine regelrechte Serienfertigung aufzuziehen, legten sie diese Idee spätestens nach Hoffmans Absage ad acta. Schließlich war gerade der 507 speziell für den US-Markt konzipiert worden. Im ramponierten Nachkriegs-Europa war alles andere als ein reißender Absatz für derartige Luxusmobile zu erwarten. Ganze 1.500 Millionäre gab es Mitte der Fünfziger im sogenannten Wirtschaftswunder-Land (heute sind es fast 100.000 Millionäre) – und nur wirklich zahlungskräftige Leute zählten zur Klientel. Und die mußten sich erst einmal angesprochen fühlen, besaßen sie doch meist schon große Mercedes-, Ferrari-, Maserati-, Facel-Vega- oder Jaguar-Wagen.

Die Kundschaft war so exklusiv, daß man auf Zeitschriftenwerbung fast gänzlich verzichtete. In Deutschland erschienen nur anläßlich der IAA-Präsentation 1955 je eine 503/507-Seite in »auto, motor und sport« und der »ADAC Motorwelt«, im September 1956 (noch vor Aufnahme der Serienproduktion!) investierte man nochmals in eine volle 507-Seite in der »ams«. Die gleiche Anzeige tauchte ein weiteres Mal im Messekatalog der »Schweizer Automobil

MG
RILEY
BMW
Riley
MG
FÖRENADE BIL
FÖRENADE BIL
FÖRENADE BIL
FÖRENADE BIL
FÖRENADE BIL
FORD

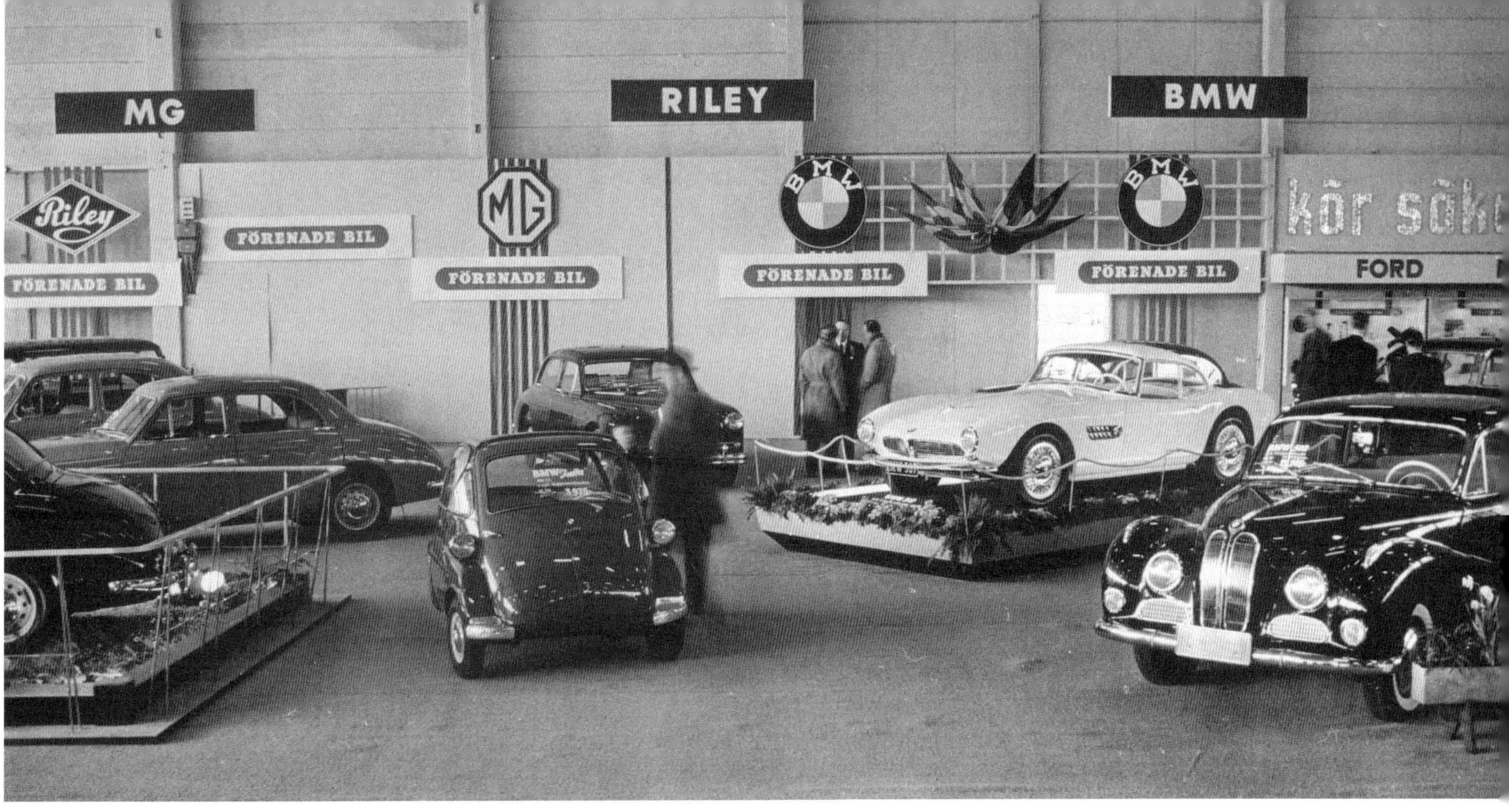

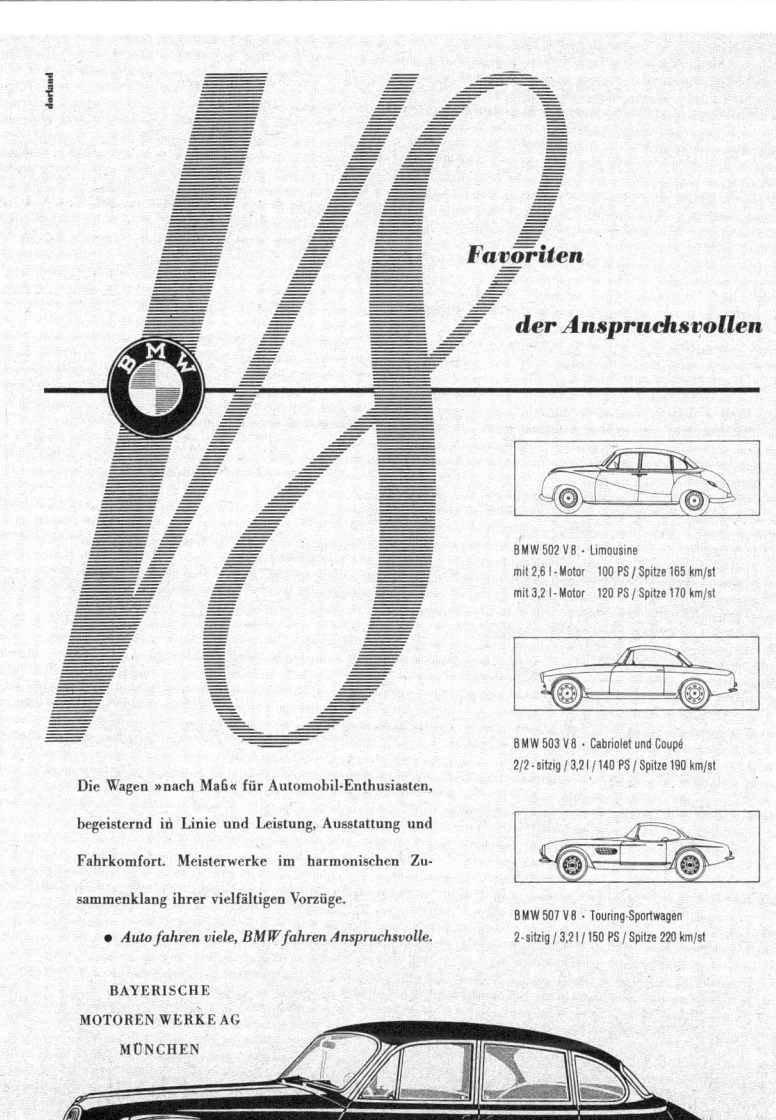

Der BMW-Stand auf der Stockholmer Automobilausstellung 1956.

V8
Favoriten
der Anspruchsvollen
BMW
BMW 502 V 8 · Limousine
mit 2,6 l-Motor 100 PS / Spitze 165 km/st
mit 3,2 l-Motor 120 PS / Spitze 170 km/st
BMW 503 V 8 · Cabriolet und Coupé
2/2-sitzig / 3,2 l / 140 PS / Spitze 190 km/st
BMW 507 V 8 · Touring-Sportwagen
2-sitzig / 3,2 l / 150 PS / Spitze 220 km/st
Die Wagen »nach Maß« für Automobil-Enthusiasten, begeisternd in Linie und Leistung, Ausstattung und Fahrkomfort. Meisterwerke im harmonischen Zusammenklang ihrer vielfältigen Vorzüge.
• Auto fahren viele, BMW fahren Anspruchsvolle.
BAYERISCHE
MOTOREN WERKE AG
MÜNCHEN

Kombinierte Anzeigen zu allen V8-Modellen erschienen ab Ende 1956.

Revue« von 1959 auf. Ansonsten beschränkten sich die BMW-Absatzleute darauf, in den üblichen Verkaufsanzeigen und Prospekten auf die exklusiven V8-Ableger hinzuweisen.

BMW hatte genügend Probleme, seine Barockengel an den Mann zu bringen. Die Investitionen für die neuen Sportwagen-Typen sowie für das Isetta-Minimobil im Jahre 1955 konnten nur durch den Verkauf eines großen Teils der Allacher Werksanlagen an MAN einigermaßen ausgeglichen werden, 1956 betrug der Gesamtverlust dennoch 6,4 Millionen Mark. Es folgten Massenentlassungen, so daß Ende 1956 nur noch 5.757 Mitarbeiter bei BMW tätig waren. Die Zahl der verkauften Barockengel war von 4.567 (1955) bis auf 1.701 (1957) zurückgegangen. Auch der Motorrad-Absatz war rückläufig: Von 30.000 Maschinen im Jahr 1954 sank er 1957 auf 5.400. »BMW produzierte damals nur Fahrzeuge für Tagelöhner und Generaldirektoren«, spottete »Der Spiegel« später.

Für die fast 30.000 Mark, die ein 503 oder ein 507 kostete, bekam man damals immerhin ein Einfamilienhaus (oder sechs Volkswagen Käfer). Es waren und blieben Traumwagen, die jährlich allein 400 Mark Haftpflicht und 461 Mark Steuern verschlangen. Goertz als Schöpfer der rollende Träume kümmerte dies wenig: Als echtem Künstler ging es ihm um Ästethik und Schönheit, nicht um den Absatz.

Selbst auf die Serienfertigung der Limousinen entfiel ein hoher Anteil an Manufakturarbeit, auch wenn Prospektbilder jener Jahre gern rührige Fließband-Arbeit vorgaukelten. Fast jedes dritte Blech paßte

nicht, erinnern sich Augenzeugen, Unebenheiten und Dellen mußten im Nachhinein mit Zinn ausgeglichen werden. Zwischen Fertigungs-Beginn und -Ende lagen mitunter Wochen.

Vom Prototyp zur Kleinserie

Da die Sport-V8 unter keinen Umständen Image-Schädigungen vertragen hätten, wurden sie grundsätzlich in teurer Einzelfertigung produziert, eine richtiggehende Bandfertigung gab es nie. Damit waren andererseits nahezu alle Kundenwünsche realisierbar. Die Herstellung der Aluminium-Außenhaut des 507 erfolgte übrigens nach wie vor auf der Ur-Klopfform. Mit jenem Holz-Kunststoff-Verband arbeiteten in Halle 96 mehrere Spengler unter Leitung des Meisters Max Vogel, unterstützt von Schweißspezialist Ludwig Schwarzkopf.

Genauso war es beim 503, nur wurde dessen Karosserie nicht komplett in München gefertigt. Der Wagen erhielt zwar ebenfalls ein Leichtmetall-Kleid, doch bestanden zumindest bei einigen Fahrzeugen der ersten Serie die Türen aus Stahlblech. Bei Engpässen wurden auch 507-Bleche außerhalb des Werkes produziert. Dafür entstanden in beiden Fällen zusätzliche Klopfform-Partien. In Halle 84 befanden sich lediglich zwei kleine Transport- und Montagebänder, auf denen unter Leitung des Obermeisters Jakob Ulrich arbeitstäglich alle zehn bis 20 Tage ein Wagen fertiggestellt wurden. Beim 503 konnte statistisch gesehen wenigstens alle zwei,

Vorderpartie der originalen 507-Klopfform, mit deren Hilfe die Firma Landzettel Karosserieteile nachfertigt.

drei Tage ein Wagen ausgeliefert werden. Chassis und Motoren wurden dabei mit Handwagen herangekarrt. Der Aufwand war auch anschließend nicht unbeträchtlich: Jedes Auto kam nach der Montage nochmals in die Versuchsabteilung, wurde 100 Kilometer probe- und eingegefahren und erst dann ausgeliefert. Die offiziellen BMW-Chassislisten weisen darum auch die drei Positionen »Band«, »Abnahme« und »Fertigmacherei« auf.

Anfangs köchelte das V8-Sportprojekt noch auf ganz kleiner Flamme. Die Kleinserien-Fertigung des 503, des »327 der fünfziger Jahre«, begann am 3. Mai 1956 und dauerte fast zwei Wochen: Die Fertigstellung des blau-grauen Coupés mit der Chassis-Nummer 69.004 ging am 15. Mai über die Bühne. Und die Allgemeine Betriebserlaubnis (ABE) wurde erst im Nachhinein am 5. Januar 1957 erteilt! Die Serie 1 umfaßte hier insgesamt 216 Fahr-

Auch eine 503-Klopfform konnte der bayerische V8-Spezialist über die Zeiten retten.

zeuge, wovon 102 noch im Jahr 1956, 114 im Folgejahr fertig wurden. Das letzte Serie-1-Exemplar, wiederum ein Coupé, wurde am 23. Dezember 1957 fertig.

Die deutschen Zulassungslisten vermerken bis dahin ganze 83 Eintragungen, unter den bis dahin produzierten 503 waren lediglich 76 Cabrios. Obwohl sie mehr Aufwand bei der Herstellung verlangten, kosteten sie unverständlicherweise nicht mehr als die Coupés.

Allen optimistischen Verlautbarungen zum Trotz – so hieß es in der Zeitschrift ams 3/1956: »Die Lieferung der ersten 3,2-Liter-Sportmodelle soll im April erfolgen« – fing die Serienproduktion des 507 erst am 6. November 1956 an. Das silberblaue Hardtop-Coupé mit der Fahrgestell-Bezeichnung 70.005 brauchte aber bis zum 11. Dezember, um das Haus verlassen zu dürfen. Die ABE wurde hier erst am 3. Oktober 1957 erteilt. Fünf Monate vorher, am 6. Juni, endete mit einem federweißen Hardtop-Coupé die erste Roadster-Auflage.

Damit entfielen auf die Serie 1 des BMW 507 sage und schreibe nur 41 Stück. 13 davon entstanden noch im Jahr 1956, die restlichen 28 im Folgejahr.

Warum bis zum Anlauf der Fertigung so viel Zeit ins Land ging (weit über ein Jahr nach der IAA-Präsentation), darüber kann nur gerätselt werden. Die ams-Behauptung, »weil bis dahin die Serienreife noch nicht erlangt war« (Ausgabe 26/1956) scheint den Nagel auf den Kopf getroffen zu haben. Es folgte jedenfalls kein entrüstetes BMW-Dementi. Ja, es wurde tatsächlich noch sehr viel experimentiert, verändert, verworfen. Überdies war inzwischen sehr ernsthafte Konkurrenz aufgetaucht.

Veränderungen erfuhren auch die 503-Typen. Die ersten drei Prototypen überlebten dies nicht: Sie wurden zu Forschungszwecken wieder demontiert. Ahnte man damals schon, daß von diesem Wagen mehr Exemplare entstehen würden, daß sich noch intensivere Vorarbeit auszahlen würde? Die unverhältnismäßig langen Fertigungszeiten des kapriziöseren 507 deuten jedenfalls darauf hin, daß manches intensiverer technologischer Vorbereitung bedurft hätte. Doch während die erste Serie des 507 von Preiserhöhungen verschont blieb, wurde der BMW 503 noch Ende 1957 um stolze zwei Tausender teurer.

Für Schöngeister mag es eine Überraschung gewesen sein, daß die Nachfrage nach dem luxuriöseren 503 größer war als nach dem rassigen Roadster. Doch hier handelte es sich um keine vom Werk gesteuerte Politik: Die Autos entstanden ausschließlich auf Kundenwunsch. »BMW hat von diesem Typ eine kleine Serie aufgelegt; man arbeitet nicht auf Vorrat, sondern nur auf Bestellung, wie die individuellen Farbzusammenstellungen beweisen. Die Hierarchie der Extravaganz auf Rädern ist um ein Modell reicher geworden«, hatte es dazu erklärend in der »Motor-Rundschau« geheißen. Die Wartezeiten auf den 503 betrugen zwischen vier und acht Wochen. Auch andere sportlich-exklusive Autos wie die Porsche-Typen und der 300 SL erforderten so viel Langmut der Kunden. Noch längere Lieferzeiten hatte damals in Deutschland allein ein ganz und gar nicht abgehobenes Automobil – der VW Käfer!

Die erste Serie des BMW 507

Für den 507 angeboten wurden die unterschiedlichsten Ausstattungen und Lackierungen. Die Auslieferungslisten weisen fast 30 Farben bzw. Farbtöne auf, kombiniert mit dazu passenden Leder-Innenausstattungen. Doch nicht Farbenfreude, sondern Understatement war angesagt: Beim 507 dominierte die Federweiß-Lackierung mit roter Leder-Polsterung, gefolgt von Silbergrau mit rotem und Papyrusweiß mit blauem Interieur. Obwohl auch grüne Farbtöne für den Roadster zu haben waren, entschied sich kein einziger Kunde dafür. Dafür wurden ein gelber und ein dunkelbrauner 507 geordert, die es mit dieser Colorierung eigentlich gar nicht geben sollte.

Das Eingehen auf ausgefallene Kundenwünsche – was beim 507 bis zur Auslieferung zweier separater Fahrgestelle gehen sollte – war in dieser Preisklasse gang und gäbe. Gerade beim 507 setzte man weiterhin auf vermögende Kundschaft im Ausland, insbesondere in den USA. Hier verfügte das Auto über die von Goertz initiierten Stoßstangen-Hörner, die als Extra natürlich auch in Deutschland erhältlich waren. Eine Zeitlang kostete der 507 in den USA fast 1.000 Dollar mehr als der 300 SL!

Der noble 503 fand seine Kundschaft vor allem und viel eher in der Schweiz, wo insgesamt 75 BMW 503 beider Serien hingeliefert wurden. Aber auch in Amerika erfreute sich dieses Automobil einer gewissen Nachfrage, während sich 503 und 507 in Großbritannien eher schwertaten. Aus einem einzigen Grunde: Hier verteuerte

eine 50prozentige Verkaufssteuer alle Automobile, so daß selbst ein simpler VW Käfer auf rund 12.000 DM kam! Der 507 kostete schon in der Grundausstattung üppige 4.700 Pfund (rund 40.000 Mark) plus 300 Pfund fürs Hardtop.

Der ursprünglich mit 140 PS angegebene, später nominell 150 PS starke 507 mußte während der ersten Serie noch einige wenige Veränderungen über sich ergehen lassen. Die dem Kunden versprochenen Leistungswerte und Fahrleistungen aber waren Werbeargumente, und die mußten stimmen. So sollte der 507 laut Prospekt »Bei Sitzabdeckung und Verwendung einer Rennscheibe Höchstgeschwindigkeit 220 km/st« erreichen. Unabhängig davon wurde darauf hingewiesen, daß jedes Auto nach der Endabnahme über 100 Kilometer eingefahren wurde.

Doch so strömungsgünstig wie der Wagen zu sein scheint, ist er in Wirklichkeit nicht: Bei einem c_w-Wert von 0,442 (mit Hardtop) bzw. 0,581 (offen) muß er gegen eine Stirnfläche von 1,84 bzw. 1,79 Quadratmetern anrennen. Zum Vergleich: Der BMW 328 in Mille-Miglia-Ausführung kam auf einen c_w-Wert von 0,428 (A = 1,49 qm), der M1 auf einen c_w von 0,354 bei 1,85 qm Stirnfläche.

Die versprochene Höchstgeschwindigkeit wurde zumindest einmal erreicht. Nebenbei gesagt: BMW böswillig gesinnte Motorjournalisten gab es nicht (oder sie kamen nicht zu Wort) – nie wurde der angegebene Spitzenwert offiziell in Frage gestellt. Mercedes hatte im Mai 1955 vorgemacht, wie werbewirksam eine öffentliche Demonstration der Höchstgeschwindigkeit ist und auf

Nur dieses Bilddokument beweist die Existenz eines 507 mit Rennscheibe vor dem Fahrersitz.

Das Hardtop des 507 besteht aus leichtem Aluminium, läßt sich aber nur mit Mühe aufsetzen.

gesperrter Autobahn nahe München 248,8 km/h mit dem 300 SL erreicht.

Alexander von Falkenhausen griff im Frühjahr 1957 die Idee auf und ließ die Autobahn München – Ingolstadt sperren, um bei Eching die Spitzengeschwindigkeit des 507 zu ermitteln. 220,1 km/h ergaben die Messungen des von TÜV-Beamten und einer Schweizer Zeitkommission sekundierten BMW-Rennsport-Chefs. Anlaß für den Test waren keineswegs Jux und Tollerei: Verschiedene Kunden beklagten sich, daß sie die im Prospekt versprochene Höchstgeschwindigkeit nicht erreicht hätten.

Durchaus seriöse Quellen behaupten, das Testfahrzeug wäre ein Kundenfahrzeug aus der Schweiz gewesen. Bewiesen ist dies genauso wenig wie die Feststellung, das Auto wäre nicht mit Hardtop, sondern offen mit Rennscheibe gefahren worden. Hans-Peter Rosellen, Verfasser einer lesenswerten BMW-Monographie, stellt gar die These auf, die Höchstgeschwindigkeitsmessung hätte bereits im November 1955 mit einem »etwas frisierten« Prototyp stattgefunden. Von Falkenhausen soll nicht nur der Fahrer gewesen sein, sondern sogar den TÜV-Beamten an Bord gehabt haben. Rosellen spricht dem Testwagen stolze 223,8 km/h zu.

Sicherer scheint zu sein, daß es sich tatsächlich um das silberfarbene Hardtop-Coupé mit der Chassisnummer 70.002 gehandelt hat. Es entsprach weitgehend der Serie. Speziell für diesen Versuch kamen aber mit 5 Atü gefahrene Continental-Reifen (normal: 1,8 bis maximal 2,5 Atü), verdeckte Entlüftungsschlitze und aerodynamische Scheinwerfer-Verkleidungstüten sowie ein kompletter Unterbodenschutz zum Einsatz. Da das Auto die als Extra angebotene »lange« Hinterachs-Übersetzung von 3,42 : 1 hatte, geriet der Anlauf mit 10 Kilometern recht üppig. Nach der Rekordfahrt mußte der Motor wegen drohender Überhitzung sofort abgestellt werden.

Der tatsächlich für die Serienfahrzeuge offerierte strömungsgünstige Aluminium-Unterschutz war freilich zweiteilig und kürzer: Er reichte nur von vorn bis über die Kupplungsglocke. Das per Schraubverbindung fixierte Teil gehörte beispielsweise beim 300 SL zur Serienausstattung – bei BMW wurde es, genau wie das Hardtop, als Extra angeboten. Doch während der ansonsten eher unpraktische Unterschutz kaum geordert wurde, verzichteten lediglich elf 507-Käufer der ersten Serie auf das Aluminium-Dach, in das sogar eine Deckenleuchte eingearbeitet war. Bei der mit 209 BMW-507-Exemplaren später folgenden Serie 2 lehnten es nur 14 Kunden ab. Kein Wunder – es handelte sich auch hier um Maßanfertigungen, ein später dazugekauftes Hardtop hätte kaum auf Anhieb gepaßt.

In den BMW-Auslieferungslisten wurde der solcherart geschlossene Roadster als Coupé bezeichnet. Das Aufsetzen des Hardtops gestaltete sich übrigens, diese Bemerkung sei erlaubt, schwieriger als beim 300 SL Roadster.

Bei der sogar im Verkaufsprospekt erwähnten Rennscheibe war der Wunsch Vater des Gedankens. Mit vollkommen anderem Rahmen lediglich über dem Fahrersitz stehend, wurde die Scheibe wahrscheinlich nur ein einziges Mal vom Werk hergestellt. Es existiert davon lediglich ein

Foto aus der Privatsammlung Falkenhausens, das in den Fünfzigern in der französischen Zeitschrift »L'Automobil« veröffentlicht wurde. Albrecht Graf Goertz fertigte auch dazu entsprechende Skizzen an, die allerdings nie realisiert wurden. Die Idee geisterte lange durch die Szene und fand Nachahmer: Ein besonders hartgesottener Rennsport-Liebhaber in Berlin verpaßte seinem »zivilen« 507 in den achtziger Jahren eine eigenkreierte, rahmenlose Brooksklands-Rennscheibe statt der serienmäßigen Verbundglas-Frontscheibe, die allerdings vor beiden Sitzen steht.

Ein Berliner 507-Fahrer verpaßte seinem Wagen diese Brooklands-Scheiben.

Die ebenfalls offerierte und tatsächlich lieferbare Beifahrerplatz-Abdeckung war nichts weiter als eine einknöpfbare, in der Mitte per Reißverschluß teilbare Innenraum-Persenning. Dafür waren auf der Oberkante des Armaturenbretts Druckknöpfe angebracht.

Die Frischluft-Öffnungen vor der Front-

Federstäbe halten die Heckklappe der beiden BMW-Sportversionen hoch. Nur der 503 bekam eine Kofferraum-Beleuchtung spendiert.

Die Rückscheinwerfer unter den Rückleuchten waren Extras.

Sowohl die erste 507-Serie mit der weit heruntergezogen Armaturenbrett-Oberkante als auch die spätere Version hatten stets weiße Vierspeichen-Lenkräder. Schwarze Ausführungen wie hier im Bild stammen aus dem 3200 CS. Verwirrung unter Originalitätsfans stiftet der Umbau von Lenkrad- auf Knüppel-schaltung bei diesem Auto.

scheibe waren in der Serie anfangs mit einem handgefertigten Gitter, dann mit einer Abdeckung ähnlich der des 503 nach oben abgeschlossen. Erst viel später kam ein eigenständiges 507-Gitter.

Um die Zweisitzigkeit des Roadsters zu betonen, hatte Goertz direkt hinter den Sitzen einen riesigen Tank vorgesehen, dessen Volumen von ursprünglich 100 (Prospektangabe: 95 Liter) auf 110 Liter angewachsen war (Zum Vergleich der 300 SL: 130-Liter-, später 100-Liter-Tank). Der abschließbare Tankstutzen saß hinten rechts oben auf dem Kotflügel. Über dem geschweißten Aluminium-Tank befand sich – eigentlich eine gute Idee – eine abschließbare Abdeckung. Das Ganze hatte nur zwei Nachteile: Zum einen hatten lange Menschen echte Platz-Probleme, da sich die dünngepolsterten Sitze nur wenig nach hinten verschieben ließen. Zum anderen erntete das Werk eine Reihe von Reklamationen, weil die Schweißnähte des leichten Tanks Verspannungen und Verwindungen während der Fahrt nicht aushielten und brachen. Fünf Fahrzeuge der ersten 507-Serie – die Chassisnummern 015, 016, 017, 026 und 027 – hatten bereits den kleinen Serie-2-Tank und das entsprechende Armaturenbrett (oder wurden später damit umgerüstet).

Die von Goertz favorisierten, sehr sportiven Scheibenräder mit Rudge-Schnellverschlüssen gab es nur als Extra. Viele 503- und 507-Besitzer rüsteten ihre Wagen später nicht nur mit Leichtmetall-Felgen, sondern auch mit Imitat-Zentralverschluß-Radkappen aus, wie dies auch vor dem Krieg bereits üblich war. In den Fünfzigern zahlte man dafür 25 Mark pro Stück.

Problematisch ist für 503/507-Eigner heute die Reifen-Wahl: Ursprünglich waren nur 6.00-16-Diagonalreifen von Continental (Extra Super Record) auf 4,5-Zoll-Felgen freigegeben, die jedoch ab 160 km/h unangenehm zu tanzen begannen. Sie kosteten seinerzeit 154 Mark pro Stück, zuzüglich 12,80 DM pro Schlauch. Gepaßt hätten von der Größe her auch Avon-Turbospeed- und Pirelli-Stelvio-Supersport- (141,70 DM) oder -Corsa-Reifen (163,50 DM) – doch hatten diese keine deutsche Freigabe. Heute noch erhältliche 185-16er Pirelli-Gürtelreifen auf 5- bzw. 5,5-Zoll-Felgen aber besitzen keine allgemeingültige ABE, nur gelegentliche TÜV-Freigaben. Doch Vorsicht: Wer diese Reifen aufzieht, muß die Federung so verändern, daß das Auto etwas höher kommt – um ein Schleifen der Räder im Radkasten zu verhindern.

Beim 507 lag das Ersatzrad unter der Kofferraum-Abdeckung rechts, links davon befanden sich Wagenheber und Radmutternschlüssel. Genau wie beim 503 hielten Federstäbe die Heckklappe hoch. Eine Kofferraum-Leuchte wurde allerdings – anders als die Motorraum-Bestrahlung – für den Roadster nie angeboten; stattdessen empfahl die Betriebsanleitung, nächtens die Kennzeichenbeleuchtung einzuschalten. Zwei unter den Hecklichtern zu installierende Rückscheinwerfer konnten für 503 und 507 als Extra geordert werden.

Die Vierspeichen-Lenkräder der beiden Sporttypen – mit Hup- und Lichthupen-Betätigung – gab es in der Serie ausschließlich in Elfenbeinweiß, mit schmalen Fingergriffmulden nur zwischen den Speichen der Lichthupen-Betätigung. Heute gebräuchliche schwarze Lenkräder stammen sämtlich vom Nachfolgetyp, dem 3200 CS. Manche 503/507-Eigner ersetzten ihre Steuerräder auch durch die der Limousine, erkennbar an den weiterreichenden, tiefer gekerbten Griffmulden. Die beliebten Nardi-Holzräder waren Zubehörteile, die nicht über BMW vertrieben wurden.

Nur beim 507 ließ sich die Lenkrad axial um weitere 5 bis 8 cm an den ohnehin schon dicht davorsitzenden Fahrer heranziehen. Allerdings war dies nur bei der ersten Serie einfach über das Lösen eines Kniehebel-Verschlusses unter dem Lenkrad möglich, wie das in einem Wieselmann-Test der »Motor Revue« (25/1958) gezeigt wurde. Ebenfalls bei einem Fahrzeug der ersten Serie demonstrierte dies Hans Stuck sogar in voller Fahrt (»hobby« 1956). Später konnte die dreiteilige Lenksäule nur noch verstellt werden, nachdem die Schelle der Lenkungs-Kreuzgelenkwelle im Motorraum gelöst worden war.

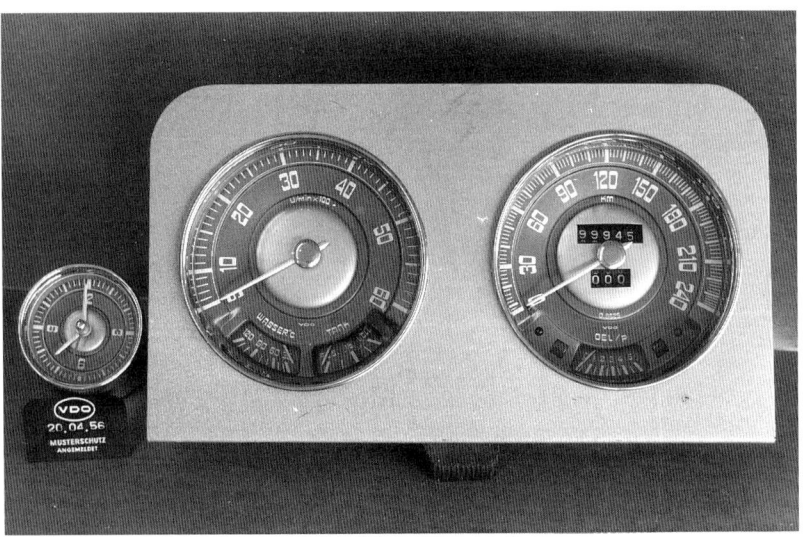

Die VDO-Armaturen für die Serienproduktion vor der Musterschutzanmeldung am 20. April 1956.

Die Lenkung selbst bediente sich eines Kegel-Tellerrad-Getriebes. Anders als bei der spielfreie Spindellenkung wurde hier jeder noch so geringe Lenkausschlag weitergeben, wobei keine Stoßabsorbierung erfolgte. Eine Lenkhilfe (Servo) gab es weder für 503 noch für 507 – was bei den großen 16-Zoll-Rädern und 11 Metern Wendekreis allerhand Armkraft erforderte!

Die über eine regelbare Armaturenbeleuchtung zu illuminierenden runden VDO-Armaturen für 503 und 507 waren identisch, wenngleich sich die Übersetzungen für Tacho und Drehzahlmesser unterschieden. Beide maßen 140 mm im Durchmesser. Links auf dem massiven, lederverkleideten Gußalu-Träger saß der Tacho (bis 250 km/h) mit Kilometer- und Tageskilometer-Zähler, Fernlicht- und Öldruck-Kontrolleuchte sowie Blinker- und Lade-Kontrolleuchte. Rechts befand sich der Drehzahlmesser (bis 6000 Touren, roter Bereich ab 5700 U/min) mit Kühlwasser-Thermometer und Tankanzeige; in der Mitte saß die elektrische Zeituhr mit 100 mm Durchmesser. Für einige Exportländer kamen englisch beschriftete Instrumente und ein bis 160 mph reichender Tachometer zum Einsatz.

Beide Sportmodelle erhielten gegen 780 Mark Aufpreis das seinerzeit modernste und teuerste Röhrenradio: das »Becker Mexiko« mit Sendersuchlauf für die Wellenbereiche UKW und MW. Der erste vollautomatische Autosuper der Welt hatte Drehknöpfe und war für BMW mit roter Skalenbeschriftung ausgeführt worden – für Mercedes gab es eine schwarze Beschriftung. Natürlich konnten auch andere Rundfunkempfänger

Die Sonnenblende
ist spoilerförmig
ausstellbar.

geordert werden. Zum Radio gehörte eine
elektrische Hirschmann-Motorantenne, die
vorn rechts im Motorraum untergebracht
war. Der Lautsprecher befand sich beim 507
der ersten Serie in Ohrhöhe: senkrecht
stehend, in der Mitte des hinteren Ablage-
fachs auf dem Tank. Beim 503 saß er vorn,
oben auf dem Armaturenbrett.

Noch ein Blick aufs Instrumentenbord:
Nur die Anfangsserie des 507 verfügte über
verchromte Klappen über den Defrosterdüsen auf dem Instrumentenbrett, später
waren sie wie im 503 schrumpflackiert, um
eine Blendwirkung zu verhindern.

Ebenfalls zu Serienausstattung gehörten

Die Innenverriegelung des 507 erfolgt über diese Klinke.
Schräg darüber die Innenleuchte.

105

für 507 und 503 Cabrio die zu einer Art Windspoiler aufstellbaren, gepolsterten Sonnenblenden und das Zündanlaß-Lenkschloß. Nicht einmal gegen Aufpreis wurde dagegen eine abschließbare Beifahrer-Tür für den 507 angeboten. Die rechte Tür des 503 konnte zumindest von außen aufgeschlossen werden. Beim 507 verriegelte man die Tür von innen mittels einer verchromten Klinke, beim 503 mittels eines winzigen Knebels.

Eine Fehlkonstruktion waren die zu eng an den Ledersitzen befindlichen Türtaschen, die sich nur bei voll geöffneter Pforte nutzen ließen. Wie hatte es doch im Prospekt so schön geheißen? »Die vollständig mit Leder verkleideten Türen sind mit geräumigen Seitentaschen und breiten Armstützen in der anatomisch richtigen Lage ausgestattet . . .« Zwischen den Sitzen war nichts: Der Handbremshebel für 503 und 507 saß, als Stockhandgriff ausgebildet, links von der Lenksäule unter dem Armaturenbrett.

Als pfiffiges Serien-Detail erwies sich die Dreiwege-Benzinhahn-Betätigung beider Sportmodelle im Fußraum links: Stand der Hebel auf Reserve, blieb man beim Aus- oder Einsteigen mit dem Hosenbein hängen – und wurde so an den fälligen Tankstopp erinnert! Ebenfalls serienmäßig war der gut ausgerüstete Chrom-Vanadium-Werkzeugsatz im Motorraum links. Auch die elektrische Scheibenwaschanlage (wie beim 300

Dieser Leder-Kofferset war ein sehr exklusives Extra.

SL), das Zweiklang-Horn, der Zigarrettenanzünder sowie Heizung und Lüftung mit Gebläse waren im Preis inbegriffen.

Für zwei große, amerikanische »Sealed beam«-Leuchten (zu deutsch etwa: »Lichtbündel-Strahler«), Weißwandreifen und Thermoverglasung mußte dagegen ein Extra-Obulus entrichtet werden. Nur in sehr geringer Stückzahl geordert wurde ein spezielles Leder-Koffer-Set, wie es für einige exklusive Autos jener Preisklasse üblich war.

Außenspiegel waren erst ab dem 1. Mai 1956 in Deutschland gesetzlich vorgeschrieben – und zumindest ein Spiegel auf dem Kotflügel gehörte infolgedessen von nun an zur Serie. Der kürzere Fuß des 503-Spiegels war deutlich aufrechter geformt als der lange, stark geneigte Ständer beim 507. Bei dieser Gelegenheit setzte das Verkehrsministerium auch 6 cm längere Nummernschilder in Kraft, die die bisherigen schwarzen Kennzeichen ablösten. Sie wurden ebenso kontrovers diskutiert wie die neuen Geschwindigkeitsbegrenzungen: In der Stadt durfte man doch tatsächlich ab sofort nicht mehr schneller als 50 km/h fahren!

Die erste Serie des BMW 503

Die an sich unrentable Kleinserien-Fertigung ermöglichte es allerdings, auf nahezu alle Kundenwünsche einzugehen. Dies galt ganz besonders für den 503: So gab es einen der an und für sich 2+2sitzigen Wagen mit hinterem Quersitz à la Mercedes 190 SL und einen Jagdwagen mit spezieller Ausrüstung.

Auch ein eigentlich nie als Extra offerierter Hardtop für ein 503-Cabrio ist bekannt. Sogar drei rechtsgelenkte 503, zwei Cabrios und ein Coupé (Chassis-Nummern 69.068, 69.140 und 69.141), wurden ab Werk hergestellt. Diese Serie-1-Fahrzeuge sollen – was kaum glaubhaft scheint – bereits eine Knüppelschaltung besessen haben. Den 507 gab es dagegen ab Werk nie als Rechtslenker.

Viele der 503-Coupés waren zweifarbig ausgeführt, beispielsweise Ton-in-Ton (Kirschrot/Venzianischrot, Japanrot/ Kirschrot oder Farngrün/Lindgrün) oder kontrastreich, z.B. Schwarz/Beige, Silbergrau/Graphit, Federweiß/Graphit oder Papyrusweiß/Ultramarin. Der 503 wurde in ziemlich jeder vorstellbaren Lackierung ausgeliefert, eine so eindeutige Hitliste wie beim 507 läßt sich hier nicht aufstellen. Während das Cabrio immer mit Lederpolstern daherkam, konnte beim Coupé zwischen Leder- und Stoffpolsterung gewählt werden.

Der komfortable 503 erhielt eine Reihe von Goodies, auf die der 507 verzichten mußte: Da war vor allem die elektrohydraulische Betätigung der Tür- und Frontscheiben, die anfangs beim Coupé über einen Vierfachschalter an der Fahrertür und Einfachschaltern an den anderen drei Plätzen erfolgte. Beim Cabrio saßen an der Fahrertür zwei, an der Beifahrerpforte ein Schalter. Erstmals in Deutschland gab's hier serienmäßig eine elektrohydraulische Betätigung des Cabrio-Verdecks, die sogar bei langsamer Fahrt funktionierte. Wahlweise konnte das Verdeck natürlich auch manuell geöffnet und geschlossen werden. Die Hydraulik erwies sich aber als störanfällig,

In zwei Ebenen schwenkbare vordere Ausstellfenster nach Fisher-Body-Patent.

Zweifachschalter für die Scheibenbetätigung im 503-Cabrio links an der Türverkleidung.

Zusätzliche Begrenzungsleuchten zwischen Blinker und Nebellampe für bestimmte 503-Exportversionen.

und nachdem vor einem Opernbesuch einem VIP-Kunden das Öl der defekten Hydraulik-Pumpe den Frack ruiniert und ihn zum Gespött der Umstehenden gemacht hatte, entschloß sich BMW für die zweite Serie des 503 zu einer konstruktiven Änderung.

Genial waren dagegen die vorderen Ausstellfenster des 503-Coupés nach Fisher-Body-Patent von General Motors: In zwei Ebenen parallel schwenkbar, konnten wahlweise Front- oder Heckraum entlüftet werden. Zugluft wurde zum Fremdwort, und Raucher im Wagen störten nicht mehr. Am bequemsten fuhr man ohnehin zu zweit: Hatte man keine Hinterbänkler an Bord, konnten die serienmäßigen Liegesitze sehr weit nach hinten geschoben werden.

Das beleuchtete Handschuhfach des 503 wurde mittels eines Druckknopfes geöffnet. Auf dem Armaturenbrett darüber befand sich ein »Angstgriff« aus reinem Elfenbein für den Beifahrer, der anfangs eckig und mit Griffmulden ausgeführt war. Davor, direkt vor den Defrosterdüsen an der Verbundglas-Frontscheibe, saßen schon bei der ersten 503-Serie besagte schrumpflackierte Klappen. Der Aschenbecher wurde auf der dickgepolsterten Oberkante des Instrumentenbords installiert. Heizung und Lüftung, damals als Serienausstattung durchaus noch nicht selbstverständlich, wurden in der BMW-Werbung etwas hochtrabend als »auf feinste Nuancen regulierbare Klimaanlage« bezeichnet.

Als Extra wurden für das Coupé ein Stahlschiebedach für 780 (später 850) Mark angeboten, während die Nebelscheinwerfer grundsätzlich fest eingebaut waren. Bei Exportausführungen konnten zusätzliche Begrenzungsleuchten zwischen Nebellampe und Blinkergehäuse geordert werden. Wer alle Optionen wahrnahm, war schnell mit 35.000 Mark dabei.

Die abschließbare Tankklappe am 503-Heck.

Anders als beim 507 befand sich der nur 75 Liter fassende Tank weder vor noch über der Hinterachse (wie etwa beim 502), sondern dahinter. Viele Tester bemängelten dies fortan mit dem Hinweis auf den aufprallgefährdeten Bereich. Eine werkseitige Änderung erfolgte jedoch nie. Der abschließbare Einfüllstutzen saß weit hinten rechts unterhalb des Knicks der Zierleiste.

Merkwürdigerweise war die Lärmentfaltung des kultivierter wirkenden 503 höher als die des 507-Roadsters: Statt 82 Phon Auspuff- und 83 Phon Fahrgeräusch bot der noble 2+2-Sitzer 84 bzw. gar 85 Phon auf! Die 503-Auspuffanlage mit nur einem

Absorbtionsdämpfer hinten rechts war wie beim 502 ausgelegt.

Die Technik

Man beließ es beim 3,2-Liter-V8, der beim 503 mit nur 7,3 : 1 verdichtet war – genau wie beim leistungsgleichen 502 Super von 1957. Dessen 3,2-Liter-Aggregat hatte sportlich-kleine Luftfilter und etwas gewölbte Kolben, die für eine Leistungssteigerung von ursprünglich 120 PS bei 4800 U/min auf 140 Pferdestärken bei gleicher Tourenzahl verantwortlich waren. Motorentechniker wissen, daß Leistungsschwankungen von 5 bis 8 Prozent nach oben und unten durchaus möglich sind. Nach Prüfstandsläufen der leistungsgesteigerten Motoren wurden diejenigen herausgenommen, deren Leistung nach oben streute – und in den 507 eingebaut. Der wird im Nachhinein gern mit 150 PS bei 5000 U/min angegeben – doch bei den ersten Automobilausstellungen 1955 und 1956 wurden für den 507 noch 140 PS bei 7,5 : 1 Verdichtung genannt, ebenso in den ersten Prospekten und Tests (»ams« 26/1956, »Automobil + Motor Express« 1955).

Erst später wurden beispielsweise die Kanäle des 507-V8 einer Extrapolitur unterzogen und überhöhte Barketherm-Sportkolben eingebaut, die eine um 0,5 höhere Verdichtung (7,8 : 1) und damit mehr Leistung – eben besagte 150 PS – ermöglichten. Die Nockenwelle blieb für 503 und 507 jedenfalls identisch, wenngleich Versuche mit anderen Kipphebeln und geänderter Nockenwelle durchgeführt wurden. Die genannten 150 Pferdestärken wurden

Blick in den Münchner Verkaufssalon anno 1956: Basistriebwerk für alle Sportmodelle war der 3,2-Liter-V8 aus dem BMW 502. Auf dessen mehr oder weniger abgeändertem Fahrgestell saßen die Goertz-Kreationen.

anfangs nie schlüssig nachgewiesen. Kleiner Trost: Auch der 300 SL-Motor kam selten auf die avisierten 215 PS. Die Durchzugskraft des 507-Motors jedenfalls war enorm: Hier wurden Beschleunigungswerte von 0 bis 100 km/h in 11,1 Sekunden und Null bis 160 km/h in 28,2 Sekunden gemessen (»Motor Revue« 25/1958). Im Verkaufsprospekt hieß es dazu: »Da das Höchstdrehmoment bei 4000 U/min 24 mkg, das Wagengewicht aber nur 1260 kg beträgt, ist die Beschleunigung geradezu phänomenal.« Tatsächlich war auch der Porsche Carrera damals nicht schneller aus dem Stand auf Tempo 100.

Das Leistungsgewicht von 10 (503) bzw. 9 bis 9,5 kg/PS (507) lag freilich erheblich unter dem der Konkurrenten: Die Corvette und der Jaguar XK 140 erreichten 7 kg/PS, der 300 SL 6 kg/PS, der Fiat 8V 9,5 kg/PS. Dafür aber war das Drehzahlniveau des BMW-V8 erfreulich niedriger: Seine Maximalgeschwindigkeit erreichten 503 und 507 bei 5800 bzw. 6400 Touren – gegenüber 7500 U/min beim 300 SL und 7150 Umdrehungen beim Porsche Carrera. Auch die entsprechenden Kolbengeschwindigkeiten hielten sich in Grenzen: 15 bzw. 16 m/s bei BMW, dagegen 22 m/s beim 300 SL. Und in der Elastiziät zog der BMW zwischen 65 und 130 km/h im vierten Gang dem Mercedes locker davon. Nicht Leistung, Drehorgien und hohe Endgeschwindigkeit kennzeichneten den 507, sondern sein sattes Drehmoment auch bei niedrigen Drehzahlen. Über den erstaunlich weiten Drehzahlbereich von 1500 bis 5000 Touren lag das Drehmoment bei über 20 mkg!

Gelegentlich ist von noch stärkeren

Der 150 PS starke V8 für den 507. Rechts der im Maschinenraum fest installierte Werkzeugkasten.

Motoren des 503 und besonders des 507 die Rede. Ab Werk gab es diese zu Bauzeiten des 503 (bis 6/1960) und 507 (bis 12/1959) nie. Es sei denn, es handelte sich um Sonderausführungen für den Sport oder für besonders leistungshungrige Kunden wie den Motorrad-Rennfahrer John Surtees. Der hatte 1956/57 einen schnellergemachten Falkenhausen-Wagen gefahren und seinen

Der 140-PS-Motor des 503. Die Hydraulikpumpe für die Scheibenheber sitzt an der Spritzwand rechts. Die Zündspule verlegt der heutige Besitzer ebenfalls an die Seite.

spontan bestellten 507 (Chassis-Nummer 70.145) ebenfalls mit schärferer Sportnockenwelle aufrüsten und mit 9 : 1 höher verdichten lassen. Mit anderen Zündkerzen, fetter eingestellten Solex-Vergasern (mancher rüstete auch auf Weber-Vergaser um), vergrößerten Ansaugkrümmern und dem Unterschutz kam er auf fast 240 km/h, schrieb er. BMW hätte einen Fehler gemacht, kritisierte er, den 507 »nicht serienmäßig mit den Falkenhausen-Spezifikationen zu produzieren«.

Daß eine serienmäßige US-Version mit 160 oder 165 PS ausgeliefert wurde, ist ein Mißverständnis: In den USA gab man die Leistung in SAE-PS an. Gemessen wurde sie ohne Last, also beispielsweise ohne Lichtmaschine und Luftfilter. Damit kam ein 150 DIN-PS starker V8 durchaus auf diesen SAE-Wert. Als Einzelstücke gab es jedoch tatsächlich einen stärkeren, 9 : 1 verdichteten Motor. Der schließlich wirklich 160 PS starke Serien-V8 von BMW mit noch höheren Kolben, damit noch höherer Verdichtung und noch höherem Drehzahlniveau kam erst 1961 heraus. Graf Goertz erinnert sich auch an Gespräche über einen vollkommen modifizierten ohc-Motor, der allerdings nie zur Serienreife kam.

Leistungsgesteigerte Motoren litten jedoch häufig unter Schäden, die aus defekten Zylinderkopfdichtungen resultierten. Grund dafür war die Anordnung des Thermostats oben: Öffnete es, floß plötzlich kaltes Wasser herein, daß zur Verformung des fünften Zylinders führte. Dies wiederum verursachte Schäden an der Dichtung. Bei höherer Leistung bzw. stärkerer Befüllung der Brennräume reichte überdies die

Befestigung der Zylinderköpfe mit nur zehn Stehbolzen nicht mehr aus.

Für die Gemischaufbereitung des Serienmotors sorgten nach wie vor die beiden Solex-Doppelfallstrom-Vergaser 32 NDIX. Ungewöhnlich schwach dimensionierte Naßluftfilter verursachten das charakteristische Schlürfgeräusch beim Ansaugen, das gegen den satten 84-Phon-Sound aus zwei Auspufftüten des 507 oder der einsamen 503-Endung (nach Barockengel-Muster) ankämpfte. Weber-Vergaser gab es für den 507 ab Werk nie, da schon die Ansaugtrichter kaum Platz unter der Haube fanden. In der alles andere als knappsitzenden 502-Limousine hatte man damit später natürlich keine Probleme.

In den USA machten sich einige Leistungsfetischisten daran, den BMW-Motor gegen Big-Blocks von GM und Ford auszutauschen. Mindestens fünf 507 wurden mit bärenstarken, bis zu 260 PS mächtigen 5,7-Liter-V8 und Automatic-Getrieben versehen. Wahrlich, eine Denkmalsschändung: Der Kardantunnel mußte dafür aufgeschnitten werden; die Hinterachsen waren angesichts der gewaltigen Traktion schnell überfordert. So maltraitiert wurde u.a. der Ursula-Andres-Wagen (Chassis 70.102). Später wurde der Wagen der Schauspielerin dann mühe- und reuevoll auf den ursprünglichen BMW-V8 zurückgerüstet.

Das ZF-Viergang-Getriebe von 503 und 507 waren vom gleichen Typ ZF S4, unterschieden sich aber durch zwei Zahnräder voneinander (503: ZF S4-15, 507: ZF S4-17). Auch Vorlege- und Antriebswelle waren verschieden ausgeführt: Beim 507

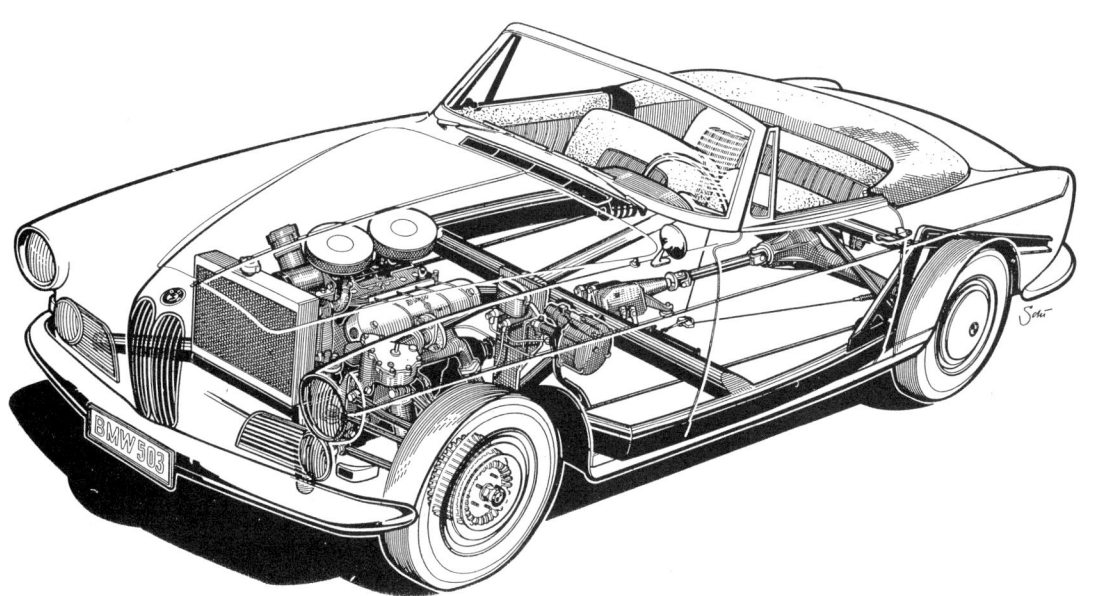

war das Getriebe direkt an den hinter der Vorderachse liegenden Motor angeflanscht, während es sich beim 503 – über eine kurze Welle mit dem über der Vorderachse hockenden V8 verbunden – 502-gleich unter dem Sitz befand. Während für das 507-Getriebe nur eine Übersetzung erhältlich war, wurde die 503-Box mit einer Serien- und einer Sport-Übersetzung offeriert.

Automatic-Getriebe wie bei der Chevrolet Corvette oder ein Fünfgang-Getriebe gab es trotz anderslautender Presse-Veröffentlichungen für beide Typen serienmäßig genauso wenig wie ein im ersten Prospekt genanntes Sperrdifferential oder einen Overdrive. Nur der Motorsport wartete mit Ausnahmen auf, genau wie es 503-Versuchsmuster mit automatischem Getriebe für einen eventuellen US-Export gegeben hat. Gleichfalls nur im Verkaufsprospekt aufgeführt war eine Kupplomat-Halbautomatik für den 503.

Findige Köpfe fanden bald heraus, daß im Maserati 3500 GT ab 1961 und im Maserati Quattroporte von 1963 das gleiche ZF-Getriebe Verwendung fand, hier allerdings als Fünfgang-Version S5-15. Schon das Viergang-Getriebe im 3500 GT von 1957 war vollkommen identisch mit dem des 507 gewesen. In Eigenregie vorgenommene Umbauten auf die Fünfgang-Box waren die Folge. Erster und zweiter Gang sollen sich aber als ungünstig übersetzt erwiesen haben, weshalb gerade im zweiten Gang die Synchronringe gelitten und die Kupplung über Gebühr beansprucht hätten, ließen Originalitäts-Puristen verlauten. Manche 503/507-Fahrer aber wissen nur Gutes über dieses Getriebe zu berichten. In Deutschland läuft sogar ein 503-Cabrio mit US-Overdrive. Unterschiedlich war die Form der Getriebebedienung: Der 507 hatte von Anfang an eine Knüppelschaltung, während der 503 anfangs die seinerzeit modische Lenkradschaltung besaß.

Abgesehen von der Baulänge sehr ähnlich

113

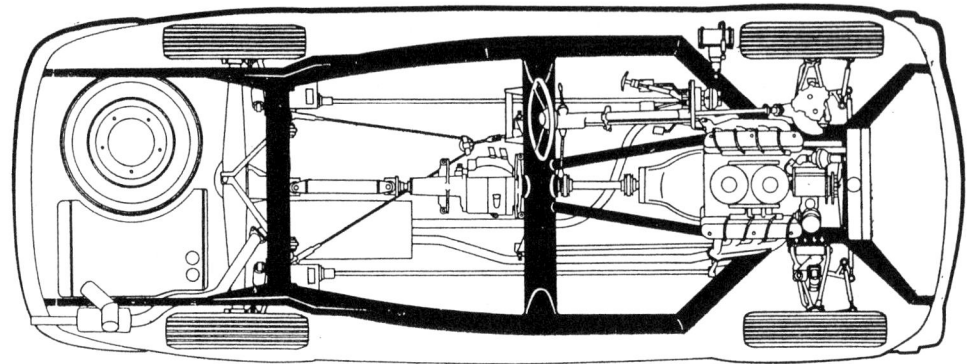

Das 503-Chassis in der ersten Ausführung.

ausgeführt waren die Fahrgestelle von 503 und 507: zwei massive, gekröpfte, weit nach hinten reichende Längsträger, versteift durch drei starke Querträger (einer gleichzeitig als Motoraufnahme, einer mittig und einer noch vor der Hinterachse). Das Kastenrahmen-Chassis des Roadsters war etwas schmaler, während das Fahrgestell des 503 zwei zusätzliche Längsverstrebungen vom Motor aus zum mittleren Querträger aufwies.

Die Vorderachse des 503 und 507 stimmten im wesentlichen mit der des 502 überein, wenngleich die Spurweite gewachsen war: 7 bzw. 13,5 cm bei 503 und 507. Die Führung der einzeln aufgehängten Vorderräder übernahmen oben und unten gummigelagerte Dreieckslenker, abgefedert von zwei einstellbaren Drehstäben und dabei unterstützt von zwei Telekopstoßdämpfern. Ein Querstabilisator hielt Seitenneigung und Übersteuerungstendenzen in Grenzen. Zumindest an der 507-Vorderachse gab es jedoch noch während der ersten Serie konstruktive Änderungen.

Die starre hintere Banjoachse des 507 war gegenüber der weitgehend Barockengelgleichen 503-Achse gründlich geändert worden: Statt an einem Dreieck-Schublenker zwischen Rahmen und Differentialgehäuse wurde sie von Zug- und Schubstreben sowie einem querliegenden, kurven-

Die Hinterachse des 507 unterschied sich gründlich von der des 503. Die Führung übernahmen Zug- und Schubstreben sowie der querangeordnete Panhardstab.

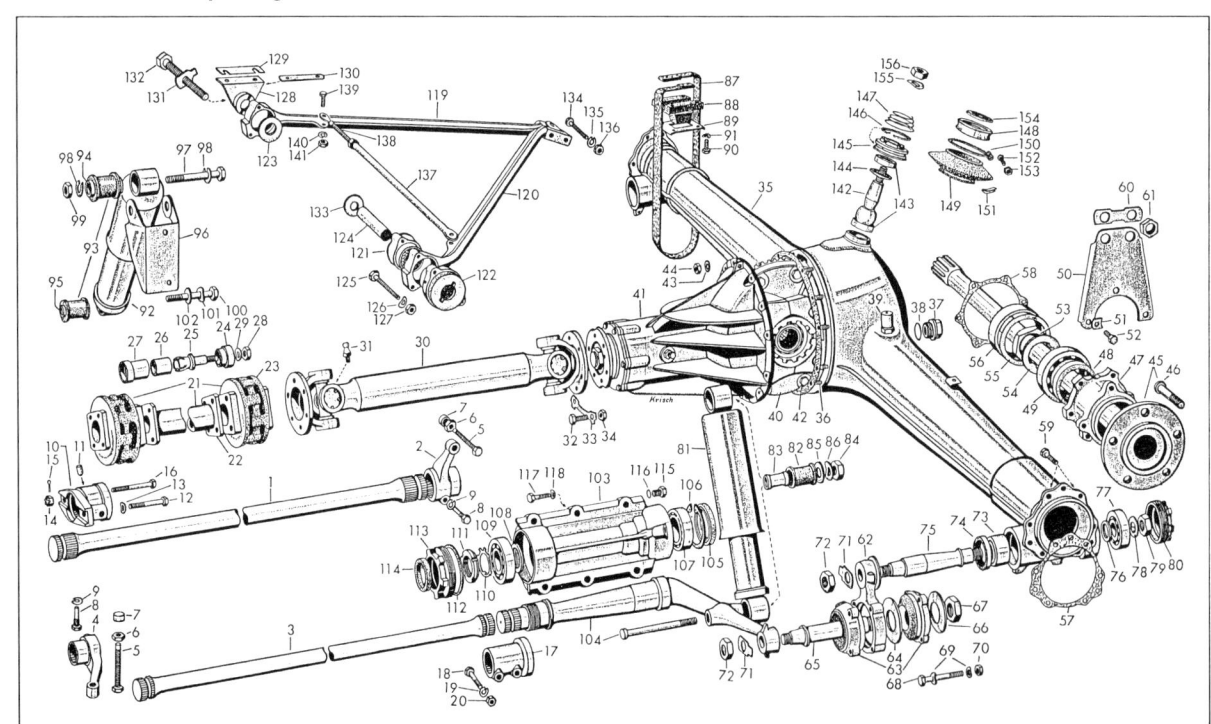

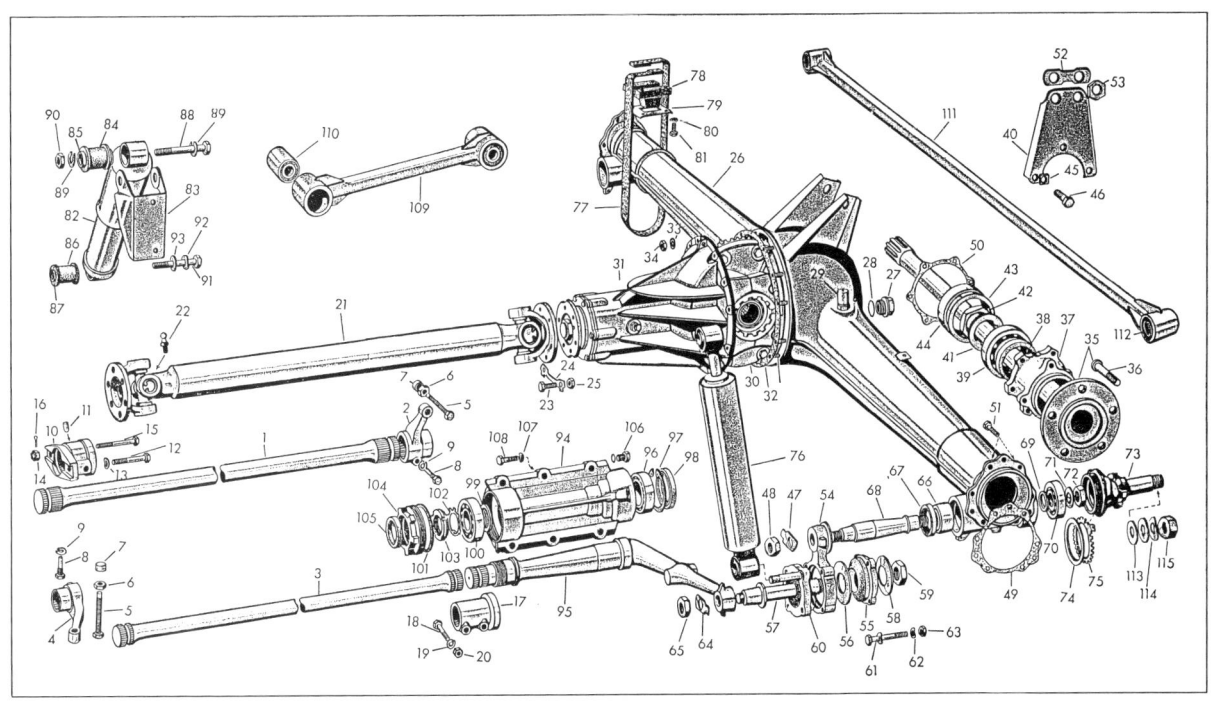

Die Hinterachse des 503 hing nach Barockengel-Vorbild an einem Dreieckslenker.

stabilisierenden Panhardstab geführt. Die Federung übernahmen auch hier längsliegende Drehstäbe, die genau wie die Teleskopstoßdämpfer verstellt werden konnten. Beim 503 wurde dagegen die Hinterachse am Dreieck-Schublenker mit vollelastischem Gelenkpunkt am Differential aufgehängt und geführt. Die an die Achse angreifenden Kurbellenker waren ebenfalls als einstellbare, federnde Drehstäbe ausgebildet, wiederum unterstützt von Teleskopstoßdämpfern. Beiden Hinterachsen gleich war die schräge Hypoidverzahnung.

Der 503 hatte nur eine serienmäßige Hinterachs-Übersetzung von 3,9 : 1, auf Wunsch gab's eine lange 3,42 : 1-Auslegung. Der 507 verfügte wahlweise über drei Hinterachs-Übersetzungen: 3,7 : 1 war die

normale, 3,42 : 1 war die lange, 3,9 die ebenfalls offerierte kurze Version (die theoretisch den Spurt von Null auf 100 in 9 Sekunden ermöglichte). Probleme machte beim kurz übersetzten 507 allerdings oft das Differential.

Die Straßenlage gerade des 507 war jedoch so überzeugend, daß »hobby« 1956 jubelte: »BMW hat beim 507 einen guten Mittelweg mit einstellbaren Torsionstäben und Teleskopstoßdämpfern gefunden. Der Wagen krallte sich auch in Kopfsteinpflaster-Kurven wie eine Katze an den Boden, der Begriff scheudern scheint aus dem BMW-Lexikon längst gestrichen worden zu sein.« Und Rennfahrer John Surtees bestätigte: »Der größte Vorteil des 507 ist seine ungeheure Gutmütigkeit. Man kann mit ihm richtig schnell sein, aber auch

Der allerletzte 507 der ersten Serie, der 70.045 des Mailänder Enthusiasten und 507-Registrars Francesco Gandolfi. Das Auto wurde fünf Wochen nach Bandlegung am 6. Juni 1957 fertig. Noch im gleichen Jahr folgte die Rekordzahl von 63 Fahrzeugen der zweiten Serie.

gemütlich schlendern.« Von Falkenhausen kritisierte dagegen die Übersteuerungstendenz des Sportwagens.

Die hydraulisch betätigten Trommelbremsen an 503 und 507 waren in groß dimensionierten Leichtmetall-Bremstrommeln (284 mm Durchmesser) mit eingeschrumpftem Graugußring untergebracht. Ausgestattet mit hinten selbsttätiger Bremsbacken-Nachstellung, verfügten sie über insgesamt 1300 cm² Gesamtbremsfläche. Wer – unterstützt vom serienmäßigen ATE-Hydravac-Bremskraftverstärker – kräftig aufs Pedal trat, durfte über erstaunliche Verzögerungswerte, gute Spurtreue und hervorragende Wärmeableitung staunen. In der Sportwagenklasse

wurden sie nur noch vom Lancia 2500 GT und vom TR 3 übertroffen. Die 300 SL-Bremsen waren dem nur marginal besser verzögernden 507 ebenbürtig, während sich Exoten wie der Aston-Martin DB 2 und der Ford T-Bird erheblich schlechter herunterbremsen ließen.

Genau wie später der 3200 CS wurde zumindest der 503 für den Anhängerbetrieb freigegeben: Bei einer höchstzulässigen Hängelast von 1000 kg (gebremst) bzw. 600 kg (ungebremst) durften maximal 75 kg Deichselstützlast erreicht werden. Ab Werk gab es nie eine Anhängerkupplung für den 503, geschweige denn für den 507, dem eine theoretische Anhängelast bis 600 Kilogramm zugestanden wurde.

116

Ernüchterung

Die zweite Generation

Eine zweite, veränderte Serie für ein sowieso schon in Handarbeit gebautes Auto? Bei BMW waren es vor allem wirtschaftliche, weniger innovative Gründe, ab Mitte 1957 sowohl vom 503 als auch vom 507 modifizierte, mit etwas weniger Aufwand zu fertigende Modelle anzubieten. Die wohlmeinende Presse hatte schon früh gewarnt: »Noch ist BMW eine populäre Marke. Hoffentlicht wird es nicht versäumt, diese Popularität zu pflegen, bevor sie unwiederbringlich verloren geht. Die Isetta mag hierzu nützlich sein. Viel wichtiger aber wäre es, die Tradition der beliebten Vorkriegsmodelle fortzuführen und einen kleineren, wirklich modernen und leistungsfähigen BMW zu entwickeln« (»ams« 26/1956).

Äußerlich sind diese Änderungen an den zwei Sportwagen-Typen nur für Spezialisten nachvollziehbar, blieben doch Karosserien und Technik im wesentlichen unverändert.

Penibel lassen sich die Gedankengänge unserer Altvorderen bei BMW nicht nachvollziehen, weil unlogischerweise auch Bauteile der zweiten in die erste Serie (und umgekehrt) eingebaut worden sind. Grund dafür war sicher, daß auch bei der Fertigung der Traumwagen mehr oder weniger von der Hand in den Mund gelebt wurde. Ein Beispiel: Die beim 507 schon nach 41 Serien-Exemplaren vorgenommene Änderung zur zweiten Serie vollzog sich nominell im Juni 1957 mit Chassisnummer 70.045. Doch Nummer 70.044 wurde erst im Juli fertig. Die bisher unveränderten Preise gingen Ende 1957 allerdings um jeweils 2.000 Mark in die Höhe: Der 507 kostete nunmehr 28.500 Mark, für sein Hardtop wurden jetzt 1.750 Mark verlangt. Und der 503 kam auf 31.500 Mark.

Ohnehin war der Schritt zur zweiten Serie beim 507 kleiner als beim 503. Und auch dessen Modifikationen machten kein neues

507 der zweiten Serie, äußerlich erkennbar am anders angeordneten Tank und am höhergezogenen Armaturenbrett.

Der 503 der zweiten Serie wartete mit Knüppelschaltung auf. Äußerlich erkannte man ihn an der durchgehend horizontal verlaufenden Zierleiste.

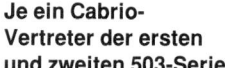

Je ein Cabrio-
Vertreter der ersten
und zweiten 503-Serie.

Auto aus ihm. »Angesichts der inzwischen
oftmals mit hektischem Eifer vorangetrie-
benen Typenwechsel vieler Fabrikate könnte
man vielleicht meinen, die großen BMW-
Modelle hätten dem Zug der Zeit nicht
Rechnung getragen«, heischte die BMW-
Hauszeitschrift »Wir über uns« Mitte 1959
um Verständnis. Tatsächlich aber seien
Schönheit und Individualität die wesentlich-
sten Attribute der modernen BMW-Linie:
»Die erfolgreichsten Automobile sind jene
Wagen, die, auf einer soliden und formschönen Grundkonzeption beruhend, bis ins
Detail verbesssert und vervollkommnet
wurden. Zu diesen gehören zweifelsohne die
großen Achtzylinder-Modelle von BMW.«

Graf Goertz wurde übrigens in beiden
Fällen nicht mehr um seinen Rat hinsicht-
lich stilistischer Änderungen gefragt. Sein
zweimal verlängerter Berater-Vertrag lief
unter der Ägide des neuen Generaldirektors
Dr. Richter-Brohm Ende 1957 aus. Der neue
Chef hatte ihm schon auf dem Genfer Salon
bedeutet, er, Goertz, sei zu teuer – und nicht
so innovativ wie italienische Designer. Der
Graf fiel aus allen Wolken, ahnte er doch
bis dahin nichts von der finanziellen Misere
der Münchner. Endgültig trennten sich die
Wege von BMW und Graf Goertz erst im
Jahr 1959. Pinin Farina, Michelotti und
Bertone bemühten sich damals wieder
einmal um die Gunst des Hauses – wobei
Michelotti einen besonderen Fürsprecher
hatte: Wolfgang Denzel, jenen BMW-
Importeur und Freund Richter-Brohms, der
zusammen mit Giovanni Michelotti den

BMW Isetta und 600 waren Versuche, auch in der Niedrigpreis-Klasse Fuß zu fassen. Doch erst der BMW 700 fuhr ausreichend Gewinne und jede Menge Rennsiege ein.

erfolgreichen Typ 700 kreierte. Goertz' knapper Kommentar zu diesem gelungenen Zwerg: »Nicht schlecht!«

Doch auch der 700 war nur eine Vorstufe zum längst fälligen Mittelkläßler. Der debütierte erst 1961 – als es schon fast zu spät war. Bereits 1956/57 war der Isetta-Absatz so dramatisch zurückgegangen, daß die Deutsche Bank als Hauptaktionär von BMW den Vorstandschef Donath und den Verkaufschef Grewenig gefeuert hatte. Zum neuen Hohepriester des »bayerischen Nationalheiligtums« wurde am 28. Februar

1957 der erwähnte Dr. Heinrich Richter-Brohm gekürt. Neuer Verkaufschef wurde Ernst Hof. Die prestigeträchtigen, teuren V8-Ableger waren ihnen freilich eher ein Dorn im Auge. Und sie machten kein Geheimnis daraus, daß sie die unrentable Fertigung lieber heute als morgen beenden wollten.

Bevor Richter-Brohm Grünes Licht für den BMW 700 gab, hatte er mit der Großen Isetta (BMW 600) noch einen weiteren Flop forciert. Nun nahm man sich angelegentlich einer erbetenen Anleihe von Staats wegen

120

Sommer, Sonne, Cabrio: Der offene 503 ist entschieden seltener als das Coupé.

Schmuckstück: der 503 als Coupé, übrigens der allerletzte Wagen dieser Reihe, der überhaupt gebaut wurde.

Familienähnlichkeit: Gerade in der Gestaltung der Heckpartie zeigen 507 und 503 starke Ähnlichkeit. Eine Sonderanfertigung auf Barockengelbasis für den damaligen bayerischen Ministerpräsidenten Goppel erhielt ebenfalls deren Rücklichter.

Bullig:
die imposante Front
des BMW-Coupés.

Luftig:
Dieser 503 erhielt nach-
träglich die Entlüftungs-
schlitze des 507, was der
thermischen Gesundheit
des Leichtmetall-V8
zugute kam. Für diesen
Umbau holte sich der
Besitzer die Zustimmung
von Graf Goertz ein.

Zeitgeist:
ein 503-Prototyp in einer Firmen-
broschüre von damals. Der Wagen
trägt noch die alten, schwarz-
grundigen Zulassungsschilder und
runde Blinkleuchten; in der Serie
waren sie rechteckig und saßen
weiter außen.

Die Supernasen:
Frontprofil des BMW 503,
aufgenommen 1992 bei einem
Clubtreffen im Bayerischen.

124

des Sorgenkindes der deutschen Automobilindustrie an. Und fand heraus, daß bei
BMW haarsträubende Pannen an der Tages-
ordnung waren, Produktion und Vertrieb
nicht mit- sondern manchmal sogar gegen-
einander arbeiteten, daß die vier Vorständler
aber trotz miserabler Haushaltslage mehr
einstrichen als alle acht bayerischen Staats-
minister zusammen (»Der Spiegel«,
5. November 1958).

Ende 1959 war es schließlich so weit, daß
BMW mit 15 Millionen Mark Verlust im
laufenden Geschäftsjahr um ein Haar zum
Montagewerk von Mercedes geworden
wäre. Eine turbulente Sitzung der Klein-
aktionäre und die anschließende Übernahme
der Aktienmajorität durch Herbert Quandt
verhinderten dies und retteten BMW. Und
wieder rollten Köpfe – alles in allem
verschliß der schwerkranke, weißblaue
Riese zwischen 1945 und 1960 zehn
Vorstands- und 27 Aufsichtsrat-Mitglieder.
»Direktoren galten als kurzlebige Wirt-
schaftsgüter«, höhnte »Der Spiegel«.

Die zweite 507-Auflage

Die 547-2 genannte zweite Serie des 507
ab Mitte 1957 fiel vor allem durch den Tank
auf, der nunmehr konventionell unter dem
Kofferaum-Boden untergebracht war – und
im Interesse eines möglichst wenig zu redu-
zierenden Kofferraums auf 65 Liter
verkleinert wurde. Wir entsinnen uns:
Vorher wurde in einem riesigen 110-Liter-
Behälter hochkant über der Hinterachse im
Rücken des Fahrers das gute Superbenzin
gehortet. Die Tankklappe wanderte damit
rechts seitlich an den hinteren Kotflügel. Im
freiwerdenden Raum hinter den Sitzen
entstand eine kleine Gepäckablage. Das
abschließbare Fach über dem bisherigen
Tank fiel – leider – ersatzlos weg. Ein Gutes
hatte dies natürlich: Endlich konnten die
Sitzschienen verlängert werden, und die
Sessel ließen sich weiter nach hinten
schieben als bei der ersten Bauserie. Sie
waren nun etwas üppiger gepolstert und
abgesteppt und ermöglichten länger-

Heckpartien im Vergleich:
Das Fahrzeug der ersten 507-Serie
sticht durch die seitlich fehlende
Tankklappe heraus.

Die Klopfform für die zweite 507-Serie wich nur marginal von der ersten ab. Deutlich zu erkennen ist die veränderte Heckgestaltung durch den eckigen Tank.

gewachsenen Menschen eine entspanntere Sitzposition.

Auch der Kofferraum erhielt eine neue Form, bedingt durch den nach hinten verlegten Tank: Er präsentierte sich nicht mehr eckig wie eine Zigarrenschachtel, sondern mit abgerundeten Kanten. Durch die neue Gestaltung des Kofferraums mußte die Auspuffanlage hinter der Hinterachse viel verschlungener verlegt werden. Doch optisch offenbarte sich das Heck jetzt

Türklinke außen

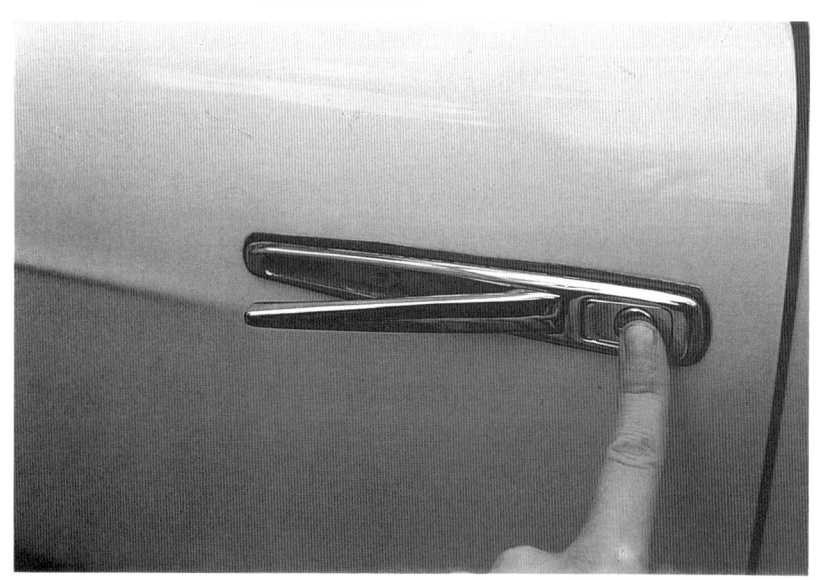

gelungener: Das schwarzlackierte Blech unterhalb der hinteren Stoßstange wurde so angepaßt, daß es zu einer eleganten Lösung kam. Was man von den etwas plumper geformten Stoßfängern nicht behaupten konnte, die ab sofort nicht mehr mit verchromten Rohr- sondern mit geschwärzten Flachprofil-Haltern befestigt waren. Änderungen erfuhren auch die Türklinken: Sie wurden schmaler und erhielten einen anderen Druckknopf. In insgesamt drei verschiedenen Ausführungen kam das Kühlluft-Gitter vor der Frontscheibe zur Auslieferung.

Weitere Änderungen fielen im Innern des 507 auf. Der obere Bereich des Armaturenbretts war nicht mehr als Blendschutz für die Instrumente vorgezogen, sondern endete mit »fliehender Stirn«. Die Oberkante war nach wie vor gepolstert, die Unterkante leider auch weiterhin nicht. Wegen der

Das Armaturenbrett des 507/II mit höherer Oberkante. Nun hatte auch der Lautsprecher des Radios Platz.

Einbaumöglichkeit für den Lautsprecher erhielt das Handschuhfach eine andere Form. Ursprünglich war links unten im Frontraum ein Absperrventil für die Heizung untergebracht – mit dem unangenehmen Nebeneffekt, daß bei Undichtigkeiten heißes Wasser auf den Teppich lief. Ab Chassisnummer 70.085 (Oktober 1957) wanderte das Ventil in den Motorraum: Sowohl der Schlauch zum Heizgerät als auch der zum Motor wurden geändert. Bei dieser Gelegenheit erhielt der Heizungsbehälter andere Anschlüsse.

Abschließende Neuerungen waren die Überarbeitung der Nockenwelle mit geänderter Nockenschräge ebenfalls ab Oktober 1957, ein stärkerer Splint für die Absicherung der Stützenlagerung der Motorhaube sowie die Ausstattung aller BMW-Typen (also auch des 503) mit asymmetrischen Abblendlicht im Jahr 1958 (ABE ab 11. April 1958 »wahlweise erteilt«, zum 31.Oktober 1958 geändert), sowie der

Wegfall der automatischen Bremsen-Nachstellung hinten ab 19. Juni 1959, als ohnehin nur noch eine Handvoll dieser Wagen entstehen sollten. Dafür gab es wahlweise die Nachstellvorrichtung durch eine Exzenterscheibe.

Fahrer in heißen Ländern – der 507 und auch der 503 gingen beispielsweise in nordafrikanische Länder wie Marokko und Lybien – konnten später einen sogenannten Tropenkühler ordern, der sich auch im kühleren Mitteleuropa bewähren sollte, wo ebenfalls Temperaturprobleme unter der Motorhaube auftraten. Hier kam ein engmaschigeres Kühlnetz mit nur noch 10 statt 14 mm Röhrenabstand zum Einsatz. Viele 503/507-Eigner bauten später vorbeugend weitere Teile wie elektrische Ansauglüfter und Ölkühler zur Verbesserung der Thermik ein, nahmen die Zündspule vom Motor herunter, versetzten sie an die Seite und bauten eine zuschaltbare Benzinpumpe ein, um Dampfblasen in der

Kraftstoffleitung zu verhindern.

Speziell für jene zweite Serie entstand eine neue Karosserie-Klopfform, mit der die verschlissenen Holzteile für die bisherige Fertigung ersetzt wurden. Ob BMW glaubte, endlich mehr Aufträge hereinzubekommen? Übrigens wurde die Form der Fronthaube nicht geändert – eine vorn spitz bzw. rundlicher zulaufende 507-Front ist also keineswegs ein sicheres Indiz für die Zugehörigkeit zur ersten oder zweiten Serie.

Es war einer der ersten Jobs von Bergmeister Hans Stuck, als neuer Repräsentant des 507 diesen Wagen bei jeder nur sich bietenden Gelegenheit auszuführen. Egal ob schnelle Runden für mitfahrende Journalisten auf den deutschen und ausländischen Rennstrecken, bei richtigen Renneinsätzen oder bei der Teilnahme an den damals so populären Schönheitswettbewerben in Cannes, Rom, Lissabon, Wien und Wiesbaden – oft sollte Stuck dabei sein. Während er stets den 507-Part übernahm, war Helmut Cap – ein früherer Testflieger bei Heinkel und ursprünglich für alle beide Luxus-

Sportwagen zuständig – Repräsentant für den BMW 503.

Sie traten auch bei allen möglichen Händlern auf, die mittels aufwendiger Präsentationen den 503 («Der Beau im BMW-Programm») und den 507 («Der Sprinter im engen Kleid«) losschlagen wollten. »In einer Sonderschau zeige ich in der Zeit von 9 bis 18 Uhr das gesamte Großwagen-Programm von BMW. Es stehen im besonderen die neuesten sportlichen Typen 503 und 507 mit dem bekannten Rennfahrer Herrn Hans Stuck und Herrn Cap zu unverbindlichen Probefahrten zur Verfügung«, warb ein Lübecker Händler im November 1957. »Sollte Ihnen ein Besuch in meinen Geschäftsräumen nicht möglich sein, so steht einer dieser Herren nach vorheriger Terminaufgabe mit dem von Ihnen gewünschten Wagentyp gerne zur Verfügung.«

Probleme machte den Bayern vor allem der im Februar 1957 in Serie gegangene Mercedes 300 SL Roadster. Er war ein harter Brocken für BMW, gerade in dieser

Hans Stuck wurde Ende 1957 Repräsentant und VIP-Betreuer für den 507.

128

Der 300 SL Roadster war Stuttgarts schlagfertige Antwort auf den 507. Hier ein Prospekt für US-Militärs in Deutschland.

winzigen Marktnische sportlicher Hochpreisautos: Der SL-Roadster sollte bis 1963 im Programm bleiben und in 1.858 Exemplaren entstehen; über sieben Mal mehr als BMW 507 gebaut wurden. Er war sicher einer der Gründe für den seinerzeit um mehr als Jahr verschobenen Serienanlauf des 507. Da ja nach dem triumphalen Debüt des Bayern-Roadsters zu erwarten war, daß Mercedes mit einem offenen SL kontern würde, wollte BMW ganz sicher gehen und eine bis ins letzte ausgereifte Konstruktion herausbringen. Der Mercedes-Flügeltürer wurde Mitte 1957 nach immerhin 1.400 Stück aus der Produktion genommen. Das Hardtop des neuen 300 SL war übrigens erst eineinhalb Jahre nach der Roadster-

Premiere lieferbar: Mit 1.500 Mark war es jedoch preisgünstiger als das des 507. Der kostete – und dies war die endgültig letzte Preiserhöhung! – ab Juli 1958 in der Grundversion 29.950 DM gegenüber dem 32.500 Mark teuren neuen 300 SL Roadster.

Legendär wurde der »ams«-Vergleichstest (»Fährt der 507 dem 300 SL davon?«) zwischen den beiden deutschen Spitzen-Sportmobilen, der zum fast schon wissenschaftlich geführten Glaubenskrieg ausarten sollte. Gemessen wurde dabei allein die Beschleunigung der Hardtop-Roadster – einmal mit Durchschalten, zum anderen im vierten Gang. In der ersten Disziplin distanzierte der stärkere und mit besserem Leistungsgewicht gesegnete 300 SL den 507 klar: 0 bis 100 in 8,8 statt 11,1 Sekunden; Kilometer mit stehendem Start in 29,2

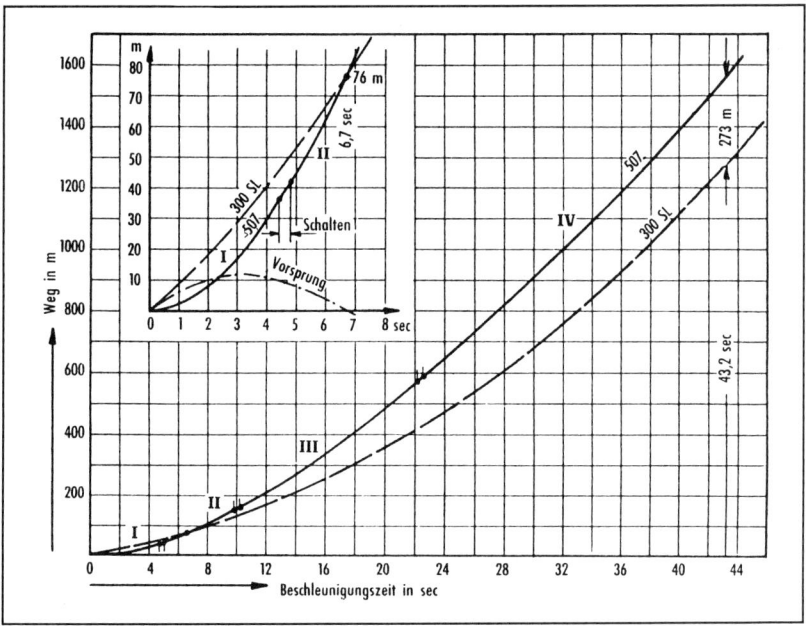

Vergleichskurven aus dem legendären Test der »ams«:
Der 507 hatte erwartungsgemäß den elastischeren
Motor gegenüber dem 300 SL. Doch von Null bis 100
brauchte er 11,1 gegenüber den 8,8 Sekunden des
300 SL. Von Null bis 180 dauerte es beim 507 genau
40,3 Sekunden – 13 mehr als beim SL.

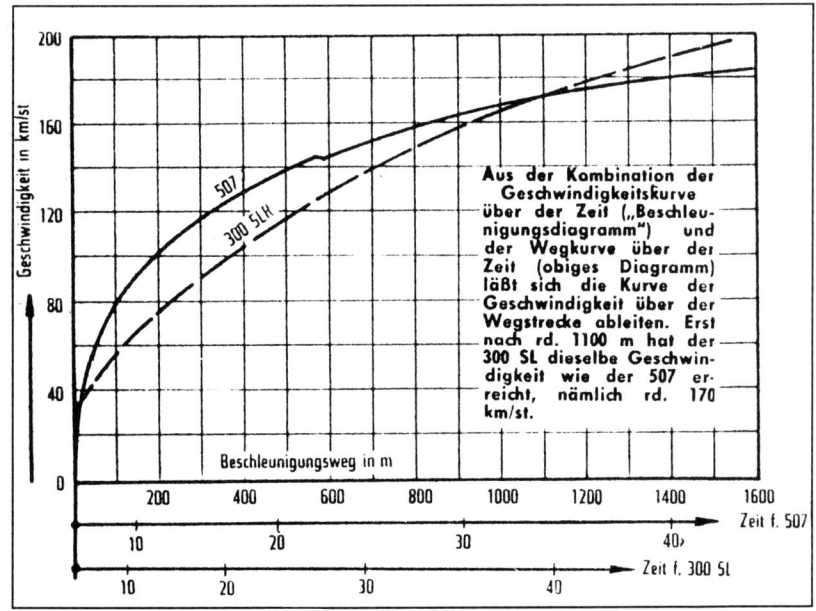

Aus der Kombination der Geschwindigkeitskurve über der Zeit („Beschleunigungsdiagramm") und der Wegkurve über der Zeit (obiges Diagramm) läßt sich die Kurve der Geschwindigkeit über der Wegstrecke ableiten. Erst nach rd. 1100 m hat der 300 SL dieselbe Geschwindigkeit wie der 507 erreicht, nämlich rd. 170 km/st.

Sekunden (durchschnittlich 122 km/h) gegenüber 31,5 Sekunden (114,2 km/h). Im sogenannten direkten (vierten) Gang aber erwies sich vor allem bei niedrigeren Drehzahlen der elastischere V8 dem sportlicher ausgelegten Reihen-Sechszylinder überlegen. Bei den Messungen zum »Kilometer mit fliegendem Start« wurde nebenbei gleich noch die Durchschnittsgeschwindigkeit ermittelt: 196,5 km/h für den 507 gegenüber 221,5 km/h für den 300 SL. Der Vergleich wurde übrigens nicht, wie heute üblich, mit beiden Autos zur gleichen Zeit an gleicher Stelle durchgeführt.

Die Technik hatte sich mittlerweile weiterentwickelt, aus dem Ausland – vor allem den USA – kamen entscheidende Anstöße. Die in Deutschland freilich oft besser umgesetzt wurden: Die in den Staaten schon 1957 für den stolzen Aufpreis von 500 Dollar (2.000 Mark) offerierte Benzineinspritzung war unbefriedigend, befruchtete aber den von Bosch und Mercedes entwickelten Einspritzer für den 1958 vorgestellten 220 SE. Neue Federungssysteme wie die Luft- und die Hydraulik-Dämpfung kamen auf. Die in England kultivierte, thermisch unempfindlichere und besser zupackende Scheibenbremse adelte exklusive Exoten wie den Facel-Vega Excellence, den Lancia Flaminia Sport, den Maserati 3500 GT, verschiedene Aston-Martin- und Jaguar-Typen sowie die Citroen DS-Göttinnen.

Zumindest bei letzterer Entwicklung übernahm BMW die Rolle des Vorreiters und brachte im September 1959 die schnellste deutsche Serien-Limousine, den 3,2 Liter Super, als erstes Serienfahrzeug in

130

Ein flotter Sprint im offenen 507 machte den Amerikanern allemal mehr Spaß als Cruisen im geschlossenen Coupé.

Deutschland mit vorderen Scheibenbremsen heraus. Das 790 Mark teure Sicherheits-Attribut von Teves nach Dunlop-Lizenz ließ den Bremsweg um ein Drittel schrumpfen.

Vom 507 gibt es zumindest eine Röntgenzeichnung, die mit vorderen Dunlop-Scheibenbremsen überrascht. Tatsächlich wurde für den 507 eine entsprechende ABE erteilt, allerdings erst am 28. September 1959, als nur noch wenige, längst vorher begonnene 507 fertig-gestellt wurden. »Entgegen der Bestimmung 223 StVZO ist die Ausrüstung der Schei-benbremsen mit den nicht bauartge-nehmigten Bremsbelägen Typ Ferodo DS5 genehmigt«, hieß es weiter – »wahlweise« zur bisherigen Trommelbremse.

Wunschtraum für die Serie: Röntgenzeichnung des 507 mit vorderen Scheibenbremsen!

131

Doch abgesehen von den Rennsport-Typen und Nachrüstungen kam dem Roadster diese Neuentwicklung nicht zugute. John Surtees war an der Entwicklungsarbeit beteiligt: Alex von Falkenhausen ließ ihn mit Dunlop-Scheiben Versuchsrunden fahren; die solcherart ausgeführten Bremsen mochte Surtees später nicht mehr missen. Der Mercedes 300 SL kam übrigens erst im März 1961 zu Scheibenbremsen, allerdings an allen vier Rädern. Erstaunlicherweise warb ATE-Teves noch 1962 mit einer Grafik, die auch den BMW 507 als Fahrzeug zeigte, das mit Scheibenbremsen versehen wurde.

Die letzten BMW 503

Entscheidendes tat sich am 503, der insgesamt drei verschiedene Frontnieren aufwies. Die meisten Veränderungen geschahen jedoch im Verborgenen. Vermutlich gab es für die zweite Serie sogar zwei Klopfformen: eine für die Vormittags- und eine für die Nachmittagsschicht. Doch 1957 entstanden nur ganze zwei Exemplare des 503. Sie und die bis zum Juli 1958 ausgelieferten Wagen kosteten besagte 31.500 Mark, dann stieg der Preis für Coupé und Cabrio auf stolze 32.950 Mark.

Ebenfalls in drei unterschiedlichen Formen erschien die Zierleiste über die Wagenflanke. In der ersten Serie war sie hinten stark geknickt und wies eine entsprechende Sicke auf. Die 1957 in wenigen Exemplaren gebaute Serie 1 A hatte ebenfalls eine allerdings weniger stark geknickte Zierleiste, behielt aber die bisherige Sicke bei. In der zweiten Serie verlief die Leiste endlich gerade bis zum Heck. Dabei fiel die Sicke weg. Die veränderte Form der Zierleiste entsprang übrigens dem Wunsch der Gattin des bisherigen Marketingchefs Oskar Kolk: Sie bemängelte, daß man mit den nach oben gebogenen Zierleisten in der Autowaschanlage hängenblieb.

Aus der Form der Leisten abzulesen, wie die Technik des Wagens ansonsten beschaffen war, kann Unstimmigkeiten ans Tageslicht bringen: Serie 1 sollte nach gängiger Auffassung das unter dem Sitz liegende Getriebe und elektrohydraulisch zu betätigende Fensterheber und Verdeck aufweisen. Serie 1 A und Serie 2 schließlich hätten eigentlich immer mit gründlich geänderter Getriebeposition daherkommen

Der 503 auf dem Pariser Salon 1957: Der Herr im dunklen Anzug war der französische Importeur Thodoroff.

Ein Fahrzeug der Serie 1 a mit flacher geknickter Zierleiste, Knüppelschaltung, aber elektrohydraulischer Betätigung der Fenster (und des Verdecks im Cabrio).

müssen, lediglich Serie 2 sollte mit elektrischer Betätigung der Fenster und des Softops gesegnet sein. Und dennoch gab es schon ab Werk Mischformen, ganz nach dem alten Sprichwort, daß Ausnahmen die Regel bestätigen.

Das Wichtigste war tatsächlich die im September 1957 eingeführte neue Position des Getriebes, das fortan nach 507-Muster mit dem Motor verflanscht wurde. Damit kam genau die gleiche Auslegung der Schaltbox ZF S4-15 wie beim 507 zum Einsatz. Die Gänge wurden nun wie beim 507 mittels einer sportlicheren Knüppelschaltung eingelegt. Die ABE wurde »wahlweise« ab dem 16. Juni 1958 ertcilt, aber die Wahlmöglichkeit bestand tatsächlich nie. Mit dem neuen Getriebe mußte das Chassis geändert werden, dessen Längsträger nunmehr am Getriebe V-förmig auseinander strebten.

Im Innern des 503 vollzogen sich auch weniger bedeutsame Evolutionsschritte: So wanderte der nach links öffnende, gut versteckte Aschenbecher mit unter das

Im 503/II Coupé durfte der Fahrer nur noch die vorderen Scheiben betätigen.

Änderungen im 503-Cockpit:
Der Aschenbecher wanderte in die
Lautsprecher-Box, der Angstgriff rechts
vom Radio wurde abgerundet.

Blumenkorso-Fahrt durch München 1959:
Girlanden für den 503.

So stellte sich der kleine Mann die oberen Zehntausend vor: Natürlich entstieg »man« solch einem noblen Gefährt.

Lautsprechergitter auf dem Armaturenbrett. Der Elfenbein-»Angstgriff« war übrigens nun ohne Griffmulden und abgerundet gestaltet.

Ein Märchen ist allerdings, daß der 503 ab 1958 serienmäßig Scheibenbremsen erhielt. Wie der 507 bekam er am 11. April 1958 wiederum »wahlweise« die ABE, ebenso wurde zum 19. Juni 1959 die Aufhebung der automatischen Bremsbacken-Nachstellung hinten genehmigt – zugunsten der Nachstellung per Exzenterscheibe. Abgesehen von einigen Testexemplaren erhielten lediglich einige der letzten, für den Export bestimmten 503 dieses revolutionäre Teil. Wie für den 507 wurde die ABE am 28. September 1959 vergeben – aber zu diesem Zeitpunkt liefen nur noch wenige 503 in der Endfertigung.

Die letzte konstruktive Änderung betraf die Auspuffanlage. Amtlich abgesegnet wurde dies am 21. Januar 1959. Das Auspuffgeräusch sank um 4 Phon und das Fahrgeräusch um 3 Phon – auf 82 Phon wie beim 507! Für 503-Interessenten wäre dies freilich vorher kein Grund gewesen, daß noble Automobil nicht zu kaufen. Im Gegenteil, die meisten bestellten noch so viele Extras dazu, daß der Preis weit über 10.000 Mark mehr betrug, als beispielsweise die rund 25.000 Mark teure, 210 PS starke Jaguar 3,4 Liter Limousine kostete.

Sonderkarosserien auf 503-Fahrgestellen gab es im Gegensatz zum 507 nie: Die offizielle BMW-Statistik weist nicht ein einziges ausgeliefertes 503-Chassis auf. Die wenigen 503-ähnliche Aufbauten gerade von Schweizer Karossiers basierten stets auf dem 502.

Visitenkarte der feinen Gesellschaft

Werbeargument für Nachahmungstäter waren und sind prominente Kunden. Dies waren bei 503 und 507 nicht wenige, konnten die Wagen doch zahlreiche Superlative für sich verbuchen, die weit über das eigentliche Ziel der Beförderung von A nach B hinausgingen.

Schauspielerin Sonja Ziemann in Schräglage auf ihrem 1958 fertiggestellten 503-Coupé.

Den 503 fuhren beispielsweise: Schauspielerin Sonja Ziemann, Chefredakteur Werner Friedmann (Süddeutsche Zeitung), Automobilfabrikant (und BMW-Konkurrent) Hans Glas, Parfümfabrikant Ferdinand Mülhens (4711), Graf Faber-Castell, Direktor Neumeyer (Zündapp), Direktor Hösch (Hösch-Werke), Generaldirektor Pierburg (Pierburg-Vergaser), Dr. Rudolf Oetker, Fürst zu Thurn und Taxis, Herr Schickedanz (Quelle) und Direktor Jaegi

Das Ziemann-Coupé mit der Chassisnummer 69.182 hat inzwischen in Norddeutschland eine neue Heimat gefunden.

(Hispano-Suiza). Auch Staatschefs und Regierungsrepräsentanten wie der König von Belgien und Jozip Broz Tito bevorzugten den Wagen. Der jugoslawische Potentat bestellte gleich zwei davon, einen fuhren seine Leibwächter, während der Diktator das andere Fahrzeug steuerte. Als Dienstfahrzeuge nutzten der Constatin-Filmverleih, die Mauser-Werke, Hertie Berlin und die Elan Filmgesellschaft (München) den BMW 503. Sehr viel Anwälte, Banker und Firmenchefs in der Schweiz fanden Gefallen an dem gediegen-unauffälligen Gefährt, das immer wieder auf dem Genfer Automobil-Salon präsent war.

Der rassige 507 zog dagegen Kunden an, für die Sehen und Gesehenwerden Lebenselixier war: die Showstars Elvis Presley (der zeitweilig den 70.082 fuhr), Alain Delon, Curd Jürgens, Peter Kraus, Ursula Andres, Heidi Brühl, Vicky Leandros (die gleich zwei 507 besaß) und der Opernstar Mario del Monaco. Gekrönte Häupter und deren Sprößlinge wie Konstantin von Griechenland und der marokkanische König, der Aga Khan sowie Rainer von Monaco und Prinz Albert von Lüttich, Bruder des belgischen Königs, nutzten das Fahrzeug. Der wallonische Prinz verschönerte sich gar seine Flitterwochen mit Prinzessin Paola Ruffo di Calabria in Spanien mit schnellen Ausfahrten im 70.153. Weitere prominente

136

507-Eigner waren der Besitzer der griechischen Metaxa-Brennerei, der Bankchef Erich Rothschild, die Frau Axel-Cäsar Springers, das Ski-As Toni Sailer sowie die Rennfahrer Jochen Maas, Hubert Hahne und John Surtees.

Daß ein 507 im Jahr 1956 mit der Andrea Doria untergegangen sein soll, zusammen mit einer Lieferung von Lancia Aurelia, ist eine Zeitungsente: Zu diesem Zeitpunkt existierten lediglich die drei Prototypen, die nie den Meeresgrund sahen und heute allesamt in den Händen begeisterter Sammler sind.

Eine »echte« Tatsache dürfte aber für Leser des aufwühlenden Romans »Im Namen Gottes« eine interessante Bereicherung darstellen: Der amerikanische Vatikan-Kenner Yallop recherchierte hier minutiös die Ermordung des Papstes Johannes Paul I. und wies die Verwicklung einer bekannten italienischen Bank in dieses Verbrechen nach. Chef der Bank war das Logen-Mitglied Roberto Calvi – und der wiederum wurde während der Recherchen des Buchautors aufgeknüpft unter einer Londoner Brücke aufgefunden. Für Millionen Dollar hatte dazu ein Schweizer Automobil-sammler den Mordauftrag erteilt. Als die Sache aufflog, flüchtete er nach Spanien – über Hunderte von Kilometern getrennt von seinen drei in Zürich untergestellten BMW 507.

Der Produktionsstopp

Daß die V8-Sporttypen weder den erhofften Gewinn eingefahren, noch für

Titelseite der »ams« zur IAA 1958:
Waren der Polizist am 507 und das flotte Mädchen am 300 SL Vorboten für die Zukunft der beiden Autos?

einen besseren Absaz der Barockengel gesorgt hatten, war kein Geheimnis. Um so verschwiegener war man, als die Beendigung der Produktion doch bereits beschlossene Sache war. Nach der IAA 1959 konstatierte die gewöhnlich gutinformierte »auto, motor und sport«: »Zur Zeit ist das Schicksal des 1,6 Liter ebensowenig entschieden wie darüber, ob der 503 und der 507 weitergebaut werden« (20/1959). Im IAA-Resümee der »ADAC Motorwelt« hieß es ebenfalls: »Naturgemäß ohne stückzahl-

Im März 1959 dominierte
der BMW 700 den
Ausstellungsstand in Genf.

reiche Vergangenheit und mit ungewisser
Zukunft ist die große BMW-Achtzylinder-
reihe.«

Die Fertigung des BMW 507 endete nach
insgesamt 209 Serie-2-Exemplaren. Darauf
entfielen 63 auf 1957, 98 auf das Jahr 1958
sowie 48 auf 1959. In Deutschland zugelassen wurden in jener Zeit insgesamt 41
Roadster. Spätere Baujahrsangaben (1960
oder gar 1961) betreffen allein das Erst-
Zulassungsdatum; kein einziger 507
entstand nach Dezember 1959. Wagen
Nummer 254, das offiziell letzte Fahrzeug

von der Numerierung her, war am 14.
August 1959 fertiggestellt. Drei weitere
Wagen, an denen bereits seit Monaten
geschraubt wurde, verließen noch später die
Fertigungshalle: Nummer 70.236 am 29.
Dezember 1959, vorher am 2. November die
Nummer 70.242 und am 4. November die
70.244.

Die offizielle Produktionsstatistik, die
ohnehin Lücken aufweist, vermeldet alles in
allem 254 BMW-507-Fahrgestelle, wovon
drei keine Goertz-Entwürfe sind – nämlich
die Einzelstücke von Loof, Loewy und

BMW 507 an der Seite seiner einstigen Konkurrenten vom Schlage eines Ferrari und eines Mercedes 300 SL. Es handelt sich um den 70.002, mit dem die Serienerprobung begonnen hatte.

Michelotti. Bislang unbestätigte Quellen sprechen von nur insgesamt 248 Fahrgestellen und davon, daß ein hochrangiger BMW-Mitarbeiter aus Restteilen auf eigene Faust mehrere 507 nachfertigen ließ. Dem widerspricht, daß die orginalen BMW-Fertigungslisten tatsächlich bis zur letzten Nummer reichen. Tatsache ist aber, daß mindestens zwei der letzten Fahrzeuge im Auftrag von BMW-Direktoren fertiggestellt wurden – ob mit oder ohne Billigung des Vorstands, bleibt dahingestellt.

Vom 503 entstanden insgesamt 193 Serie-2-Exemplare (2 im Jahr 1957; 135 im Folgejahr; 50 in 1959 und 6 in 1960). In Deutschland zugelassen wurden in jenen drei Jahren 93 Einheiten des 503. Beim zuletzt begonnenen Wagen handelte es sich um Chassisnummer 69.412: Hier wurde am 6. Mai 1960 letztmalig Hand in der Produktion angelegt. Erst neun Tage später wurde der eigentlich unmittelbare Vorgänger des 69.412 fertiggestellt. Vorher war fast ein Vierteljahr kein einziger 503 angefaßt

worden. Kein Wunder – inzwischen wurden die Räume, in denen so aufwendig die Typen 503 und 507 entstanden, anders genutzt.

Mechanische Teile für die letzten Exemplare sowie für den Ersatzteilhandel fertigte anschließend u.a. die Firma Mulwanger in Dortmund. Aluminium-Ersatzbleche sollen vor allem von Baur gekommen sein, auch wenn dies Firmeninhaber Karl Baur heute nicht mehr definitiv bestätigen möchte. Bei ihm lagerten jedenfalls Anfang der Siebziger die originalen Klopfformen der beiden Wagen. Im Freien, wie einige Fachleute versichern – aber auch nicht nachweisen können, wie und warum sie dorthin gelangten.

Einen würdevollen Abgesang, wie es diese auf- und anregenden BMW-Autos wirklich verdient hätten, gab es nicht. Lediglich einige zurückhaltende Andeutungen auf der 1959er IAA – als schon längst kein 507-Chassis mehr neu aufgelegt wurde – kündeten vom nahen Ende der Traumwagen-Fertigung.

Der allerletzte 503 verließ am 6. Mai 1960 die Fertigungshalle. Das dunkelblaue Coupé mit der Chassisnummer 69.412 war ursprünglich zweifarbig lackiert.

Sie hatten angesichts preiswerterer und modernerer Konkurrenten ihren Markt verloren. Das Münchner Unternehmen verschleuderte gebrauchte 503 und 507 in jener Schlußphase zu Spottpreisen. Kompromißloser Ausverkauf war angesagt, und viele Liebhaber der Wagen rauften sich die Haare, weil sie nicht eher reagiert

hatten. In Deutschland waren übrigens insgesamt nur 57 BMW- 507-Roadster und 177 503-Cabrios und -Coupés ausgeliefert worden. Der wirkliche Grund für den Produktionsauslauf aber dürfte weniger die mangelnde Nachfrage gewesen sein. Ertragreicher war es, die bisherigen Münchner Produktionsstätten besser mit dem BMW

Für die seitlichen Entlüftungsschlitze holte sich der Wiesbadener 503-Besitzer das Okay von Graf Goertz.

Der Gestalter am lange Zeit verkannten 503. Gerade das Cabrio ist längst zu einem begehrten Sammlerstück geworden. Dieser Wagen gehört dem BMW-Museum.

700 (»Facharbeiterporsche«) auszulasten, der binnen kurzem zum Publikumsliebling wurde. Mit diesem Winzling kam die Firma aus den Roten Zahlen heraus!

So wurde am 12. Mai 1961 die ABE 1865 vom 3. Oktober 1957 für den 507 und die ABE 1650 vom 5. Januar 1957 für den 503 kommentarlos gelöscht. Nur der V8-Barockengel sollte überraschenderweise noch einige Zeit im Programm bleiben. Arbeitstäglich entstanden weiterhin sechs bis acht Fahrzeuge, die 1960 trotz Preiserhöhungen bis auf ein Jahr im voraus ausverkauft waren! Teurer im Verkauf und in kleinerer Loszahl als bisher gefertigt, brachten sie sogar erste Gewinne ein.

Verbleib

Insgesamt entstanden bis zum endgültigen Produktionsauslauf 1964 rund 22.000 BMW Barockengel, davon 13.000 mit V8-Motor. Denen standen rund 660 Sport-Typen 503 und 507 plus reichlich 600 Nachfolge-Sportwagen des Typs 3200 CS gegenüber. Das gesamte V8-Aufkommen entsprach übrigens lediglich sechs Prozent der riesigen Menge der BMW-Kleinwagen Isctta, 600 und 700: Davon wurden sage und schreibe 360.000 Stück gebaut!

Die seinerzeit nur von Kennern und Genießern in aller Welt geordenten Sportmodelle kamen inzwischen größtenteils in ihr Ursprungsland zurück. Ihre stolzen Besitzer gehören zum allergrößten Teil den bekannten Markenclubs an. Von den 251 »echten« 507 haben fast alle Exemplare überlebt; höchstens eine Handvoll wurden dauerhaft verschrottet.

Nummern-Kunde: Ein 507 aus Paris.

BMW selbst hatte sich viel zu spät für diese Nummer interessiert. Sie zierte ursprünglich einen VW Käfer, dessen Besitzer sich einfach nicht davon trennen wollte.

Auch wenn der Wert guterhaltener Fahrzeuge heute zwischen 300.000 und 600.000 Mark rangiert, sind bislang noch keine Betrugsfälle bekannt geworden, in denen Fahrgestellnummern mehrfach auftauchten. Gerüchte über eine illegale Nachfertigung eigentlich verschrotteter BMW 507 nach dem Muster der umstrittenen BMW-328-Repliken lassen sich nicht bestätigen.

Vom ursprünglichen 503-Serien-Bestand von 271 Coupés und 138 Cabrios existieren jedoch nur noch 200 Stück. Über 60 Prozent davon entfielen auf das Coupé. Die übriggebliebenen Cabrios stammen zu zwei Dritteln aus der ersten Serie. Dies liegt nicht nur daran, daß die erste Serie ohnehin mehr offene Ausführungen aufwies als die zweite, sondern auch daran, daß die spätere Ausführung mit angeflanschtem Getriebe gern zugunsten des 507 ausgeschlachtet wurde.

Cruisin' through the USA – genauer gesagt: durch Colorado.

Abgesang

Der BMW 3200 CS von Bertone

Eigentlich war die Geschichte der bayerischen V8-Sportwagen mit den fünfziger Jahren zu Ende. Doch genau so unerwartet wie die Wiederbelebung des siechen Münchner Unternehmens kam es zu einem Nachfolger für das 503 Sportcoupé. Die Geschäfte liefen wieder etwas besser: Nach den 1959er Verlusten konnten 1960 wieder 15 Millionen Mark als Betriebsergebnis verbucht werden. Dank des neuen 700ers stieg der Automobilausstoß um fast 50 Prozent. Offensichtlich überzeugte der spärliche, aber stete Geschäftsgang des 503 den Vorstand, den Sektor der Luxus-Sportwagen in Deutschland eben doch nicht sang- und klanglos Firmen wie Mercedes (mit seiner just vorgestellten neuen S-Klasse) und Glas zu überlassen. Jedenfalls entstanden 1960 erneut Pläne für ein V8-Coupé.

Doch das gesamte Projekt sollte, ja mußte außer Haus ablaufen. Wichtig war den Bayern damals, keine hauseigenen Kapazitäten zu binden. Sie wurden sämtlichst für den bevorstehenden Serienanlauf der Neuen Klasse und zur Vervollkommnung des BMW 700 benötigt. Hauseigene Designer oder Berater wie Graf Goertz bekamen darum keine Chance mehr: Man suchte einen Partner, der sowohl Entwurf als auch Fertigung realisieren konnte.

Zuerst experimentierten die Bayern mit der Karosserie des Lancia Flaminias, eines Pininfarina-Entwurfs, der nahezu exakt auf das BMW-V8-Chassis paßte: Der Radstand differierte um ganze 2 Zentimeter. Deutsche Karossiers wie etwa Baur oder Karmann blieben von Anfang an außen vor. BMW entschied sich schließlich für einen Neuentwurf aus Italien. Doch der Auftrag ging

143

nicht etwa an Giovanni Michelotti, sondern an Nuccio Bertone in Turin-Grugliasco: Dort hatte man sowohl bei der Gestaltung als auch bei der Serienfertigung von Automobilen reichlich Erfahrung.

Bertone sollte also ein neues 2 + 2-sitziges Coupé bauen, merkwürdigerweise nicht mit Leichtmetall-, sondern mit Stahlblech-Karosserie. Gearbeitet wurde allein nach dem Erfolgsprinzip: Die Bezahlung fertiggestellter Einheiten sollte, so hieß es im Vertrag, nicht en bloc, sondern allein nach der Anzahl der tatsächlich ausgelieferten Fahrzeuge erfolgen.

Bertone, der nebenbei noch die Aufbauten des zweitürigen Alfa Romeo 2000/2600 Sprint und des Iso-Rivolta 340 schneiderte, erhielt von den Bayern klare Vorgaben, die seine kreativen Möglichkeiten stark eingrenzten. Anzahl der Sitzplätze und die Beibehaltung von V8-Chassis, Komponenten aus dem 503 und der BMW-typischen Front waren ein Muß! Die Aufgabe war tatsächlich nicht einfach: Nuccio Bertone mußte gleichzeitig das

unmöglich Erscheinende realisieren, einen teutonischen Repräsentations-Großwagen mit schicker italienischer Maßkleidung zu versehen. Unauffällig, stattlich, aber keineswegs bezaubernd oder gar anregend präsentierte sich schließlich das erste 1 : 1-Modell. Auffallend war die im Vergleich zum 503 tieferliegender Gürtellinie.

»Die flach ansteigende Motorhaube geht sanft in die sphärisch gewölbte Frontscheibe über und setzt sich im weiten Bogen des Daches fort«, umschrieb die Werbung die kaschierende Linienführung, »Der geringe Stirnquerschnitt und die strömungsgünstige Form sind das Fundament für die begeisternde Spitzengeschwindigkeit dieses Wagens.« Dennoch blieb der Wagen eine wuchtige Erscheinung: Sein Radstand war mit dem des 503 identisch, in der Außenlänge aber war der 3200 CS um acht und in der Breite um fünf Zentimeter gewachsen.

Von Anfang an kam der noble Wagen auf 15-Zoll-Rädern und mit je zwei voll versenkbaren Seitenscheiben daher. Die C-Säule erhielt den später so charakteristi-

schen Knick, der auch im Neue-Klasse-1500 zu finden war – und bis heute Stilelement aller BMW-Wagen ist.

Ursprünglich sah Bertone genau wie beim 503 große runde Nebelleuchten unterhalb der Scheinwerfer sowie eine weit nach oben gezogene Nieren-Einfassung vor. Ziel war, die Frontpartie niedriger als beim Vor-gängermodell zu halten. Also mußte trotz der Kombination aus breitgezogenen Hori-zontal-Nieren nach 507-Muster und niedri-gerer Vertikal-Niere nach Barockengel-Vorbild für die Nebelleuchten Ausschnitte in den Stoßstangen vorgesehen werden. In dieser – in der Serie geänderten – Form erschien der Wagen auch in den ersten Prospekten. Die Blinker des 3200 CS stammten übrigens vom Großen Borgward P 100. Der noble Innenraum wies für den

Prototyp erst ein Zweispeichen-, dann ein Vierspeichen-Lenkrad auf. Die Rund-Instru-mente hatte der 507 zugesteuert: Aus der Instrumenten-Mittenachse etwas nach oben versetzt, saß die Zeituhr im Armaturenbrett.

Das sehr detailliert ausgeformte Holz-modell für den deutschen Luxusliner erstellte die Firma im alten Bertone-Werk in der Turiner Innenstadt.

Holzmodell des von Bertone gestylten BMW 3200 CS im alten Betriebsteil in der Turiner Innenstadt.

Neues Flaggschiff im Italo-Chic

Genau wie seinerzeit 503 und 507 wurde die neue Schöpfung vor der Öffentlichkeit und der Presse sorgsam geheimgehalten. So übte sich »ams« noch Anfang August 1961 in Mutmaßungen von »der Wiedergeburt des vor einiger Zeit eingestellten, aber vielfach vermißten Achtzylinder-Sportwagens Typ 507. Man spricht von einer Bertone-Karosserie in Coupé- und Cabriolet-Ausführung. Der Wagen soll verhältnismäßig preisgünstig sein, da der Motor gegenüber den früheren Ausführungen wesentlich vereinfacht wurde und dennoch 160 PS leistet (früher 150 PS).«

Ein Irrtum: Intern als BMW 532 bezeichnet, debütierte das offiziell vier- bis fünfsitzige Coupé namens 3200 CS (Coupé Super/Sport) auf der IAA im September 1961. Es handelte sich keineswegs um ein preisgünstiges Auto, und es kam zum falschen Zeitpunkt. Kaum beachtet, stand es neben dem Star der Ausstellung, der Neuen Klasse, die Tausende von Vorbestellungen initiierte: »Man kann daran zweifeln, ob er jemals über die Bedeutung eines Ausstellungs-Zugobjektes hinauskommt«, orakelte »ams« in ihrem Messe-Nachbericht. Die »Motor Revue« sah es im Vergleich zum 507 viel positiver: »Er ist viersitzig und zählt damit zu jener neuen Art von Klasse-Automobilen, die bei einigermaßen günstigem Preis mehr Chancen auf die Gunst des gut zahlenden Publikums haben als zweisitzige reine Sportwagen« (39/1961).

Doch der Preis war eben nicht so günstig, und so bedauerte beispielsweise »auto, motor und sport« beim Rückblick auf die 1961er Neuerscheinungen: »Zwar muß man auch den viersitzigen, von Bertone eingekleideten BMW 3200 nennen, aber sein in der Nähe von 30 000 DM liegender Preis überschreitet erheblich die Grenze dessen, was einer größeren Zahl von Liebhabern des ohnehin teuren Sportwagen-Hobbys noch möglich ist« (1/1962). Ähnlich erging es dem Wagen im November 1961 auf dem Pariser Salon bei seiner ersten Auslandspräsentation. Vergleichbare Jaguar-Typen kosteten zwischen 20.000 und 23.000 Mark, nur Ferrari (mindestens 50 000 Mark) und Facel Vega (ab 39 000 Mark) waren noch teurer.

Traumwagen-Spätlese

Genau wie bei den sportlichen V8-Vorgängern sollte auch der 3200 CS in insgesamt zwei Serien produziert werden: Die erste bis Chassis 76.175 umfaßte rund 170 Fahrzeuge, die im Februar 1963 begonnene zweite Serie bis Nummer 76.609 hatte rund 430 Exemplare.

Inzwischen war die Regelung in Kraft, daß auf der IAA präsentierte Fahrzeuge innerhalb von einem halben Jahr in Serienproduktion gehen mußten. Bei der Neuen Klasse wurde noch getrickst, indem für den Kontrolleur des »Verbandes der Deutschen Automobilindustrie« zwanzig Prototypen auf ein BMW-700-Fertigungsband gestellt wurden; beim 3200 CS hatte man dies nicht nötig: Die Serienproduktion lief unbeschadet aller Entwicklungen bei BMW jenseits der Alpen an. Immerhin erfolgte in München noch die »Hochzeit« der Fahrgestelle mit den aus Italien herangebrachten Karosserien.

Die neuen Vorständler – wie der Fiedler-Nachfolger, ex-Porsche-Technikchef Claus v. Rücker, der ex-Borgward-Direktor Wilhelm Gieschen und der ex-Auto-Union-Manager Paul Hahnemann – starteten von Anfang an voll durch. Mißstände wie die Diskrepanzen zwischen Produktion und Verkauf räumten sie ein für allemal aus, ihnen saßen die Zeit und die Gläubiger im Nacken. Ab Februar 1962, ein knappes halbes Jahr nach der IAA, wurde der 3200 CS ausgeliefert – zum stolzen Preis von 29.850 Mark in der Grundausstattung, 8.600 Mark teurer als die 3200 S-Limousine. Mercedes bot im gleichen Zeitraum das 160 PS starke 300 SE Coupé für 31.350 Mark an, der Glas-V8 mit 2,6-Liter-Motor für erstaunliche 19.400 Mark debütierte erst 1966. Das 3,5-Liter-V8-Coupé brachten die Untertürkheimer viel später, im Jahr 1969, heraus.

Bertone mußte zu seinem eigenen Leidwesen die vertikale Niere beibehalten, die die Front unnötig hoch erscheinen läßt.

Der typische Knick in der C-Säule war eines der Styling-Merkmale, die später BMW-Allgemeingut wurden.

BMW leistete sich tatsächlich den Luxus, nach eigenständigen Fahrgestellen für 503 und 507 ein drittes, 1090 Kilo schweres Chassis für den 3200 CS zu verwenden. Einschließlich Federung und Aufhängung wies es freilich starke Ähnlichkeitem zum Fahrgestell des 503 auf. Der Radstand war absolut der gleiche, lediglich die Spurweiten waren 70 bzw. 4 Millimeter geringer geworden. Die starre Banjo-Hinterachse mit Panhardstab stammmte allerdings vom 507. Das komplette Auto war trotz seiner Stahlblechkarosserie mit eineinhalb Tonnen Leergewicht nicht schwerer als der Leichtmetall-503 geraten. Und es geriet um 20 Kilogramm leichter als der 502-Barockengel.

Genau wie bei BMW 502 und 503 saß der 75-Liter-Tank im Heck hinter der

Genau wie beim BMW 503 saß der Tank im aufprallgefährdeten Bereich hinter der Hinterachse. Der Einfüllstutzen war neben dem Nummernschild untergebracht.

Hinterachse, der Einfüllstutzen befand sich allerdings zwischen hinterem Nummernschild und der runden Dreikammer-Rückleuchte. Erstmals kamen kleinere 15-Zoll-Räder zum Einsatz, für die wahlweise Diagonal- (7.00 H 15 L) oder Gürtelreifen (185 HR 15) zu haben waren. Serienmäßig sollten künftig die Scheibenbremsen vorn und der ATE-Hydravac-Bremskraftverstärker sein. Die Lenkung entsprach voll und ganz der des 503, und auch hier gab es nie eine hydraulische Lenkhilfe.

Anfangs kam das Auto mit dem etwas hochgekitzelten Motor des 507 heraus, der zwar die gleichen Kolben und die gleiche Vergaserbestückung mit großen 36er Zenith-Speisefabriken hatte, aber über andere Kipphebel verfügte. Damit erreichte das Triebwerk 160 PS. Man sagt ihm nach, agiler und zugkräftiger als der dann tatsächlich zum Einsatz gekommene 160-PS-V8 des BMW 3200 Super gewesen zu sein. Bei diesem 1 : 9 verdichteten Nasenkolben-Motor waren endlich die Zylinderköpfe mit elf statt bisher zehn Stehbolzen befestigt.

Die erstarkte Maschine brachte den Wagen in 11 Sekunden auf Tempo einhundert, maximal waren 200 km/h drin. Der Motor mußte dann jedoch über 6000 U/min drehen, also oberhalb des roten Bereichs, der bei 5500 Touren begann. Die ab Chassisnummer 76.051 statt der 36er Doppelfallstrom-Vergaser von Zenith eingesetzten 34er Solex-Registervergaser brachten eine weitere Einbuße an Spritzigkeit, aber besseren Lauf und besseres Startverhalten. Das geänderte Luftfiltersystem mit ovalen Einlässen befand sich nunmehr unter einer gewaltigen Abdeckung.

Der 160-PS-Motor des 3200 CS ist nur schwer zugänglich. Mit der neuen Vergaserbestückung machte sich über dem Triebwerk ein riesiges Luftfiltersystem breit.

Die 160 Pferdestärken waren erst bei 5600 U/min komplett beieinander, der 507 hatte für seine Maximalleistung 600 Umdrehungen weniger benötigt. Auch vom Drehmoment her konnten keine Wunder erwartet werden, schließlich war es ja beim gleichen Hubraum geblieben: Genau wie der 3,2-Super-Motor leistete das Triebwerk im Coupé 24,5 mkg bei 3600 Touren.

Das ZF-Vierganggetriebe S4-17 stammte fast unverändert aus dem 3200 Super. Die Übersetzungen entsprachen jedoch denen des 507 der zweiten Serie. Bis zu Chassis Nummer 76.175 – also während der kompletten ersten Serie – saß es wegen des Querträgers hinter dem 207 Kilo schweren Motor unter dem Beifahrersitz. Wie beim frühen 503 war das Getriebe über eine Welle mit dem Motor verbunden.

Erst mit dem Anflanschen der Schaltbox an den Motor bei den Limousinen-Typen wurde dieser Verbund auch für den 3200 CS Wirklichkeit – allerdings nicht wie beim 507 über eine kurze, sondern wegen der zweigeteilten Kupplungsglocke über eine lange Antriebswelle. Die Betätigung des Getriebes erfolgte nicht direkt, sondern nur umgelenkt über die Knüppelschaltung. Darum war auch während der zweiten Serie wahlweise die Lenkradschaltung lieferbar.

Neben der serienmäßigen Hinterachs-Übersetzung von 3,90 sollte künftig auch eine mit 3,70 länger übersetzte Achsversion zu haben sein, die problemloser die Maximalgeschwindigkeit ermöglichte. Ein Fünfgang-Getriebe oder eine Automatik gab es auch für den 3200 CS serienmäßig nie. Doch auch hier paßte das Maserati-ZF-Getriebe, das einige Besitzer des BMW-Fahrzeugs später implantierten. Unverständlich bleibt, warum BMW dieses Projekt nie selbst in die Hand nahm.

Äußerlich wartete der 3200 CS in der ersten Serie mit geänderter Front auf, die sich vom Prototyp vor allem durch die waagerecht liegende, herumgezogene Blinker-Nebelscheinwerfer-Kombileuchte unterschied. Der wuchtige Entwurf wirkte

Der Chromstreifen im Schwellerbereich minderte die wuchtige Erscheinung des Coupés. Alle Scheiben ließen sich voll versenken.

dennoch insgesamt grazil durch die kaschierende Chrom-Leiste im Schwellerbereich.

Verkaufschef Hahnemann machte jedoch schlechte Erfahrungen mit diesem Exoten und erzählte später »Anderl« Glas, dem Sohn des Dingolfinger Konkurrenten, daß bei BMW ein ganzes Zimmer voller Bertone-Reklamationsakten gelegen hätte: Italienische Karosserien seien von vornherein problembeladen, vor allem wenn es um Ersatzteile und deren Passung ging. Es war allerdings nicht nur die Qualität des 0,8 mm starken Stahlblechs, das angeblich schon ab Werk rostete, sondern vor allem die Blech-Verarbeitung. Es stimmt zumindest, daß auch Bertone die Karosserien weitgehend in Handarbeit fertigen ließ, und die Münchner allerhand Nacharbeit leisten mußten. So wurden beispielsweise die Stoßstangen unverchromt angeliefert.

Goodies und Modifikationen

Serienmäßig verfügte der 3200 CS wiederum über elektrische Scheibenheber, ein zweistufiges Heizgebläse, zwei in die Stoßstange montierte Rückscheinwerfer, asymmetrisches Abblendlicht, Doppelklanghorn, elektrische Scheibenwaschanlage und gegenläufige Wischer, Radzierblenden und abschließbaren Tankdeckel, in Form einer Sitzbank dicht zusammenstehende, schaumgummigepolsterte »Komfortsitze« mit Liegesitzbeschlägen, ausklappbare Mittel-Armlehnen, abblendbaren Innenspiegel und natürlich ein mit Tacho und Kombi-Instrument für Kraftstoff-, Öldruck- und Wassertemperaturanzeige (d = 120 mm) sowie Drehzahlmesser (d = 90 mm) gut ausgestattetes, aber nüchternes Cockpit. »Fast amerikanisch mutet die Innenausstattung an«, hatte die »Motor-Rundschau« bei der

150

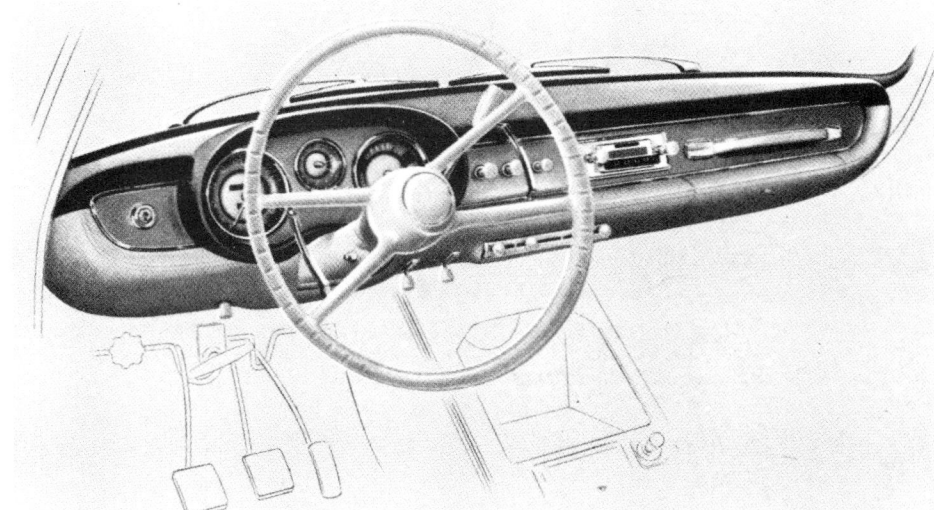

Das komplette Armaturenbrett und die Mittelablage des Prototyps wurden in der Serie geändert.

CS-Präsentation diese Luxus-Anhäufung gelobt.

Die modisch grau unterlegten VDO-Armaturen stammten nicht von 503 und 507; so reichte der Tacho hier nur bis 220 km/h. Der Drehzahlmesser soll um 300 bis 400 Touren vorauseilend justiert worden sein, um ein Überdrehen des Motors zu verhindern. Anders als bei den Vorgängern befand sich in der 3200 CS-Serienausführung der Drehzahlmesser nun direkt mittig zwischen Tacho und Kombi-Instrument. Das Vierspeichen-Lenkrad unterschied sich von dem des 503 und 507 durch die schwarze Lackierung und die Griffmulden. Während die erste Serie ein simples Blech-Armaturenbrett erhielt, war die zweite Serie mit dem nobleren Holz-armaturenbrett ausgestattet. Diese Serie verfügte dann auch über serienmäßige Lederausstattung und abschließbaren Tankdeckel.

Das Cockpit des 3200 CS war funktionell und keinesfalls verspielt gestaltet. Nach optischen Höhepunkten suchte man vergeblich.

151

Nobles Gestühl – mit Armlehnen vorn und hinten – schaffte genügend Platz. Die breiten Türen erlaubten bequemen Einstieg auch für die Hinterbänkler.

Die Liste der Extras war lang: Lederausstattung für 1 550,–, Autoradio mit automatischer Antenne (Becker Grand Prix für 960,–; Blaupunkt Köln TR de Luxe für 930,–; Blaupunkt Frankfurt TR de Luxe für 760,–) und Hecklautsprecher (80,–), elektrisch betätigtes Stahlschiebedach (1.200,–), Sicherheitsgurte für je 86,50, Weißwandreifen (Komplett-Aufpreis 215,–), rechter Außenspiegel für 35,–, Handleuchte, Frontscheibe mit Grünkeil, Zweifarblackierung (250,–). 34.300 Mark konnte man also allein für den Wagen mit allen »Sonderausstattungen bei Bandmontage« anlegen, ganz zu schweigen von weiteren Gimicks.

Im Rahmen der Modellpflege wurden auch am 3200 CS diverse Bauteile ausgetauscht. Neben den bereits erwähnten Vergasern waren dies die Teleskopstoß-dämpfer und deren Halterungen ab Chassisnummer 76.094 und diverse Karosserieteile noch vor Anlauf der zweiten Serie (ab Chassisnummer 76.155): Einstiegsleiste, Radhäuser, Haubenöffnungs-Lagerung, Heckklappenscharnier-Ausgleichsfeder, Zierleisten am Armaturenbrett, Schwenkfenster-Außenrahmen, Schienen und Abdeckleisten der Türdichtungen und der Angstgriff über der Beifahrertür. Tankentlüftung und geänderter Ausgleichsbehälter fielen auch noch in die erste Serie (ab Chassisnummer 76.162).

Die zweite Serie brachte eine Vielzahl von Detailänderungen mit sich, die neben dem Getriebe auch den Motor betrafen. Im Innern des Wagens fielen nicht nur Ledersitze und Holzinstrumentenbord angenehm auf, die jetzt zur Serienausstattung gehörten. »Leichter Einstieg durch breite, weit öffnende Türen, vorbildlich geformte, elegante Ledersessel mit Liegesitz-beschlägen. Sie geben den für diesen schnellen Viersitzer unbedingt erforder-lichen festen Halt«, so lockte nun die BMW-Werbung. Aber auch die auf 1675 Millimeter im Durchmesser vergrößerten Rund-Instrumente und deren schwarze Lackierung kündeten von optischen Verfei-nerungen. Das war noch nicht alles: 1964 sollten schließlich noch weitere konstruktive Änderungen an den Zylinderköpfen erfolgen.

Öffentlichkeitsarbeit

Testberichte über das neue Coupé blieben rar, selbst »ams« hielt sich zurück. Nur die Zeitschrift »hobby« nahm sich Mitte 1962 des edlen Gefährts an und ließ Hans Stuck erste Fahreindrücke sammeln: »...kein ausgesprochener Sportwagen, sondern ein sportlicher Viersitzer von hohen Graden. Der CS ist deshalb nicht ganz so rassig schön wie der 507, dafür ist er aber weit bequemer für die Fahrgäste, die im 3200 CS wahre Könige sind. Es darf nur eben nicht so heiß sein, weil die Sitzbespannung mit echtem Leder genauso unangenehm klebt wie eine gewöhnliche Kunststoffolie. Dies und die Windgeräusche der Ausstellfenster waren aber das einzige, was an diesem Wagen störte.« Die »hobby«-Tester bemängelten weiterhin die direkte, schwer-gängige Lenkung und die genau wie im 503 dicht beieinander stehenden Pedale. Lob erfuhren der laufruhige Motor mit seinem überdimensionierten Ansaug-Geräusch-

Testberichte zum BMW 3200 CS blieben rar.
Nur die »hobby« widmete dem Wagen eine Titelseite.

dämpfer, das sauber abgestimmte, leicht schaltbare Getriebe, die übersichtlichen Armaturen und die hervorragenden Bremsen. Und im Rennsport sollte das Coupé ja nie eingesetzt werden.

Als Dankeschön an den neuen Mehrheits-aktionär Dr. Herbert Quandt ließ Hahne-mann – offiziell Verkaufsvorstand von BMW, doch tatsächlich »der« Macher des Unternehmens – 1962/63 bei Bertone ein 3200 CS-Cabrio bauen. Als Basis diente Chassis Nummer 76.006. An nichts wurde gespart: Graue Lederausstattung, aufstell-bare Sonnenschutz-Blenden nach 507-

Herbert Quandt erhielt die einzige Cabrio-Version des 3200 CS.

Das äußerlich unveränderte, offene Auto wurde bei Bertone gebaut.

Das Verdeck des Quandt-Einzelstücks wurde elektrisch betätigt. Man beachte den »Angstgriff« für den Beifahrer.

154

Der nachträgliche Umbau eines Coupés von Kudla zu diesem Cabriolet unterscheidet sich in einigen Details vom Werks-Unikat.

Mit geöffneten Fenstern genoß man fast ein bißchen Cabrio-Feeling.

Muster, elektrische Verdeck-Betätigung, sogar die sonst nicht lieferbare Servo-lenkung wurde installiert. Quandt war von dem silberfarbenem, viersitzigen Cabrio so begeistert, daß er eine Serienproduktion vorschlug. Doch BMW – von Spöttern als »Quandts Spielzeugeisenbahn« bezeichnet, die er sich durchaus etwas kosten ließ – nahm aus Kostengründen davon Abstand. Zumindest ein weiteres Cabrio der Serie 2 mit der Chassisnummer 76.203 entstand später als Umbau eines Coupés durch die Firma Kudla, erkennbar u.a. am stärkeren Scheibenrahmen und der Abdeckung des dünngepolsterten Klappverdecks.

Ende ohne Schrecken

Nach zehnjähriger Bauzeit endete 1964 die V8-Limousinen-Fertigung, die zum Schluß nur noch den 110-PS-2,6 Luxus und den 160-PS-3,2 Super umfaßte. Mit der Neuen Klasse waren Kasse und Image wieder aufpoliert; die Oberklasse überließ

man künftig erst einmal den Schwaben. Der Jahresumsatz hatte sich gerade um fast 50 Prozent auf 427 Millionen DM erhöht, dank der erfolgreichen Neuen Klasse. Die großen V8 hatten recht wenig dazu beigetragen. Im September 1965 endete auch die Produktion des »Flaggschiffs des Unternehmens« , des Bertone-CS, nach nur 602 Coupés und einem Cabrio – jener abseits vom aktuellen Programm existierenden, »exklusiven Gedenksteine der massiven V8-Typen«, wie es in der »Motor Revue« 55/1965 zurück-schauend hieß.

83 CS waren im Einführungsjahr entstanden, 138 in 1963, weitere 267 im Jahr 1964 – und schließlich 115 im letzten Produktionsjahr, 1965. In jenem Jahr wurden arbeitstäglich bereits über 120 Neue-Klasse-Wagen hergestellt, seit Produktionsanlauf waren über 100.000 Stück vom Band gelaufen.

Die Entscheidung für die Einstellung war angesichts immer spärlicher eingehender Bestellungen gefallen. Deutlich unter dem 3200 CS-Preis bekam man damals einen

Das Vierzylinder-Coupé 2000 CS nahme Stilelemente des 3200 CS auf.

Porsche 904 GTS Carrera oder einen Jaguar Mark 10! BMW hatte sich auch vom US-Markt mehr erwartet, wo sich tatsächlich nur wenige Wagen absetzen ließen.

Ersatzbleche wurden später bei Baur nachgefertigt; die Klopfformen hatte Bertone nach Stuttgart geliefert. Einen Nachfolgeauftrag erhielt die Turiner Firma nicht mehr. Stattdessen hatte unter anderem Baur-Designchef Wenzelburger einen Vorläufer des Neue-Klasse-Coupés auf die Räder gestellt, gekennzeichnet durch die ausgeprägte Nieren-Front und eine breite, seitliche Sicke.

Nachfolger des großen Coupés wurde aber der ab Juni 1965 – also noch während des Produktionsauslaufs des 3200 CS – lieferbare 2000 C/CS mit 100 bzw. 120 PS starkem Vierzylinder-Zweiliter. Der bei BMW gezeichnete und schließlich bei Karmann gebaute Wagen – das »Schlitz-augen-Coupé« – übernahm freilich viele Stilelemente des Bertone-Coupés wie den Knick in der C-Säule, die Dachlinie nach dem Vorbild des US-Hardtops und die pfostenlose Seitenscheibe. Die runde Drei-kammer-Rückleuchte erlebte ihr Revival im Nullzweier-BMW. Ein würdiger Nachfolger

des 3200 CS war dann erst der 1968 heraus-gekommene 2800 CS mit 170-PS-Sechs-zylinder.

Bertone versuchte mit den Münchnern später nochmals ins Geschäft zu kommen und lieferte 1969 und 1970 Prototypen-Entwürfe mit 2,8-Liter-Sechszylinder bzw. 2002 ti-Vierzylinder. Man behielt sich zwar alle Optionen für eine weitere Zusammen-arbeit vor, konnte sich aber weder gleich noch später zu einer Serienproduktion entschließen.

Anders als beim 503 und beim 507 erwachte das Interesse am 3200 CS erst spät. Viele wurden zugunsten von 507 und 503 ausgeschlachtet, mit anderen Motoren versehen oder als ganz normale Gebraucht-wagen verschlissen. Liebhaberpreise wurden über lange Jahre weder verlangt noch gezahlt.

Heute existieren trotzdem noch rund 250 Fahrzeuge in Europa und in den USA, darunter der Cabrio-Umbau für Herbert Quandt. Engagierte Clubs setzen die Wagen inzwischen sogar in einer Disziplin ein, die ihnen während ihrer Fertigungszeit ganz und gar nicht zugedacht war: im (historischen) Motorsport!

Der BMW V 8 im Motorsport

K eine Frage: Die Bayerischen Motoren-Werke verfügten über eine reiche Sport-Tradition. So richtig ernsthaft war es mit dem legendären BMW 328 zur Sache gegangen, jenem Roadster mit Aluminium-Karosserie von 1936. Gern wird er als Vorgänger des 507 tituliert. Wer damit den Anspruch als Traumwagen meint, hat recht – in Sachen sportliche Potenz aber sind dies vor allem Schmeichel-Einheiten für den 507.

Der 80 PS starke, obengesteuerte Zwei-liter-Sechszylinder-Reihenmotor des 328 war ein Kompromiß gewesen: Aus Kosten-

Völlig zurecht gilt der BMW 328 als Urahn aller sportlichen BMW. Rechts die Serienversion, links der Mille-Miglia-Typ.

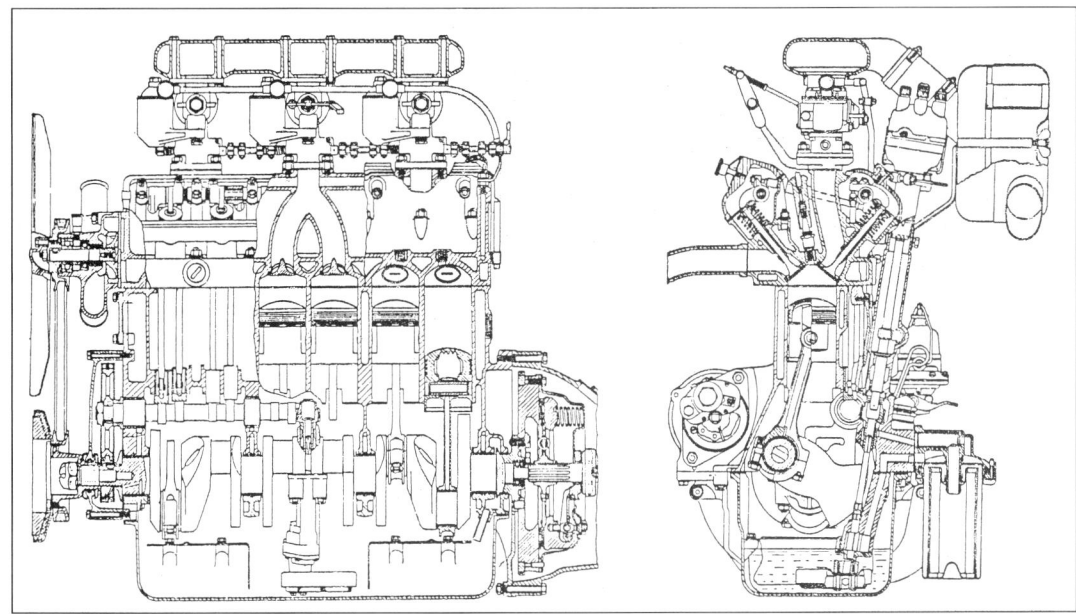

Die Steuerung der V-förmig hängenden Ventile erfolgte beim BMW 328 über eine untenliegende Nockenwelle, überlange Stößelstangen und kurze Kipphebel.

gründen basierte er auf dem braven 326-Triebwerk. Eine wirklich sportive obenliegende Nockenwelle war mit vertretbarem Aufwand nicht machbar, und so erfolgte die Ventilsteuerung von der untenliegenden Nockenwelle aus über Stoßstangen und kurze Kipphebel. Ein Leichtmetall-Zylinderkopf, eine Verdichtung von 7,5 : 1 sowie drei Solex-Fallstrom-Vergaser halfen mit beim Leistungsplus. Der nur 800 Kilo leichte Wagen kam schon in der Serienversion auf über 150 km/h. Das Leistungsgewicht dieses Traumwagens lag bei 10 Kilo pro PS (zum Vergleich der 1240 kg schwere 507: 8,3 kg/PS). In der Rennversion 100 bis 130 PS stark, belegte er vor dem Zweiten Weltkrieg sensationelle 200 erste Plätze gegen die hubraumstärkere Konkurrenz, beispielsweise gleich beim ersten Rennen auf dem Nürburgring 1936, gefahren von Motorrad-As Ernst Henne. Und bei der 1940er Mille Miglia errang der vollverkleidete, auf 600 Kilo abgespeckte 328 Huschke von Hansteins gegen hubraumstärkere Konkurrenz sogar den Gesamtsieg.

Alles in allem entstanden bis 1941 exakt 462 Exemplare des BMW 328. Und es sollten noch zahlreiche Nachbauten und Adaptionen folgen.

Automobilrennen waren nach dem Krieg eine vollkommen exotische Sache. Daß gerade BMW jemals wieder mit eigenen Modellen starten würde, konnte sich niemand vorstellen. Doch Unverbesserliche wie Ernst Loof und Alexander von Falkenhausen wagten zumindest ein Revival und sicherten mit ihren Kreationen Tradition und Erinnerung an die glorreichen Zeiten der Weißblauen. Sie waren nicht die einzigen, aber die erfolgreichsten: AFM in Sachen Standfestigkeit, Veritas in seiner Vielfalt und Quantität. Eine Reihe deutscher Fahrer – von den englischen Firmen Bristol und Frazer-Nash ganz abgesehen – baute eigene Wettbewerbsfahrzeuge auf BMW-328-Basis oder ließ diese bauen: Hermann Holbein, Emil Vorster, Kurt Kuhnke, Willi Krakau, Helmut Polensky und das DAMW in der früheren DDR. Bis Mitte der fünfziger Jahre bestritten diese Autos nahezu

159

Der BMW 328 gilt als legitimer Vorgänger des 507. Freilich war er kompromißlos bis zur Unbequemlichkeit – anders als der V8-Wagen.

alle wichtigen deutschen und einige internationale Rennen (für deutsche Fahrer erst ab 1950 erlaubt) in der Zweiliter-Klasse und in der seit 1948 gültigen Formel 2.

Ernst Loof hatte ja zusammen mit ex-BMW-Direktor Lorenz Dietrich und Motorrad-Rennfahrer Schorsch Meier im März 1948 im badischen Meßkirch die »Veritas-Arbeitsgemeinschaft« gegründet. Bis zum November 1950 bauten sie insgesamt 62 Autos, 32 davon waren Rennsportwagen mit überarbeiteten 328-Motoren. Mit 1,5 und 2 Liter Hubraum versehen, waren diese RS-Typen ab 1948 im Einsatz, gefahren u.a. von Karl Kling und Schorsch Meier. Bis zum Verbot durch die Münchner liefen die Fahrzeuge unter dem Namen BMW-Veritas. Dem zweisitzigen RS folgte der Meteor-Monoposto, der allerdings einen von Loof konstruierten Heinkel-Motor

erhielt. Geschäftlichen Erfolg erhoffte man sich vom zweisitzigen Comet. Weitere Coupé- und Cabriolet-Pläne sollten sich jedoch zerschlagen.

Alexander von Falkenhausen war bereits im Juli 1946 auf BMW 328 erfolgreich sein erstes Rennen gefahren (Ruhestein-Bergrennen). Der Wahl-Schweizer rief 1947 die Zweimann-Firma AFM (Alexander von Falkenhausen, München) ins Leben, die sich nicht nur mit dem 328, sondern auch erfolgreich mit dem Einsatz eines 1100-ccm-Motors von Fiat beschäftigte. Von Falkenhausen war selbstbewußt genug, nicht etwa das BMW-Logo, sondern sein eigenes, dreieckiges Markenzeichen mit dem gekrönten Falken an den Fahrzeugen anzubringen. Zwei Jahre später entstand in Zusammenarbeit mit Fritz Hahn (Chassis), Willi Huber (Karosserie) und Rudolf Schlei-

160

cher (Motor) sein überaus erfolgreicher
Formel-2-Wagen Typ 49, basierend auf
328-Technik. Dem folgte der Typ 50.
Anders als bei Veritas handelte es sich bei
seinen maximal zwölf Autos stets um Wettbewerbsfahrzeuge, an eine Serienproduktion
war nie gedacht. Neben Falkenhausen selbst
fuhren auch Stars wie Hans Stuck, Hermann
Lang und Manfred von Brauchitsch seine
Wagen. Falkenhausen blieb dem 328 lange
treu: Noch 1953 siegte er auf dem

Vorkriegs-Wagen in der Zweiliter-Sport-
wagenklasse in Belgien.

Dennoch sollte sich zeigen, daß der vom
326 abstammende Motor bei Spitzenleistungen von inzwischen 140 PS seine
Obergrenze erreicht hatte. Unkalkulierbare
Lagerschäden waren die Folge der
unmäßigen Potenzsteigerung. 1953 ging
Loofs Nachfolgefirma in den früheren
Hallen der Auto Union am Nürburgring in
die Knie. Im gleichen Jahr beendete auch

AFM Formel-2-Monoposto
Typ 50 von 1949/50: Den Antrieb
besorgte der bekannte, auf
130 PS gekitzelte BMW-Sechs-
zylinder oder eine nagelneue
Küchen-V8-Maschine mit
190 PS.

161

Falkenhausen seine Eigenständigkeit und kam zurück zu BMW, um hier die Sportabteilung zu übernehmen.

Damals ging es freilich fast ausschließlich um den Motorradsport, wo BMW allerdings schon wieder kräftig mitmischte. Fast jedes Wochenende fanden irgendwo in Deutschland Orientierungs- und Zuverlässigkeitsfahrten, Rallyes und Bergrennen statt. Hier mit neuen Modellen präsent zu sein, versprach eine gute Reklame: »ADAC Motorwelt« und »auto, motor und sport« berichteten stets ausführlich selbst über kleine und kleinste Rennen. Damit widersprachen zumindest die Münchner dem von »ams«-Chefredakteur Wieselmann ausgemachten Trend, in Deutschland nur rennmüde auf den millionenfachen Autoabsatz

in den USA zu verweisen, der dort ganz ohne Sporterfolge möglich sei.

Mit V8-Rennpower

Als Sport-Geräte waren die neuen Hoffnungsträger 503 und 507 nicht konzipiert worden – auch wenn zumindest der 507 so aussah, als wären Rennstrecken sein wahres Zuhause. Ganz anders verhielt es sich bei den Marktkonkurrenten: Der seit 1952 eingesetzte 300 SL startete schließlich sowohl als Rennsportwagen als auch als Grand-Tourisme-Fahrzeug, Ferrari, Maserati und Jaguar mischten eh bei vielen Rennen mit. Selbst der Thunderbird und die Corvette beteiligten sich an Wettbewerben

Als kompromißloses Sportgerät war der 507 nicht konzipiert worden. Dennoch läßt er sich sehr flott bewegen.

wie den 24 Stunden von Le Mans im Jahre 1957.

Handicap für den 507 waren von Anfang an die Homologierung und die ungünstige technische Konzeption des V8-Motors. Echte Schlagzeilenmacher waren die Rennsportwagen; der 507 konnte aber nur in der großen GT-Klasse ab 1600 bzw. 2000 ccm starten. Viele Nachberichte in den großen Automobilzeitschriften gingen auf diese Klasse gar nicht ein. Voraussetzung für den Start bei den GTs lt. Anhang J des Code Sportif der FIA (Kategorie II, Gruppe 4: Normale Serien-Grand-Tourismo) war eine Mindeststückzahl von 100 gebauten Exemplaren, eine Zahl, die BMW mit dem 507 aber erst im November 1957 erreichte. Um bei den Tourenwagen starten zu können, hätten jährlich mindestens 1000 Einheiten fertiggestellt werden müssen!

Das Sportgesetz sagte wörtlich: »GT-Serienwagen und verbesserte GT-Fahrzeuge sind in kleinen Stückzahlen erzeugte Fahrzeuge, die für solche Kunden bestimmt sind, die die besten Leistungen und/oder Komfort suchen. Für diese Fahrzeuge wird eine Mindestproduktionszahl von 100 in zwölf aufeinanderfolgenden Monaten gefordert. Spezial-GT sind dagegen Fahrzeuge, die direkt von den in der Gruppe Serien-GT homologierten Fahrzeuge abstammen.«

Reine Sportwagen konnten also durchaus als GT starten, sofern die 100 Stück erreicht waren. In seiner Klasse mußte sich der 150-PS-BMW mit stärkeren oder kompromißlos-sportlichen Fahrzeugen von Ferrari, Maserati und Porsche herumschlagen. Dies ließ kaum Chancen auf Siegeslorbeer zu und sicherte eher Achtungserfolge.

Rennsportchef Alexander von Falkenhausen, der ab 1957 auch der Motorenentwicklung von BMW vorstand, war sich von Anfang an über die überaus bescheidenen Tuning-Möglichkeiten für den V8 im Klaren. »Der Wagen hatte sehr kleine, parallel angeordnete Ventile und war letztendlich zu schwer«, klagte er. Dennoch versuchten er und seine Techniker ihr Möglichstes und kitzelten bis zu 190 PS aus dem 3,2-Liter-Triebwerk. Rudolf Schleicher entwickelte dafür eine schärfere Nockenwelle mit anderen Steuerzeiten und anderem Hub, die Verdichtung wurde weiter erhöht, und größere Vergaser sorgten für eine bessere Befüllung der acht Brennräume. Versuchsweise erhielten die zwei oder drei Werksrenner Fünfgang-Getriebe, Sperrdifferential (kurze Hinterachsübersetzung 3,42 : 1) und zum Schluß sogar Scheibenbremsen vorn. Normalerweise wurde mit Hardtop gefahren, oft starteten die Autos auch mit der aerodynamischen Unterbodenabdeckung.

Fahrer des eher untermotorisierten Sport-Gefährts waren neben von Falkenhausen selbst vor allem der St. Gallener BMW-Händler und Porsche-Sportfahrer Arthur Heuberger, der Lausanner Robert Jenny und – ab 1958 – Hans Stuck. Erfolgreicher war BMW in jener Zeit auf der Motorradstrecke: 1957 wurde die Firma Marken-Weltmeister und konnte den vierten Gewinn der Fahrer-WM verbuchen.

Der Automobil-Sektor durfte freilich schon aus Werbegründen nie vernachlässigt werden: So rannte bereits der Sechszylinder-501 bei zahlreichen Wettbewerben, beispielsweise 1953 bei der Langstrecken-

Ex-Sportchef Alexander von Falkenhausen fuhr selbst Rennen mit dem 507. Hier bewegt er das edle Stück im Rahmen eines Clubtreffens in den achtziger Jahren.

fahrt Liège – Rome – Liège (Fürst von Metternich, der zur Tour de France 1957 auf BMW 502 startete). Wenig spektakulär, aber sehr zuverlässig war dann bei der Rallye Monte Carlo im Januar 1957 der BMW 502: Nur 59 von 303 Startern kamen an; Hans-Joachim Walter, Helm Glöckler und Max Nathan belegten zwar den letzten Platz, fielen aber wenigstens nicht aus. »Ein Brocken, viel zu schwer«, befand Falkenhausen, »aber ein gutes Auto.« Und ging

damit bei Bergrennen an den Start, bevor er und Stuck auf den neuen BMW 700 umsattelten. Der Österreicher Arnulf Pilhatsch dominierte auf BMW 502 die Tourenwagen-Klasse bei der Adria-Rallye 1957; beim Gaisberg-Rennen im gleichen Jahr siegte er mit diesem Auto in der Serien-Tourenwagen-Klasse über 1600 ccm mit einem Durchschnitt von 81,924 km/h vor einer Lancia Aurelia B22. Mit diesem Auto wurde Pilhatsch auch Klassensieger der Österreichischen Alpenfahrt 1957. Ebenfalls 1957 siegten die Wiesbadener Leopold von Zedlitz und Rolf Hahn auf 502 bei der Deutschland-Rallye, im Jahr darauf wurde von Zedlitz damit Deutscher Tourenwagen- und Rallye-Meister. Noch 1963 gewann auf einem 3,2 Super der Wiener Alois Müller beim Gaisberg-Rennen die Tourenwagen-Klasse.

»Ein Brocken, viel zu schwer«, nannte von Falkenhausen den dennoch erfolgreichen Barockengel.

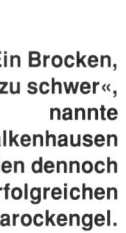

164

Roadster-Einsätze

Als wahrscheinlich erster 507-Sporteinsatz verbürgt ist die Mille Miglia 1957 – Grund dafür, daß seit dem Wiederaufleben der italienischen Traditions-Rallye im Jahr 1980 auch der Münchner V8-Schönling wieder dabei sein darf. Das Reglement gestattet heute lediglich die Teilnahme von Autotypen, die während der früheren Mille Miglia tatsächlich mitrannten. 1992 kam so tatsächlich ein Team auf dem BMW 507 des Münchner Werksmuseums auf den ersten Platz im Gesamtklassement! So erfolgreich war das Auto während seiner aktiven Zeiten nie, auch wenn man ihm heute gern damit schmeichelt.

Bei der 1957er Veranstaltung spielte BMW eine unbeachtete Nebenrolle, obwohl Arthur Heuberger in der Klasse der Spezial-Tourenwagen über 2000 ccm auf einem BMW 502 (Startnummer 410) siegte und am Ende den 28. Platz des Gesamtklassements belegte. Mit dem besagten 507 mit deutscher Zollnummer (188-Z-2553) dabei war der Venezuelaner Muro Henriques, gemeldet von der Mailänder Scanduia Madunina. Er absolvierte anfangs mit Startnummer 413 in der Klasse der Spezial-Tourenwagen die technische Abnahme, wurde dann aber wegen der verlangten Mindeststückzahl von 50 Exemplaren des 507 nicht akzeptiert. Daraufhin nahm er das Hardtop des Autos ab und meldete mit Nummer 525 in der nicht stückzahllimitierten Sportwagen-Klasse über 3000 ccm. Rom erreichte er indes nicht: Die Ergebnisliste vermeldet »ritirati« (ausgefallen). Kaum glaubhaft sind Informationen, nach denen

Bei der Mille Miglia Storica 1992 wurde ein italienisches Team Gesamtsieger. Es fuhr den roten BMW 507 des Münchner Werksmuseums.

Arthur Heuberger mit einem der zwei IAA-Prototypen von 1955 mit Startnummer 541 an der 1956er Mille Miglia teilgenommen haben soll – vielmehr kam er mit einem 502 auf den dritten Platz in der Klasse der Spezial-Tourenwagen über 2000 ccm, hinter einen Mercedes 220 A und eine Lancia Aurelia.

Bei jener 24. Mille Miglia im Jahr 1957 schaute die Welt nicht auf BMW, sondern allein auf die hochgezüchteten Ferrari und Maserati. Es war ein Rennen der Superlative, bei dem bärenstarke 400-PS-Renner mit unvorstellbarer Geschwindigkeit über oberitalienische Landstraßen rasten. Und es war ein Rennen, das letztendlich allein von Ferrari bestimmt war. Altmeister Piero Taruffi siegte mit einem Durchschnitt von 153 km/h auf seinem Vierliter-Ferrari 315 S knapp vor seinem Markengefährten Wolfgang Graf Berghe von Trips. Mit eben so einem Auto kamen der Spanier Alfonso Portago und der Amerikaner John Nelson von der Fahrbahn ab und rissen zehn Zuschauer mit in den Tod. Ohne Wenn und

Aber verbot die römische Regierung daraufhin jede künftige Auflage des Rennens.

Eine Legende war tragisch zu Ende gegangen. Ihren Namen griff jedoch ein anderer Veranstalter schon im folgenden Jahr wieder auf, um eine mit Sonderprüfungen gespickte Gleichmäßigkeitsfahrt in Oberitalien durchzuführen. Gesamtsieger von 1958 war, und nur darum soll diese von den wahren Liebhabern des »echten« Rennens geschmähte Veranstaltung erwähnt werden, der Schweizer Robert Jenny auf BMW 507.

Auch von Falkenhausen startete bei einigen Rallyes und Bergrennen auf dem Werks-507. Zu Siegeslorbeer in der GT-Klasse kam er aber nur bei der zur Europameisterschaft zählenden Adria-Rallye 1957 in Jugoslawien. In den beiden folgenden Jahren gewannen Heuberger, Jenny und vor allem Stuck diverse Rennen. Nur einmal, bei der Internationalen Deutschland-Rallye, war ein Unbekannter auf dem BMW-Roadster noch erfolgreicher: Der Pariser Comte de Maubou siegte in der GT-Klasse über 2000 ccm mit seinem 507 (französische Zulassungsnummer 3163 GX 75) und wurde 13. in der Gesamtwertung. Doch selbst im seitenlangen »ams«-Nachbericht (20/1958) wird darauf nicht mit einem Wort eingegangen: Man wird den Verdacht nicht los, daß der 507 als Sportgerät nicht ernstgenommen wurde.

Unschöne Schlagzeilen machte der 507 nur einmal – als im Frühsommer 1958 bei einem Tourenwagen- und GT-Rennen auf dem Flugplatz Wiesbaden-Erbenheim der Düsseldorfer Profi-Pilot Wolfgang Seidel

im letzten Lauf mit versagenden Bremsen aus der Kurve flog. Herunterschalten und Bremsen nutzten dem Veritas-, Ferrari- und 300 SL-Erprobten nichts mehr, da er bereits auf feuchtem Gras war. Sein Wagen prallte in einen Pulk von Zuschauern, fünf von ihnen erlitten tödliche oder schwere Verletzungen. Grund für das Bremsversagen war ein Materialfehler: Der eingeschrumpfte Stahlring aus der Leichtmetall-Bremstrommel hatte sich gelöst und den Bremszylinder beschädigt, so daß die Bremsflüssigkeit austrat.

Künftig sollten Punkte vor allem bei den extrem kurzen Bergrennen gemacht werden, die nie länger als eine halbe Stunde dauerten. Hier kam es weniger auf das rollende Material als auf den beherzten Fahrstil an: Die Fahrer starteten stets allein und fuhren nur gegen die Uhr. Favoriten für den Gesamtsieg waren immer die Porsche Carrera, die in der GT-Klasse bis 1600 ccm an den Start gingen.

Der Bergkönig

Hans Stuck war ein Weltklassefahrer, der sich in den Zwanzigern und Dreißigern den Ruhmestitel »Bergkönig« erworben hatte. Geboren am 27. Dezember 1900 als Hans Stuck von Villiez, fuhr der 1,87 Meter lange Mann seit 1924 Berg-, Rund- und Langstrecken-Rennen auf Dürkopp, Austro-Daimler, Mercedes und Auto Union (zwischendurch startete er sogar einmal mit einem Motorboot mit 700-PS-Auto-Union-Triebwerk!) und wurde 1932 Erster der europäischen Bergmeisterschaft. Die EM

Bergmeister Hans Stuck im feuerroten »M-MJ 769«, jenem Wagen aus der ersten 507-Serie. Hier driftet er 1959 beim Internationalen ADAC-Bergrekord auf der Schauinsland-Strecke dem Klassensieg entgegen.

war bis dahin schon zweimal gefahren worden und sollte erst 1957 wieder stattfinden. Stuck – als einziger deutscher Fahrer dank einer österreichischen Lizenz auch im Ausland startberechtigt – bewegte ab 1947 den 1,1-Liter-Cisitalia D46 und traf dann mit Alexander von Falkenhausen zusammen.

Der überließ Stuck seinen Zweiliter-AFM, cmit dem der Altmeister beim Grand Prix von Monza im Mai 1949 in der neuen Formel 2 startete. Der inzwischen im oberbayerischen Grainau am Fuße der Zugspitze ansässige Altmeister gewann einige Formel-2-Läufe, einmal sogar – im Vorlauf – gegen Ascaris Ferrari 1950 in Monza. Er glänzte aber besonders bei Bergrennen wie dem Schauinsland-Lauf im Juli 1949, wo er auf seiner Lieblingsstrecke überlegen siegte.

Stuck bestellte daraufhin bei Falkenhausen den neuen AFM Typ 50, dessen Motor ihm allerdings zu schwach war. Seine Hoffnungen ruhten auf dem früheren Zündapp-Chefkonstrukteur Richard Küchen,

der in Ingolstadt einen über 180 PS starken V8-Zweiliter-Rennmotor entwickelt hatte, der über zwei obenliegende Nockenwellen pro Zylinderbank verfügte. Drei dieser Motoren entstanden, zwei davon kaufte Stuck (und mußte eigens dafür eine Hypothek auf sein Haus aufnehmen). Vom ersten Einsatz beim Schauinsland-Bergpreis im August 1950 bis Ende 1952 war er mit dem neuen V8 dabei, einige Male – aber viel zu selten – mit Erfolg. Motorjournalisten hielten das neue Triebwerk gar für ebenbürtig mit dem Ferrari-Motor, übersahen aber, daß Stuck damit eher auf den extrem kurzen Berg- denn auf Rundstrecken glänzte. Nachteil des Küchen-V8 war, daß sich aus thermischen und werkstofftechnischen Gründen die Zylinder lockerten und die 2400 Mark teure Kurbelwelle oft nur ein Rennen durchhielt. Daraufhin setzte Stuck ab Ende 1952 nach erfolglosen Experimenten mit Weber-Doppelvergasern den aus dem 328-Triebwerk entwickelten Bristol-Motor ein.

Start zum Wallbergrennen 1959: dieser Schnappschuß zeigt den Bergmeister im »M-MJ 769«, seinen 507 der ersten Serie.

Stuck war künftig bis auf einige Einsätze auf Porsche (1953 Schauinsland-Bergpreis, 1954 Läufe in Brasilien) beschäftigungslos, bis ihm Auto-Becker in Düsseldorf eine Stelle als Einkäufer für gebrauchte Sportwagen anbot und ihn später zum Verkäufer machte. »Der Tiefpunkt meines Lebens«,

nannte er diese Tätigkeit, die ihm ganz und gar nicht lag. Mit großen Anzeigen in der Tagespresse suchte er weiter nach einer Anstellung in einem Autowerk und schielte dabei besonders Richtung München. Viermal versuchte er sein Glück direkt bei Generaldirektor Grewenig, wurde aber immer wieder vertröstet. Immerhin durfte er 1956 den neuen BMW 507 begeisterten Journalisten vorführen. Schließlich bot ihm Ford-Generaldirektor Vitger den Posten des Vertriebschefs für den Ford Thunderbird an. Kurz vor der IAA 1957, schon auf dem Wege zum Vertragsabschluß nach Köln, wagte er vor Zugabfahrt noch einen Blitzbesuch beim gerade eingesetzten neuen BMW-Generaldirektor Richter-Brohm. Völlig überraschend holte dieser die Vorstandskollegen Oskar Kolk und Ernst Hof dazu und handelte mit Stuck an Ort und Stelle einen Vertrag als Repräsentant für die Modelle 503 und 507 aus!

»Das schönste Auto der Welt war meiner

Stuck, diesmal mit Startnummer 133, siegte auch in der GT-Klasse über 1600 ccm beim österreichischen Wurzenpaß-Bergrennen 1959 mit einem Durchschnitt von rund 88 km/h.

168

Meinung nach der BMW 507, ein Sportwagen von Rasse und Klasse«, schrieb
Stuck später. »Es ist ein Auto, das nicht
jeder beherrschen kann. Seine Spitze liegt
über zweihundert Kilometer, und seine
Straßenlage ist so hervorragend, daß man in
jeder Kurve allen anderen überlegen ist.
Eines Tages läßt Dr. Richter-Brohm mich zu
sich kommen. Er hat von den Erfolgen
meiner Probefahrten gehört und fragt, ob ich
bereit sei, diesen Sportwagen in Bergrennen
zu fahren, um ihn populär zu machen.«

Bergrennen hatten vor dem Krieg eine
reiche Tradition in Deutschland, Frankreich,
Italien, Österreich, der Schweiz, sogar in der
Tschechoslowakei, in Ungarn und
Rumänien und natürlich in England. Hießen
die Strecken früher Kesselberg, Gaisberg,
Klausenpaß, Stilfser Joch und Mt. Ventoux,
so ging es 1957 auf den Schauinsland, den
Mt. Parnas, die Strecke Ollon – Villars (statt
des Klausenpaß-Rennens) und wieder auf
den Gaisberg und den Mt. Ventoux. GT-
Wagen starteten in der Serienversion oder
verbessert als Gruppe 4 oder 5 nach Anhang
J des Sportgesetzes in den Hubraumklassen
bis 1300, bis 1600 und über 1600 ccm. Bei
manchen Rennen wurde die obere Grenze
auch bei über 2000 ccm angesetzt. Porsche,
Borgward, Mercedes (ab 1952 mit dem 300
SL, später dem 300 SLR), Ferrari und
Maserati dominierten. Das BMW-Manage-
ment erwog dennoch ab 1958 Einsätze bei
einigen Bergrennen, die in dieser Saison auf
dem Mt. Ventoux, dem Mt. Bondone, dem
Schauinsland, dem Gaisberg, dem Mt.
Parnas sowie Ollon – Villars ausgetragen
wurden.

Natürlich wollte Stuck fahren, und kam

Klassensieg: Diese höchst seltene Aufnahme zeigt
Altmeister Stuck – mit dem Lorbeerkranz über dem
Außenspiegel – bei seiner Ehrenrunde.

so erneut mit von Falkenhausen zusammen,
der inzwischen Versuchs-, Motoren- und
Sportchef in Personalunion war. »Er kann
mir wieder einmal dazu verhelfen, einen
superschnellen Wagen in die Hände zu
bekommen. Aus 160 PS zaubert er 190 PS.«
Andere Quellen sprechen übrigens sogar
von weit über 200 PS, mit denen über 250
km/h erreicht wurden. Sicher ist der Einsatz
von Renn-Getrieben mit folgenden Übersetzungen: I. Gang: 3,09; II: 2,023; III:
1,50; IV: 1,00; R: 2,205. Die Hinterachs-
übersetzungen entsprachen der Serienausführung.

Experten wie der Frankfurter 507-Spezia-
list Manfred Jaschok halten diese Leistungs-
angaben für übertrieben: Eine Serienausführung mit 160 PS gab es nicht, und selbst
190 PS dürften sehr optimistisch angegeben
gewesen sein. Geschweige denn 200 PS und
250 km/h! Jaschok, Inhaber einer BMW-
Vertretung, hatte selbst in fast 250 Arbeits-

Die Leistungssteigerung auf über 190 PS erforderte unverhältnismäßig hohen Aufwand. Hier ein von Manfred Jaschok getunter V8.

stunden einen BMW-V 8 auf etwa 190 PS gebracht und dabei keinen Aufwand – beispielsweise eine eigenentwickelte Vier-Weber-Doppelvergaser-Spinne, extrem polierte Kanäle und den Einbau der

Der 59jährige Stuck siegte beim Wallbergrennen am Tegernsee mit durchschnittlich 81,5 km/h in der GT-Klasse.

Original-Nockenwelle aus Stucks Wettbewerbsfahrzeug – gescheut.

»Wenn es auch keine Großen Preise mehr sind, die ich nun zu bestreiten habe, so bin ich doch in meinem besonderen Element, dem Bergrennen, und kann wieder mitmischen. Natürlich können es nur Klassensiege in der GT-Klasse werden. Renn- und Sportwagen sind eben schneller«, schrieb der Rennfahrer, der künftig mit mindestens zwei 507-Hardtop-Coupés in der Spezial-GT-Klasse gegen Konkurrenten von Ferrari und Mercedes antrat. Es handelte sich um die Chassis-Nummern 69.002 oder 69.003 sowie ein Fahrzeug der zweiten Serie. Mit Rad-Schnellverschlüssen versehen war der helle Wagen mit der Nummer M-JX 800 aus der Serie 2, der beispielsweise beim Großen Bergpreis von Österreich 1958 dabei war. Normalräder hatte der feuerrote M-MJ 769, mit dem Stuck das Wallberg-Rennen 1959 fuhr. Eines der beiden Autos soll zeitweise mit der erwähnten Rennscheibe versehen gewesen sein. Sicher ist, daß auch Elvis Presley den M-JX 800 während seines Militärdienstes in Deutschland zu Promotionszwecken bewegte und daß der M-MJ 769 auf dem Genfer Salon 1957 stand. Der M-JX 800 diente aber beispielsweise auch den »ams«-Journalisten als Testfahrzeug (»ams« 4/1958) beim Sprintvergleich mit dem 300 SL. Das läßt zwei Schlüsse zu: Entweder erfolgte die Leistungs-Kur erst Mitte 1958 – oder BMW hatte der Presse ein »getürktes« Auto zur Verfügung gestellt...

«Als erstes melde ich mich zum Wallbergrennen am Tegernsee. Es findet auf einer privaten Straße der Wallbergbahn statt. Sie ist nicht für Durchgangsverkehr freigegeben, kann also abgesperrt werden. Lauter neue Gesichter sehr ich am Start, jeder hat den Wunsch mich zu schlagen. Ich habe ja keinen 650pferdigen Boliden mehr in der Hand, sondern einen Wagen, den sich jeder, der Geld hat, kaufen kann. Ich fühle mich wie in alten Tagen und verfolge dieselbe Technik. Der Erfolg gibt mir recht. Nur ein Mann, der einen Sportwagen fährt, ist schneller als ich mit meinem Tourenwagen!« Stuck irrte hier offensichtlich: Das Wallberg-Rennen fand erstmals wieder 1959 statt, dieser 507-Einsatz war also nicht sein erstes Bergrennen mit dem neuen Wagen.

«Fast jeden Sonntag ist jetzt irgendwo in Europa ein internationales Bergrennen« schrieb er weiter. »Ich gewinne gegen Ferrari und Mercedes 300 SL, die in meiner Kategorie starten, die großen Bergmeisterschaftsrennen: Roßfeld, Freiburg, Trento – Bondone, Gaisberg, Ollons – Villars, Klosters – Davos, Mont Ventoux. Daneben viel kleinere Rennen, die nicht so bekannt sind.«

Beim Großen Bergpreis von Deutschland am 27. Juli 1958 auf der Schauinsland-Strecke siegte er auf dem M-JX 800 mit der Startnummer 80 in der GT-Klasse über 1600 ccm mit durchschnittlich 84,285 km/h auf seiner zweimal zwölf Kilometer langen Lieblingsstrecke. Hinter ihm lag Vorjahressieger Theo Geither auf 300 SL, der 1957 nur einen Durchschnitt von 74,22 km/h erreicht hatte. Dahinter folgte 507-Kollege Helm Glöckler aus Frankfurt.

Einen Monat später, beim Großen Bergpreis der Schweiz über acht Kilometer nahe dem Genfer See, gab es bei den großen Spezial-GT sogar einen 507-Dreifachsieg:

Sainsonabschluß: Hans Stuck im »M-MJ 769« (Startnummer 81) beim Großen Preis von Österreich am Gaisberg im Jahr 1959.

Stuck mit 85,1 km/h vor Jenny und Heuberger! Stuck war rund 8 km/h langsamer als der Klassensieger der Serien-GT über 2600 ccm, Gendebien auf Ferrari 250 GT. Die Münchner hatte dazu eine so irreführende Pressemitteilung an die Agenturen verschickt, daß selbst die BMW ansonsten wohlgesonnene »ams« protestierte. »Beim internationalen Bergrennen Ollon – Villars landete BMW durch den Gewinn der ersten drei Plätze einen überlegenen Erfolg. Erster und Klassensieger wurde Altmeister Stuck, Grainau, auf BMW 507 Touring Sport, zweiter Robert Jenny, Lausanne, und dritter Arthur Heuberger, St. Gallen, beide ebenfalls auf BMW 507«, hatte es geheißen. »ams«-Reporter Günter Molter stellte klar, daß nicht Stuck, sondern Jean Behra auf Porsche mit durchschnittlich 100,5 km/h erster im Gesamtklassement wurde: »Nichts gegen Hans Stuck, aber doch etwas gegen offizielle Meldungen dieser Art.«

Das Stuck-Auto der 1958er Saison, den M-JX 800, kaufte dann der Schweizer Anwärter auf den Motorradgespann-Weltmeistertitel, Florian Camathias. Er wollte Autorennen fahren; doch ist sein Name in keiner der Siegerlisten der GT-Klasse des Jahres 1959 zu finden.

Für Stuck war dies die zweite und gleichzeitig letzte Erfolgssaison mit dem 507. Erstmals nach über 20jähriger Pause wurde wieder das Wallberg-Rennen gefahren, jener 3,8 Kilometer lange Schlängelkurs mit durchschnittlich 11 Prozent Steigung, der zweimal zu durcheilen war. Bei diesem ersten Lauf zur Deutschen Bergmeisterschaft siegte der Grainauer mit 82,09 km/h in der großen GT-Klasse und wurde Zweiter der Gesamtwertung hinter Sepp Greger auf Porsche Carrera (83,6 km/h). Alexander von Falkenhausen gewann hier mit dem 502 mit 79,98 km/h die Tourenwagen-Klasse über 2000 ccm. Beim Schauinsland-Lauf 1959

lag Stuck als Zweiliter-GT-Klassenbester mit 85 km/h wiederum vor Theo Geither (300 SL) und Helm Glöckler (507). Auf dem M-MJ 769 siegte Stuck auch bei den Großen Bergpreisen der Schweiz und Österreichs, beim Roßfeld-Bergrennen und dem Wurzenpaß-Rennen. Selbst einen Rundstrecken-Wettbewerb, den Großen Preis von Österreich auf dem Salzburgring konnte er auf dem M-MJ 769 mit einem Schnitt von 88 km/h gewinnen.

Doch sein richtiges Comeback feierte Stuck erst 1960, als er auf dem neuen BMW 700 Deutscher Bergmeister wurde. Ein Jahr später, als Fürst von Metternich auf dem BMW 700 Coupé die europäische Rallyemeisterschaft gewann, beendete Stuck seine aktive Rennfahrer-Zeit. »The old man of the auto«, wie ihn amerikanische Verehrer nannten, starb 1972, zu einer Zeit, als auch der 507 längst schon Geschichte war.

Offenherzig: 503 und 507 bei gemeinsamer Ausfahrt. Während der 507 mit abnehmbarem Hardtop ausgerüstet war, verzichtete man beim 503-Cabrio auf diese Option. Gleichwohl wurde ein Hardtop entwickelt, ohne allerdings in der Lieferliste aufzutauchen.

Luxusschlitten:
Der 503 war serienmäßig ungleich luxuriöser ausgestattet als der Roadster; elektrische Fensterheber und ein ebensolches Verdeck waren im Listenpreis von rund 30 000 Mark inkludiert. Für das gleiche Geld gab es sieben VW Käfer in der Standardausführung – oder ein Eigenheim.

Gekonnt durchkomponiert:
503 und 507, die Goertz-
Zwillinge.

Münchner Kindl:
zwei Schmuckstücke
aus dem BMW-Museum.

Familienkunde:
Der 507 wurde ab Werk mit
in Wagenfarbe lackierten
Stahlfelgen ausgeliefert,
nicht mit den von Goertz
favorisierten Rädern mit
Zentralverschlußnaben.
Die gab es als Extra.
Die 503-Räder waren dagegen
reichlich mit Chrom verziert.

Blaues Wunder:
Der blaue 503 entstammt der
ersten Bauserie; erstaun-
licherweise war damals das
Coupé deutlich gefragter
als das Cabriolet.

177

Schöner Rücken:
Viele Cabrios büßen bei
geschlossenem Verdeck viel an
Charme ein. Der 507 bildet auch
in dieser Beziehung eine
Ausnahme, seine Kapuze sitzt
wie angegossen.

Markant:
Der BMW 507 interpretiert
das weißblaue Erkennungssignal,
den traditionellen, nierenförmigen
Kühlergrill, auf besonders
eigenwillige Weise. Kein anderer
BMW kann eine vergleichbare
Frontgestaltung aufweisen.

178

Kennzeichen der zweiten Serie:
die Tankklappe rechts hinten.
Das Kraftstoffbehältnis, bei der
ersten Serie noch über der
Hinterachse, saß nun im aufprallgefährdeten Bereich unter dem
Kofferraumboden.

Frauenheld:
Dem Charme des 507 erliegt die Damenwelt
noch heute.

Farbenlehre:
In der Farbkombination federweiß/rot
wurden 61 Wagen ausgeliefert, ab Werk
standen für die beiden BMW drei verschiedene
Rottöne zur Wahl: Japanrot, Kirschrot und
Korallenrot, die gerne mit hellbraunem Leder
zusammengespannt wurden.

Nebensachen

Die Konkurrenten in der Luxusklasse

Auch Traumwagen müssen sich an den Produkten anderer Hersteller messen. Daß sich solche Fahrzeuge ganz ohne Werbung zu jedem Preis verkaufen lassen, wie dies beispielsweise Ende der Achtziger mit Ferrari-Sportwagen der Fall war, ist für die betreffende Firma ein einmaliger Glücksfall.

Als die BMW-Typen 503 und 507 debütierten, trafen sie in ihrer Preis- und Leistungsklasse keineswegs nur auf den Sechszylinder-300 SL von Mercedes. Doch schon die Präsentation des offenen SL (»Spyder und Roadster feiern eine fröhliche Auferstehung, ihr meistbeachteter Vertreter ist natürlich der 300 SL«, hatte »ams« in ihrer Ausgabe 7/1957 gelobt) war ein Donnerschlag für die Bayern. Freilich gab es (abgesehen von Porsche mit seinem 1500er-Spyder für rund 25.000 Mark)

keinen weiteren deutschen Hersteller, der sich in jenes Marktsegment exklusiver Sportwagen vorwagte – und dies eröffnete ihnen zumindest im Herkunftsland eine Vormachtstellung.

Doch wer seinerzeit in der 30.000-Mark-Klasse fündig werden wollte, hatte eine bedeutend größere Auswahl. Schließlich existierten in den Fünfzigern noch eine Menge kleiner, sehr feiner Automobilhersteller, die zumindest im englischsprachigen Ausland den Markt der Luxuswagen dominierten. Erstaunlicherweise wurden in Deutschland bis weit in die sechziger Jahre hinein auch alle großen Amerikaner angeboten, die das betreffende Preissegment nach unten und oben bereicherten.

Ein ernstzunehmender, wenngleich etwas teurerer Konkurrent war Aston-Martin, jener Nobelhersteller aus dem englischen

Newport Pagnell, der zusammen mit der Hochpreismarke Lagonda seit der Nachkriegszeit zum David-Brown-Konzern gehört. Erst in den sechziger Jahren wurden die überaus erfolgreichen Sechszylinder (Lieferfrist nach Deutschland bis zu vier Monaten) vom DB 2 bis zum DB 6 von noch lukrativeren V8-Modellen abgelöst. Die 2,6 bis 4 Liter hubraumstarken ohc-Motoren entwickelten zwischen 105 (DB 2) und 286 PS (DB 4GT, DB 5 und DB 6). Die Coupé-Grundtypen, von denen einige wenige Cabriolets abgeleitet wurden, entstanden in größeren Stückzahlen als die V8-Sportler aus München: über 1.000 DB 2 und DB2/4 und ebenfalls weit über 1.000 DB 4/DB 4 GT sowie 1.150 DB 5. Sie

Gegenüber der etablierten Konkurrenz – wie diesem Ferrari 250 GT – konnte sich der Sport-BMW nur schwer behaupten, zumindest was den Prestigewert betrug.

kosteten in Deutschland erheblich mehr als die BMW-Typen: Für den DB 4 zahlte man im Jahr 1960 rund 45.000 Mark, die GT-Version war noch 5.000 Mark teurer.

Noch exklusiver war die italienische Sportwagenschmiede Ferrari in Maranello: Hier wurden während der Fertigungszeit der BMW-Typen 503, 507 und 3200 CS die V12-Coupés 250 und 250 GT sowie 342, 375 und 410 hergestellt. Vom 250 in allen seinen Versionen entstanden zwischen 1952 und 1963 etwas über 2.000 Einheiten, wobei fast 50 Prozent auf den GTE 2 + 2 entfielen. Von den drei anderen hier erwähnten Typen wurden nur einige Dutzend Wagen ausgeliefert. Mit Hubräumen zwischen 3 und 5 Litern lagen die Ferrari zwar in der Klasse der sportiven BMW und Mercedes, ihre ohc-Maschinen brachten aber Spitzenleistungen bis 340 PS. Dafür lag auch das Preisniveau bedeutend höher als das der deutschen Super-Renner: Unter 50.000 Mark war kein Ferrari-V12 zu haben – die Spyder lagen kostenmäßig noch erheblich über den Coupés. Doch von allen Importen nach Deutschland konnte Ferrari die längsten Lieferfristen für sich verbuchen: Waren es Ende 1959 noch rund zwölf Wochen, wartete der potente Kunde 1960 über vier Monate.

Ebenfalls aus dem GT-Musterland südlich der Alpen kam der 1958 bis 1964 gebaute Maserati 3500 GT, dessen obengesteuerter 3,5-Liter-Reihen-Sechszylinder über 230 PS entwickelte. Davon wurden 242 Spider und 1981 Coupés ausgeliefert. Das Coupé kostet etwa 44.000 Mark. Einen V8 bot Maserati erst in der 5-Liter-Klasse für rund 70.000 Mark an.

Der Prototyp des Maserati 3500 GT debütierte am 20. März 1957 auf dem Genfer Autosalon, der letzte GT wurde 1965 gebaut. Insgesamt entstanden 1979 Exemplare, davon 243 Spider.

Doch nicht nur preislich, sondern auch qualitativ waren die Italiener damals einsame Spitze. »Nachdem in Deutschland das starke und schnelle Sport-Coupé Verbreitung erfährt, wie man aus den Lieferfristen für 300 SL und die BMW-Typen 503 und 507 ersehen kann«, berichtete »ams« vom Turiner Salon 1957, »war es interessant, einmal die italienischen Antipoden, den 3,5-Liter Maserati-Sechszylinder und den 3-Liter Ferrari-Zwölfzylinder näher zu studieren. Die Türen schließen leicht und dicht, die Fensterkurbeln lassen sich mühelos bewegen, und der Kofferraum ist für zwei Personen ausreichend, und vor allem lassen sich ohne weiteres eine dritte und notfalls eine vierte Person mitnehmen – versuchen Sie das mal mit einem 507 oder 300 SL!«

Weniger spektakulär in Erscheinung traten die kleinen französischen Hersteller Facel-Vega und Talbot, die große Vier- und Achtzylinder anboten: Der Facel-Vega HK 500 (1953 bis 1964) mit 6-Liter-V8 und Automatic-Getriebe kam auf 320 PS und kostete über lange Zeit rund 35.000 Mark, bevor er 1960 die 40.000-Mark-Schallmauer erreichte. Der von Chrysler-Motoren befeuerte, immerhin 465 mal produzierte Facel-Vega galt seinerzeit als einziger BMW-503-Konkurrent – und Interessenten mußten sich nach ihrer Bestellung bis zu sechs Wochen gedulden. Talbots 2,5-Liter-Vierzylinder (1955 bis 1957) erreichte 120 PS und wurde ganze 54mal gebaut.

Sehr wenig Resonanz erfuhr für die spanische Firma Pegaso mit ihrem Z 102, der 2,5 bis 3,2 Liter groß zwischen 140 und 210 PS locker machte. Zwischen 1951 und 1958 entstanden weniger als 100 dieser edlen Stücke. Eine ähnlich einsame Rolle hatte seinerzeit der Fiat 8V gespielt.

Ein anderer Konkurrent, der den BMW insbesondere in den USA das Leben schwer machte: Jaguar wies ein hervorragendes Preis-Leistungs-Verhältnis auf.

In die Oberklasse einzuordnen wären auch die als Cabrio und Coupé lieferbaren Jaguar-Typen XK 120, 140 und 150, die zwischen 1948 und 1960 in vergleichsweise hoher Stückzahl – 12.055 (XK 120); 8.951 (XK 140) und 9.398 (XK 150) – die 160- bis 190-PS-Klasse bereicherten. Ihren Antrieb besorgten große dohc-Sechszylinder. Der XK 140 war noch ab 19.000 Mark zu haben, der XK 150 lag selbst mit anfangs rund 22.000 Mark preislich deutlich unter seinen Konkurrenten. Bis 1960 erhöhte sich der Preis um etwa 2.000 Mark, lag aber damit weiter unter dem der Wettbewerber. Kein Wunder, daß der XK 150 Ende der Fünfziger erst zwei bis drei Monate nach Bestellung geliefert werden konnte.

AC Ace (1953 bis 1963), Daimler »Dart« SP 250 (1959 bis 1964), Nash-Healey (1950 bis 1954), Lancia Aurelia Coupé/Spider (1951 bis 1958) und Lagonda 3 Litre (1949 bis 1958) blieben in Deutschland eher unbeachtet.

Was man von den großen Coupés und Convertibles der Amerikaner nicht sagen kann, die zumindest Fachzeitschriften wie der »auto, motor und sport« so manchen Testbericht wert waren. Da wäre zuallererst die Corvette, jener klassische Kunststoff-Roadster mit mächtigem V8-Triebwerk, der für General Motors zum vollen Erfolg werden sollte: Für rund 25.000 Mark bekam der deutsche Kunde Mitte bis Ende der fünfziger Jahre bärenstarke 4,6- bis 4,7-Liter-Boliden. Anders der noch hubraumstärkere Ford Thunderbird, der sich mehr und mehr zu einem Schaf im Wolfspelz entwickelt hatte: Bald schon viersitzig, kostete der von 4,8 Liter auf 5,1 Liter vergrößerte V8 in den Jahren 1955 bis 1957 stets um die 22.000 Mark, 1959 wurden für den neuen 5,4-Liter 25.000 Mark verlangt. Der 7-Liter-T-Bird von 1961 kam bereits auf fast 30.000 Mark.

Auch die V8-Modelle Studebaker Silver/Golden Hawk (18.000 bis 23.000 Mark) und Plymouth Fury (19.000 bis 21.000 Mark) bemühten sich um Käufer in der großen Sportwagen-Klasse.

Fremdgänger

V 8-Sportwagen mit Sonderkarosserien

Die bestechenden Goertz-Formen vor Augen, begannen kleine Karossiers in der zweiten Hälfte der fünfziger Jahre mit flotten Entwürfen. Sie reichten freilich kaum an den 503, geschweige denn an den 507 heran.

Da war die mittlerweile nicht mehr existierende Bootsfirma Jacobsen & Steinberg am Berliner Nollendorfplatz. Sie begann 1955 mit dem Bau eines viersitzigen Kunststoff-Cabriolets mit dickgefüttertem Klappverdeck sehr ähnlich dem 503. Basis war das V8-Chassis 62.003, also das insgesamt dritte Fahrgestell des 502 mit 3,2-Liter-V8. Polyester und Kunstharz für den Aufbau bezog man aus den USA. Der umtriebige Designer Luigi Colani soll damals bei Jacobsen & Steinberg gearbeitet haben und am Entwurf dieses Wagens beteiligt gewesen sein. Die eigentliche

Von Jacobsen & Steinberg stammt dieses Kunststoff-Cabriolet auf 502-Basis. Die Front ist eine Symbiose aus 503 und 507.

Der hintere Überhang mit der markanten Sicke am Verdeckabschluß läßt das Auto unproportioniert wirken.

Konstruktion stammte von Steinberg selbst, der sich für die Zukunft eine Kleinserienproduktion erhoffte.

Man hatte sich kräftig im BMW-Teileregal bedient und beispielsweise für die Wagenfront gleich beide Nierenpaare von 503 und 507 übernommen. Die Mittelteile der Stoßstangen stammten vom 507, die Türklinken vom 503, während die Schein-

Auch beim Interieur dieses Berliner Unikats hatte man sich aus den BMW-V8-Regalen bedient.

werfer der Borgward Isabella entlehnt wurden. Elektrische Fensterbetätigung und Rückleuchten steuerte später der 3200 CS zu, während das Teakholz-Armaturenbrett eine Eigenleistung war. Instrumente und Lenkrad kamen aus dem 502 V8. Den Antrieb des Wagens besorgte ursprünglich die serienmäßige 120-PS-Maschine, die später gegen den 160 PS starken Motor des 3,2 Liter Super ausgetauscht wurde. Erst nach sechsjähriger Arbeit war der Wagen fertiggestellt. Die Berliner mußten sich eingestehen, daß eine Fertigung viel zu aufwendig würde, um je Gewinn abzuwerfen. So blieb es bei nur einem 103.000 Mark teuren Prototyp, den heute ein bekannter Berliner BMW-Sammler hegt und pflegt.

Beutler in Thun baute 1957 und 1961/62 einige wenige viersitzige Aluminium-Coupés auf V8-Chassis. Der erste Wagen

1961/62 brachte Beutler im schweizerischen Thun dieses Coupé mit BMW-V8-Motor heraus. Ähnlichkeiten zum 3200 CS sind wohl eher zufällig.

erschien US-inspiriert mit Höcker auf der Motorhaube, chromleistenbetonten Sicken vorn im Türenbereich und im Heck, sanft abfallendem Hinterteil, aber ohne BMW-Niere. Nur das weißblaue Logo auf den seitlichen Belüftungsöffnungen verriet die Herkunft des Wagens. Der 1962er Entwurf glich von vorn frappant dem 503, wirkte aber niedriger. Die Seitenlinie mit der Sicke im Heckbereich und den zierenden Kühlluftschlitzen vor der Tür geriet außerordentlich elegant. Im Frostick-Buch wurde der Prototyp als Vignale-Entwurf und ähnlich dem Sunbeam Venzia beschrieben – letzteres mag stimmen, ersteres ist Unsinn.

Wendler im schwäbischen Reutlingen setzte zwischen 1956 und 1961 zumindest zwei Aluminium-Coupés aufs V8-Chassis. Als Motor diente das 140-PS-Triebwerk des 503 bzw. später der auf 160 PS erstarkte V8 des 3200 Super.

Bekannt wurde auch Ramseier im schweizerischen Worblaufen, wo 1959/60 etwa sechs Stahlblech-Karosserien nach 503-Muster entstanden. Die Cabrios und Coupés besaßen das originale 502-Armaturenbrett; das sehr limousinenähnliche Coupé hatte eine Heckscheibe aus Plexiglas.

507-Stiefkinder

Auch das verkürzte 507-Chassis fand in zwei Fällen Verwendung für eigenständige Karosserien. Eines der allerersten Fahrzeuge noch aus der ersten Serie, der 70.024 mit 150-PS-Motor (Nummer 40.031), diente Raymond Loewy als Basis. BMW vermerkt in seiner offiziellen Produktionsstatistik den 18. Februar 1957 als Fertigungsstart, nur zehn Tage später (die Fertigung des kompletten 507 dauerte üblicherweise weit länger) wurde das »Fahrgestell, grundiert« ausgeliefert. Es stimmt nicht, daß Loewy einen kompletten 507 ordern mußte, um dessen Karosserie anschließend zu entfernen – fast wäre es aber so gekommen.

Tatsächlich war es so, daß Loewy bei einem unmittelbar benachbarten BMW-Händler in New York ein 507-Chassis

187

Stilistisch ungewöhnlich war nicht nur die
extrem rundliche Gestalt des Coupés, sondern
auch die relativ kleine Frontscheibe, die
weitausgeschnittenen Radhäuser und das steil
im Wind stehende BMW-Logo.

bestellen wollte, man ihn aber abwies: Anders als bei den V8-Limousinen würde das Chassis nicht extra angeboten, und auch in Zukunft wäre nicht an eine solche Offerte gedacht. Daraufhin bat der franco-amerikanische Design-Meister seinen Ex-Eleven Goertz um Hilfe! Der rief dann tatsächlich im Beisein Loewys seinen Spezi, BMW-Direktor Fiedler, in München an und bekam das Chassis zugesagt.

Ob Loewy wirklich vorhatte, seinen Entwurf bis zur Serienreife zu bringen, darf getrost bezweifelt werden. Dennoch scheint er kommerzielle Absichten gehabt zu haben, hätte er doch sonst kaum das Logo der Bayern an erhabener Stelle in der Motorhaube installiert und BMW-Radkappen verwendet. Loewys eigenes Logo – ein schräggeteilter Kreis mit den Initialen R und L – saß zwischen Tür und vorderem

Der Loewy-Prototyp steht heute in einem Museum in Los Angeles. Die Restaurierung ist nahezu abgeschlossen.

Radausschnitt, darunter das Täfelchen »Carosserie dessinée par Raymond Loewy«. Wie von Insidern vermutet, winkten die BMW-Gralshüter ab, als das Auto in München vorgeführt wurde.

Es handelte sich um einen futuristisch anmutenden Coupé-Entwurf mit Fiberglas-Karosserie, von dem Goertz milde sagt, der Meister hätte »damit keine glückliche Hand« gehabt, »ein typischer Loewy: Auffallen um jeden Preis«. Anleihen hatte der US-Designpapst ganz sicher bei seinem Studebaker Avanti von 1953 genommen, ohne dessen Klasse zu erreichen: Gewagte, rundliche Formen, selbst die vordere Stoß-stange wölbte sich über dem Kühlluft-Einlaß, der rundlich wie ein geöffneter Mund wirkte. Darüber saßen zwei recht-eckig ausgeschnittene Öffnungen für die Doppelscheinwerfer. Das ansonsten sehr sachliche Heck dominierten die zwei Auspuff-Endrohre, die links und rechts des Kennzeichens in zwei wuchtige, horizontale Flossen aus massivem Stahl mündeten. Damit dienten sie gleichzeitig als Stoß-fänger. Sparsame Verglasung vorn, über-breite obere Türrahmen und relativ kleine Türfenster, dafür eine riesige Panorama-Heckscheibe und weit ausgeschnittene Radhäuser à la Corvette kennzeichneten den Aufbau, den Loewy als 1 : 4-Modell geformt hatte. Zumindest von vorn schien er bißchen dem Austin-Healey Froschauge vorweggenommen zu sein.

Loewy ließ seinen Kunststoff-Zweisitzer innerhalb von nur zwei Monaten bei Pichon et Parat in Sens bauen, einem kleinen Karossier, der beispielsweise mit Panhard-Spezialaufbauten in Erscheinung getreten

war. Der Maestro beschrieb das Auto selbst als »spezielles Experimentalfahrzeug, um Ideen auszuprobieren, die später in die Produktion gehen können«. Ähnlich einem Überrollbügel verfügte es über stählerne Versteifungen im Innenraum, die mehr passive Sicherheit gewährleisten sollten. Das Interieur war jedoch keineswegs luxuriös: So trugen die einfach abgepol-sterten Sitze lediglich Kunstlederbezüge. Wen mochte Loewy damit wohl ansprechen? Als Loraymo bezeichnet, wurde das Coupé nur ein einziges Mal, im Oktober 1957 auf dem Automobilsalon Paris, präsentiert.

Der Meister sparte offensichtlich, wo er nur konnte. Für Werbefotos ließ er statt professioneller Models lieber seine junge Frau Viola posieren. Und seine silbergrüne 507-Adaption blieb nicht etwa ein Schau-stück, sondern wurde gefahren. Vor allem in Europa: Selbst für längere Touren, die er von seiner Farm La Cense bei Paris aus unternahm, nutzte Loewy das Coupé. 1962 übereignete er es dann – in recht ange-griffenem Zustand – dem Natural History Museum in Los Angeles. Dort blieb es und kehrte nie mehr nach Europa zurück.

Ähnlich, aber mit einem noch häßlicheren Maul kam dann 1960 in Paris Loewys neues Lancia-Flaminia-Coupé mit Dachspoiler daher. Das von der Turiner Karosseriefirma Motto aufgebaute Auto trug erneut den Namen Loraymo. »ams«-Chefredakteur Wieselmann, der schon über den 1955er Jaguar des Maestros den Kopf geschüttelt hatte, vermerkte: »Den leicht verrückten personal touch gab ein weiteres Mal Raymond Loewy ... einer Coupé-Version,

Giovanni Michelotti zeichnete diesen 507-Entwurf. BMW-Styling-Merkmale griff er nicht auf, statt dessen gibt es Ähnlichkeiten zum TR 3.

die weder von vorn noch von der Seite noch gar von hinten so beschaffen ist, daß man sie besitzen möchte, dafür jedoch eine kleine Flugzeugtragfläche quer zur Fahrtrichtung am hinteren Ende des Dachs aufweist. Sie soll Turbulenzen im Unterdruckgebiet hinter dem Wagen beseitigen und gleichzeitig durch entsprechende Anstellung den Hinterrädern zu mehr Adhäsion verhelfen.«

Giovanni Michelotti erhielt den zweiten 507, der in der Produktionsstatistik wiederum als »Fahrgestell, grundiert« ausgewiesen ist. Beschaffungsschwierigkeiten wie eineinhalb Jahre zuvor bei Loewy gab es nicht: BMW war inzwischen froh über jeden Auftrag, und war er noch so klein. Der Aufbau des Chassis 70.184 wurde am 8. September 1958 begonnen, bereits zwei Tage später war es auslieferbereit. In reiner Eigenregie, ohne Münchner Auftrag, ließ Michelotti bei Vignale einen eleganten Aufbau ähnlich seinem TR 3 daraufsetzen. Rassig, originell oder gar erotisch war er ganz und gar nicht. Statt dessen wartete er mit zeitgemäßen Heckflossen, ohne BMW-Niere, aber mit »Nase« auf der hochge-

zogenen, die Scheibenwischer abdeckenden Motorhaube auf. Blinker und Begrenzungsleuchten saßen hinter milchfarbenen Kombigläsern an den vorderen Kotflügelecken; an beiden Enden des Kühlergrills machten sich die Nebelleuchten breit. Die seitlichen Entlüftungsschlitze an den vorderen Kotflügeln waren länger und schmaler, dafür aber höher angesetzt als beim Original-507. Wie beim Goertz-Entwurf war die Karosserie nach unten eingezogen, um die Räder besser zur Geltung zu bringen.

Das bereits mit Scheibenbremsen versehene Auto wurde im Mai 1959 auf dem Turiner Salon gezeigt, führte aber nie zu einer positiven Produktions-Entscheidung bei BMW. Dort hatte man wahrlich andere Probleme und war wild entschlossen, der unrentablen V8-Fertigung den Hahn abzudrehen. Michelotti hatte sich freilich nicht ganz unberechtigt Hoffnungen gemacht: Sein zur gleichen Zeit fertiggestelltes kleines BMW 700 Coupé hatte den Münchnern so gefallen, daß sie es 1959 aufs Band legten.

Heute besitzt den Michelotti-507 ein Sammler in den USA, der es im Mai 1986

190

Erstmals präsentiert wurde der mit Hardtop versehene Michelotti-507 auf dem Turiner Salon 1959.

mehr oder weniger versehentlich geordert haben soll. Das Londoner Auktionshaus Christie's hatte für ein Mindestgebot von 25.000 bis 35.000 Pfund ohne nähere Erklärungen lediglich einen »BMW 507 aus dem Besitz des Earls of Chichester« offeriert, den der US-Sammler unbesehen ersteigern ließ und dafür 51.000 Pfund (160.000 Mark) hinblätterte. Damit sei, so der damalige Christie's-Auktionator Brooks, der höchste Preis aller Zeiten für einen BMW gezahlt worden. Stimmt nicht: Der M1 kostete mit fast einer Viertelmillion Mark bereits ein Jahr zuvor bedeutend mehr!

Der Michelotti-Prototyp wurde inzwischen restauriert und befindet sich in einem ausgezeichneten Zustand.

BMW-Kultobjekte

Kaum ein Auto, das nicht als mehr oder weniger maßstabsgetreue Miniatur verewigt wird. Dies begann bei den schnellen BMW-Sportwagen schon in den Fünfzigern mit teilweise meisterhaften Nachbildungen, die heute sehr gesuchte und teure Liebhaberstücke sind.

Während Brot-und-Butter-Autos nach dem Erscheinen ihres 1:1-Vorbilds nur noch in Ausnahmefällen wieder und wieder als Modell aufgelegt werden, sind Exoten ein unerschöpfliches Thema. Mindestens zwei Dutzend Modellhersteller haben sich die Typen BMW 503, 507 und 3200 CS als Thema erkoren, einige davon selbst im fernen Japan. 30 Jahre nach Produktionseinstellung kam der 507 bereits als Sondermodell in der Matchbox-Serie »Model of Yesteryear« heraus! Diese 1:43-Reihe enhielt bis dahin ausschließlich Vorkriegsklassiker. Die gutgemachte, dunkelblaue Matchbox-Miniatur wies nur einen Schön-

heitsfehler auf: Als 1955er-Version ausgewiesen, hatte sie den kleinen Tank und die Tankklappe des Serie-2-Fahrzeugs. Mit den Bezeichnungen ist es überhaupt so eine Sache. Schwer taten sich alle Hersteller bis zum heutigen Tage mit dem Karosserieaufbau gerade des 507, dessen Hardtop-Ausführung oft fälschlich als »Coupé« lief. Die hier veröffentlichte Tabelle aller BMW V8-Sportmodelle unterscheidet übrigens aus Gründen der Vereinfachung bewußt nicht zwischen Cabrio und Roadster.

Sondereditionen für die edlen V8-Sportler blieben nicht aus, seien es nun handgefertigte 503-Modelle aus Holz oder gar der 507 aus Silber, wie sie ein Münchner Juwelier anbietet. Eine Spitzenleistung dürfte jedoch das 507-Einzelstück des berühmten italienischen Modellbauers Michele Conti darstellen, das 1988 für rund 40.000 Mark versteigert wurde: Die gelbe 1:10-Metallminatur eines 507 der zweiten

Das 507-Modell von Hammer im Maßstab 1:87 war ein Pfennigartikel. Aus Plastik gefertigt, waren immerhin die Achsen beweglich.

Matchbox-Sondermodell in der Reihe »Models of Yesteryear«: Der Roadster mit Softtop kam in Deutschland in nur 5.000 Exemplaren auf den Markt.

Das superdetaillierte Einzelstück in 1:10 schuf der italienische Modellbauer Michele Conti.

Neben der offenen Ausführung brachte Revell auch ein
1:24-Fertigmodell mit Hardtop heraus.

Automobilhersteller BMW offeriert seit Ende 1992 die
»Classic Line«-Modellserie.

Serie mit grauer Leder-Innenausstattung ist absolut detailgetreu gefertigt – mit funktionstüchtiger Federung und Lenkung, justierbaren Sonnenblenden und Sitzen mit Sicherheitsgurten, mit abnehmbarem Verdeck und richtig öffnenden Türen und Klappen. Schade nur, daß eine so originalgetreue Nachbildung nicht in kleiner Serie hergestellt wird.

Seit Ende 1992 gibt es von Graf Goertz handsignierte und damit nicht ganz billige 507-Exemplare der Firma Revell, fest montiert auf einer Holzplatte. Erheblich preisgünstiger ist das gleiche, aber unsignierte 1:18-Modell, das gegenüber dem in Spielwarenläden erhältlichen Massenmodell mit diversen Detailüberarbeitungen glänzt. BMW selbst bietet es für rund 100 Mark an. Mit unter 50 Mark

sind die »einfachen« 1:18-Modelle ansonsten die preiswertesten Miniaturen, die überdies mit hervorragender Maßstabstreue bestechen. In der gleichen Preisklasse bietet Revell überdies Bausätze in 1:18 und 1:24 an.

Im Sammlermaßstab 1:43 liegen inzwischen 507-Neuangebote von Minichamps (danhausen), I.M.U. und wiederum von BMW (»Classic Line«-Serie) selbst vor. Doch auch diese Modelle reichen bis zur 50-Mark-Grenze heran.

Sehr viel schwieriger ist es mit dem 503, dessen sich nur wenige Modellhersteller annahmen. Anfang 1994 wird es der Automobilhersteller BMW in seiner Classic Line herausbringen. Ähnlich schwierig gestaltet sich weiterhin die Suche nach einem kleinen 3200 CS.

194

Die Firma Krümpelmann in Emsdetten fertigt dieses 4,25 Meter lange Seitenteil des 507.

Die preisgünstigsten Miniaturen dürften nach wie vor die sehr einfach gemachten Hammer-Modelle in 1:87 sein. Der Modelleisenbahnhersteller Fleischmann bot sie ab Ende der fünfziger Jahre als Ladegut an. Einst nur 10 Pfennig billig, erfuhren sie eine Wertsteigerung, die doppelt so hoch wie die der Original-Automobile ist: Man muß heute zwischen 10 und 20 Mark dafür hinblättern. Unterhalb dieses Preises soll Ende 1993 ein gut gemachtes 1:87-Modell von I.M.U. kommen.

Fanatischen Sammlern reicht das Angebot noch lange nicht. So stehen mittlerweile auch Kinder-Quartetts hoch im Kurs, bei denen ein edler BMW-Sportwagen gegen den Schwarzen Peter ankämpfen muß. Die letzte Pappschachtel-Ausführung von Ass (vor den Kunststoff-Boxen) und die erste Plastikschachtel-Version von Schmitt-

Spiele warteten mit 503 und 507 auf.

Manche wollen's noch drastisch größer. Für diese Leute bietet eine kleine Firma im Ruhrpott für 8.500 Mark eine Seitenprofil-Imitation des 507 an. 4,25 Meter lang, wiegt das Kunststoff-Teil rund 45 Kilogramm.

Filme und Werbung

Faszinierende Wagen finden sich stets igrendwann auf der Leinwand oder auf der Mattscheibe wieder. So war es selbst mit dem geschmähten Loof-Prototyp, der Mitte der fünfziger Jahre im deutschen Spielfilm »Die goldene Brücke« als fahrbarer Untersatz diente – dafür jedoch mit Heckflossen versehen wurde! Mit von der Partie waren Curd Jürgens, Paul Hubschmid und Ruth Leuwerk; Regie führte Paul Verhoeven.

195

AUTO UND Mode

1 Ein Kleid, zu dem man nur „JA" sagen kann. In seiner selbstverständlichen, schlichten Eleganz eignet es sich für alle Gelegenheiten des Tages. Es ist aus beigem Trevira-Kammgarnstoff. Die eingearbeiteten Schrägblenden, die in Laschen auslaufen, die großen Taschen, die kleinen, runden Schlitze am Rocksaum, alles ist von bestem Stil.
Modell: Rainer Wolf

2 Wer ein so schickes Auto fährt, kann sich auch diesen kostbaren Abendanzug leisten. Hier wurde goldfarbener Brokat für die Corsage und den nerzbesetzten Mantel verwand. Die Einfassung der Corsage und der Kuppelrock sind aus lindfarbenem Samt.
Modell: Lindenstaedt u. Brettschneider

3 Hier ist es, das klassische Kostüm, das wieder kometengleich am Modehimmel aufsteigt. Es ist aus schwarzem Edelperlgarn und von betont zurückhaltender Eleganz. Das immer gültige schwarze Kostüm für den Nachmittag.
Modell: Jobis

Auch in einer Reihe französischer Filme wirkte der BMW 507 mit. In »Fantomas«, einem der zahllosen Teile der Gangster-Parodie mit Louis de Funes, diente ein silberfarbenes 507 Hardtop-Coupé als Fluchtfahrzeug. Im Schweizer Film »Glück und Liebe in Monaco« von 1959 war ein 507 mit der Münchner Nummer M-KL 507 standesgemäßes Fortbewegungsmittel der Darsteller Germaine Damar und Claus Biederstaedt. Und im deutschen Musikfilm »Hula-Hopp Conny«, ebenfalls 1959 in die Kinos gekommen, drängelten sich Conny Froebess, Rudolf Vogel und Alexander Gilda um einen schneeweißen Roaster. Genau den fuhr übrigens anschließend im »echten Leben« Rock'n'Roll-Star Elvis Presley während seines Militärdiensts in Hessen vom März 1958 bis März 1960.

Um nobles Ambiente bemüht, nutzten Werbe- und Marketingstrategen verschiedenster Produkte die hochpreisigen Bayern-Mobile als Background. Gerade die Bekleidungs-Branche wußte den 507 zu schätzen und ließ beispielsweise in der »ADAC Motorwelt« gepflegte Models vor dem Hardtop-Coupé posieren. Eine Schuh- und Strumpf-Firma bemühte sich um Parallelen zwischen der eleganten Formgebung von BMW 503 und ihren Produkten. Eher geschmacklos und unpassend geriet die 1984er Anzeige einer Spirituosen-Firma, die einen 507 in lange gelagertem Whisky aufbot!

Besser nachzuvollziehen sind Werbeaktionen im Zusammenhang mit Herstellern von Automobilzubehör. In großen deutschen Illustrierten erschien Ende der sechziger Jahre ein verschmutzter 503 als potentielles

»Wen die Meute hetzt« (The Last Run) war ein englischer Gangster-Film von 1971, in dem zwei braune 503-Cabrios mit portugiesischer Nummer (einer davon als Ersatzwagen) für wilde Verfolgungsfahrten eingesetzt wurden. Das oder die mit Overdrive (!) ausgerüstete(n) Auto(s) erlitten am Ende Totalschaden. Regie führte Richard Fleischer, den 503-Fahrer spielte George C. Scott. Deutscher Herkunft war der Spielfilm »Immer will ich dir gehören« mit Heidi Brühl, Hans Söhnker, Helmut Lohner und Peter Week: In der 1960er Seifenoper um einen Automobil-Verkaufssalon trat auch ein 503 in Erscheinung.

**Schuh-
und Strumpfmode
in einem
merkwürdigen
Vergleich zum
503-Coupé.**

Eine bewährte Regel
heißt: Wie das Aus-
sehen so das Ansehen.
Eine edle und bewußt
einfache Form - wie
sie das rassige
DORNDORF-Modell
»Mailand« zeigt -
spricht immer für den
kultivierten Geschmack
seines Trägers.

Zum DORNDORF-Schuh
der DORNDORF-Strumpf

Erhältlich in Geschäften
mit diesem Zeichen **Dorndorf**
Adressennachweis durch
DORNDORF-Zweibrücken

Für Chic und Qualität bekannt

Dorndorf
DER MARKENSCHUH

Kundenfahrzeug für eine Autopolitur. Ein
roter 507 diente als Staffage für ein Fertig-
elemente-Werkstatt-System. Noch während
der Bauzeit des 503 warb ein Hersteller von
Außengepäckträgern mit dem edlen Coupé.

Selbst die Bayerischen Motoren-Werke,
die sich lange mit der adäquaten Würdigung
der hauseigenen Veteranen schwertaten,

198

herkules Der Gepäckträger auf dem Autodach
HEINRICH ECKEL MÜNCHEN 19

Formvollendet und harmonisch
fügt sich der Herkules-Gepäckträger in die Linie des BMW 503-Sport ein. Für jeden Wagentyp und jeden Zweck gibt es einen maßgerechten, eleganten »Herkules«, Ausführlichen Katalog versendet gratis
Heinrich Eckel, München 19

Eine Münchner Firma warb 1957/1958 mit Außengepäckträgern, montiert auf allen damals gängigen Autos. Hier ist das 503 Coupé an der Reihe.

bedienten sich 1979 in großformatigen Anzeigen für das Sechser-Coupé des 507. Der Texter scheint allerdings die Faszination des Roadsters nie selbst erlebt zu haben, wenn er Vergnügen und Hobby trennt und etwas konfus dichtete: »Wobei mancher einen BMW nicht nur aus Vergnügen fährt, wenn er jung ist, sondern auch als Hobby in Betracht zieht, wenn er mit ihm junggeblieben ist.«

Immerhin ist die Zahl derjenigen, die sich an den unbestritten schönsten und faszinierendsten Nachkriegs-Wagen aus Bayern begeistern, tatsächlich deutlich gewachsen. Es mag Nostalgie sein, die den Blick zurück verbrämt, oder auch Anerkennung technischer Höchstleistungen in einer wirtschaftlich schwierigen Zeit. So oder so: Diese Wagen und ihre Schöpfer und Förderer verdienen es, heute wieder verstärkt ins Licht der Öffentlichkeit gerückt zu werden.

Anhang

Technische Daten

BMW 503

Bauzeit und Stückzahl:
5/1956 bis 12/1957 (Serie 1: 216 Stck.)
12/1957 bis 6/1960 (Serie 2: 193 Stck.)

Motor:
Achtzylinder-Viertakt-V-Motor aus
Leichtmetall (90 Grad Zylinderbank-
winkel); abnehmbare LM-Köpfe; nasse
Laufbüchsen; Bohrung x Hub = 82 x 75
mm; Hubraum 3168 ccm (3146 ccm nach
Steuerformel); Verdichtung 7,3 : 1;
Leistung 140 PS bei 4800 U/min; maxi-
males Drehmoment 22,0 mkg bei 3800 U/
min; Literleistung 44,0 PS/l; mittlerer
Arbeitsdruck 9,2 kg/qcm; mittlere
Kolbengeschwindigkeit 7,5 m/s bei 3000
U/min; fünffach gelagerte Kurbelwelle;
zentrale, durch Duplex-Rollenkette
betätigte Nockenwelle, Steuerung der
hängenden Ventile über Stoßstangen und
Kipphebel (Ventilspiel warm 0,25 mm);
Wasserkühlung (10 Liter Wasser);
Druckumlauf-Schmierung (6,5 Liter Öl);
Hauptstrom-Ölfilter; zwei Doppel-Fall-
strom-Vergaser Zenith 32 NDIX; 75-
Liter-Benzintank (8 Liter Reserve) hinter
der Hinterachse; Kraftstoff-Förderung
mittels Solex-Membranpumpe; Haupt-
schalldämpfer und Nachschalldämpfer
(Absorbtionsdämpfer); Batterie
12 V 56 Ah im Motorraum; Zündkerzen
Bosch W225 RT1 od. Beru E 225/14;
Bosch-Gleichstrom-Lichtmaschine
200 W; Scheinwerfer 35 W (d = 160 mm);
Scheinwerfer 35 W (d = 160 mm).

Kraftübertragung:

Hinterradantrieb; hydraulisch betätigte Einscheiben-Trockenkupplung F & S H18; Serie 1: vollsynchronisiertes Viergang-Getriebe ZF S4-15, mit dem Motor über kurze Zwischenwelle verbunden und über Lenkradschaltung betätigt; Übersetzungen I. Gang: 3,776 : 1, II : 2,353, III : 1,490, IV: 1,00, R : 5,377; (a.W. Sportausf.: I : 3,540, II : 2,202, III : 1,395, IV : 1,0, R : 5,03); Antriebsachs-Übersetzung: 3,90 (a.W. 3,42); Serie 2: vollsynchronisiertes Viergang-Getriebe ZF S4-15, mit dem Motor verblockt und über Mittelschalthebel betätigt; Übersetzungen I. Gang: 3,71 : 1, II: 2,27, III : 1,49, IV : 1,00, R : 3,49; Antriebsachs-Übersetzung 3,90.

Fahrwerk:

Aluminiumbeplankte Karosserie (2 + 2-sitziges Coupé oder Cabrio) auf Kastenrahmen, mit Längs- und Querträgern verschweißt; Vorderradaufhängung an Doppel-Querlenkern; Längsfederstäbe; hintere Starrachse an Dreieck-Schublenkern; Längsfederstäbe; Kegelrad-Lenkung (16,5 : 1); hydraulisch betätigte Alfin-Trommelbremsen (d = 284 mm, B = 60 mm) mit ATE-Servo T50, vorn Duplex, hinten Simplex; Gesamtbremsfläche 1256 qm; a.W. ab 1958 auch vordere Dunlop-Scheibenbremsen (d = 267 mm); mechanisch wirkende Innenbacken-Feststellbremse auf Hinterräder; 4,5 x 16-Tiefbett-Felgen, 6.00 x 16-Extra-Super-Rekord-Reifen.

Maße und Gewichte:

Länge x Breite x Höhe = 4750 x 1710 x 1435 mm; Radstand 2835 mm; Spurweite 1400/1420 mm; Bodenfreiheit 150 mm; Wendekreis 12 m (3 Lenkradumdrehungen); Eigengewicht vollgetankt: 1500 kg; zulässiges Gesamtgewicht 1800 kg; zulässige Achslasten vorn/hinten 850 kg/950 kg; zulässige Anhängelast gebremst/ungebremst 1000 kg/600 kg.

Fahrleistungen:

Höchstgeschwindigkeit 190 km/h; Beschleunigung 0 – 100 km/h in 13 s; Geschwindigkeitsbereiche I. Gang bis 60 km/h, II. bis 95, III. bis 150, IV. bis 205 km/h; Steigfähigkeit I. Gang 45 %, II. 30 %, III. 19 %, IV. 13 %; Serie 1: Auspuffgeräusch 84 Phon, Fahrgeräusch 85 Phon; Serie 2: Auspuffgeräusch 80 Phon, Fahrgeräusch 82 Phon.

Verbrauch und Wartung:

Durchschnittsverbrauch 16 Liter Super/100 km; Ölverbrauch 0,15 Liter/100 km; Ölwechsel alle 3.000 km; Inspektion/Ölfilterpatronen-Wechsel alle 6.000 km.

Sonstiges:

Herstellerschild vorn rechts an Spritzwand hinter Batterie; Fahrgestellnummer rechts vorn auf Vorderachsträger; Motornummer am Zylinderblock rechts vorn oben neben Ölmeßstab.

BMW 507

Bauzeit und Stückzahl:
11/1956 bis 6/1957 (Serie 1: 41 Stck.)
6/1957 bis 12/1959 (Serie 2: 209 Stck.)

Motor:
Achtzylinder-Viertakt-V-Motor aus Leichtmetall (90 Grad Zylinderbankwinkel); abnehmbare LM-Köpfe; nasse Laufbüchsen; Bohrung x Hub = 82 x 75 mm; Hubraum 3168 ccm (3146 ccm nach Steuerformel); einige Serie 1-Exemplare: Verdichtung 7,5 : 1; Leistung 140 PS bei 4800 U/min; maximales Drehmoment 24 mkg bei 4000 U/min; Rest Serie 1 und komplette Serie 2: Verdichtung 7,8 : 1; Leistung 150 PS bei 5000 U/min; maximales Drehmoment 24,0 mkg bei 4000 U/min; Literleistung 47,0 PS/l; mittlerer Arbeitsdruck 9,2 kg/qcm; mittlere Kolbengeschwindigkeit 7,5 m/s bei 3000 U/min; fünffach gelagerte Kurbelwelle; zentrale, durch Duplex-Rollenkette betätigte Nockenwelle, Steuerung der hängenden Ventile über Stoßstangen und Kipphebel (Ventilspiel warm 0,25 mm); <Sportmotor: 165 PS bei 5800 U/min; max. Drehmoment 24 mkg bei 4000 U/min; Verdichtung 9,0 : 1; geänderte Nocken­welle und Vergaser>; Wasserkühlung (10 Liter Wasser); Druckumlauf-Schmierung (6,5 Liter Öl); Hauptstrom-Ölfilter; zwei Doppel-Fallstrom-Vergaser Zenith 32 NDIX; 110-Liter-Benzintank (8 Liter Reserve) über der Hinterachse (Serie 2: 65-Liter <8 Liter Reserve> hinter der Hinterachse); Kraftstoff-Förderung mittels Solex-Membranpumpe; rechte

und linke Auspuffleitung mit je einem Schalldämpfer (Absorbtionsdämpfer); Batterie 12 V 56 Ah im Motorraum; Zündkerzen Bosch W225 RT1 od. Beru E 225/14; Bosch-Gleichstrom-Lichtmaschine 200 W; Scheinwerfer 35 W (d = 160 mm).

Kraftübertragung:
Hinterradantrieb; hydraulisch betätigte Einscheiben-Trockenkupplung F & S H18; vollsynchronisiertes Viergang-Getriebe ZF S4-17, mit dem Motor verblockt und über Mittelschaltknüppel betätigt; Übersetzungen I.
Gang : 3,387 : 1, II : 2,073, III : 1,364, IV : 1,00, R : 3,180; (a.W. Sportausf.: I : 3,540, II : 2,202, III : 1,395, IV : 1,0); Antriebsachs-Übersetzung: 3,70 (a.W. 3,42 oder 3,90).

Fahrwerk:
Aluminiumbeplankte Karosserie (2sitziger Roadster) auf Kastenrahmen, mit Längs- und Querträgern verschweißt; Vorderradaufhängung an Doppel-Querlenkern; Längsfederstäbe; Querstabilisator; hintere Starrachse an Zug- und Schubstreben; Längsfederstäbe; Panhardstab; Kegelrad-Lenkung (16,5 : 1), Lenkrad axial verstellbar; hydraulisch betätigte Alfin-Trommelbremsen (d = 284 mm, B = 60 mm) mit ATE-Servo T50, vorn Duplex, hinten Simplex; mechanisch wirkende Innenbacken-Feststellbremse auf Hinterräder; Gesamtbremsfläche 1256 qm; a.W. 1958

auch vordere Dulop-Scheibenbremsen (d = 267 mm); 4,5 x 16-Tiefbett-Felgen, 6.00 x 16-Extra-Super-Rekord-Reifen.

Maße und Gewichte:
Länge x Breite x Höhe = 4380 x 1650 x 1300 mm; Radstand 2480 mm; Spurweite 1445/ 1425 mm; Bodenfreiheit 150 mm; Innenbreite 1330 mm, Kopfhöhe 860 mm; Wendekreis 10,7 m (3 Lenkradumdrehungen); Eigengewicht vollgetankt: 1280 kg; zulässiges Gesamtgewicht 1500 kg; zulässige Achslasten vorn/hinten 700 kg/800 kg; zulässige Anhängelasten gebremst/ungebremst 600 kg/600 kg.

Fahrleistungen:
Höchstgeschwindigkeit 205 km/h (bzw. 190 oder 220 km/h je nach Antriebsübersetzung); <Sportmotor über 220 km/h>; Beschleunigung 0 – 100 km/h in 9,5 s (bzw. 9 oder 10 s); Geschwindigkeitsbereiche I. Gang bis 60 km/h, II. bis 95, III. bis 150, IV. bis 205 km/h; Steigfähigkeit I. Gang über 55 %, II. 33 %, III. 19 %, IV. 14 %; Serie 1 und einige Serie-2-Exemplare: Auspuffgeräusch 82 Phon, Fahrgeräusch 83 Phon; Rest Serie 2: 82 Phon, 82 Phon.

Verbrauch und Wartung:
Durchschnittsverbrauch 17 Liter Super/ 100 km; Ölverbrauch 0,15 Liter/100 km; Ölwechsel alle 3.000 km, Inspektion/ Ölfilterpatronen-Wechsel alle 6.000 km; Getriebeöl-Wechsel (1,25 Liter) alle 12.000 km.

Sonstiges:
Herstellerschild vorn rechts an Spritzwand hinter Batterie; Fahrgestellnummer rechts vorn auf Vorderachsträger; Motornummer am Zylinderblock rechts vorn oben neben Ölmeßstab.

BMW 3200 CS
Bauzeit und Stückzahl:
3/1962 bis 1963 (Serie 1: 175 Stck.)
1963 bis 9/1965 (Serie 2: 428 Stck.)

Motor:
Achtzylinder-Viertakt-V-Motor aus Leichtmetall (90 Grad Zylinderbankwinkel); abnehmbare LM-Köpfe; nasse Laufbüchsen; Bohrung x Hub = 82 x 75 mm; Hubraum 3168 ccm (3146 ccm nach Steuerformel); Verdichtung 9,0 : 1; Leistung 160 PS bei 5600 U/min; maximales Drehmoment 24,5 mkg bei 3600 U/min; Literleistung 50,2 PS/l; mittlerer Arbeitsdruck 8,1 kg/qcm; mittlere Kolbengeschwindigkeit 14 m/s bei 3000 U/ min; fünffach gelagerte Kurbelwelle; zentrale, durch Duplex-Rollenkette betätigte Nockenwelle, Steuerung der hängenden Ventile über Stoßstangen und Kipphebel (Ventilspiel warm 0,25 mm); Wasserkühlung (10 Liter Wasser); Druckumlauf-Schmierung (6,5 Liter Öl); Hauptstrom-Ölfilter; Beginn Serie 1: zwei Doppel-Fallstrom-Vergaser Zenith 36 NPIX, ab Chassisnummer 76.051: zwei

Solex-Registervergaser 34 PAITA; 75-Liter-Benzintank (8 Liter Reserve) hinter der Hinterachse; Kraftstoff-Förderung mittels Solex-Membranpumpe; Hauptschalldämpfer und Nachschalldämpfer (Absorbtionsdämpfer); Batterie 12 V 56 Ah im Motorraum; Zündkerzen Bosch W225 RT1 oder Beru E 225/14; Bosch-Gleichstrom-Lichtmaschine 200 W; Scheinwerfer 35 W (d = 160 mm); Scheinwerfer 45 W (d = 180 mm).

Kraftübertragung:

Hinterradantrieb; hydraulisch betätigte Einscheiben-Trockenkupplung F & S H18; Serie 1: vollsynchronisiertes Viergang-Getriebe ZF S4-17, mit dem Motor über kurze Zwischenwelle verbunden und über Lenkradschaltung betätigt; Übersetzungen I. Gang : 3,71 : 1, II : 2,27, III : 1,49, IV : 1,00, R : 3,49; (a.W. Sportausf.: I : 3,397, II : 2,073, III : 1,364, IV : 1,00, R : 3,18); Antriebsachs-Übersetzung: 3,90 (a.W. 3,70); Serie 2: vollsynchronisiertes Viergang-Getriebe ZF S4-17, mit dem Motor verblockt und über Mittelschalthebel betätigt.

Fahrwerk:

Ganzstahl-Karosserie (2 + 2-sitziges Coupé) auf Kastenrahmen, mit Längs- und Querträgern verschweißt; Vorderrad-Aufhängung an Doppel-Querlenkern; Längsfederstäbe; hintere Starrachse an Zug- und Schubstreben; Längsfederstäbe; Panhardstab; Kegelrad-Lenkung (16,5 : 1); hydraulisch betätigte Fußbremse, vorn Scheiben (d = 267 mm), hinten Trommeln (d = 284 mm, B = 60 mm) mit ATE-Servo

T50, vorn Duplex, hinten Simplex; mechanisch wirkende Innenbacken-Feststellbremse auf Hinterräder; 5J x 15-Tiefbett-Felgen, 7.00 x 15-Super-Rekord-Reifen (i = 3,90) bzw. 185-15 SP.

Maße und Gewichte:

Länge x Breite x Höhe = 4830 x 1760 x 1470 mm; Radstand 2835 mm; Spurweite 1330/1416 mm; Bodenfreiheit 175 mm; Kopfhöhe 918 mm; Wendekreis 12 m (3 Lenkradumdrehungen); Eigengewicht vollgetankt: 1500 kg; zulässiges Gesamtgewicht 1900 kg; zulässige Achslasten vorn/hinten 950 kg/1000 kg; zulässige Anhängelast gebremst/ungebremst 1000 kg/600 kg.

Fahrleistungen:

Höchstgeschwindigkeit 200 km/h; Beschleunigung 0 – 100 km/h in 11 s; Geschwindigkeitsbereiche I. Gang bis 60 km/h, II. bis 95, III. bis 150, IV. bis 200 km/h; Steigfähigkeit I. Gang 45 %, II. 30 %, III. 19 %, IV. 13 %.

Verbrauch und Wartung:

Durchschnittsverbrauch 16 Liter Super/100 km; Ölverbrauch 0,15 Liter/100 km; Ölwechsel alle 3.000 km; Inspektion/Ölfilterpatronen-Wechsel alle 6.000 km.

Sonstiges:

Herstellerschild vorn rechts an Spritzwand unter Wischerbock rechts; Fahrgestellnummer rechts vorn am Längsträger unter Spurstangenkopf; Motornummer am Zylinderblock rechts vorn oben neben Ölmeßstab.

Jahresproduktion und Zulassungen in Deutschland

Jahr	BMW 503 (Serie 1/2)		BMW 507 (Serie 1/2)		BMW 3200 CS
	Produktion	Zulassungen	Produktion	Zulassungen	Produktion
1955	3	1	3	–	–
1956	102	37	13	1	–
1957	109/2	46	28/63	15	–
1958	135	54	98	20	–
1959	50	35	48	17	–
1960	6	4	–	4	–
1961	–	–	–	–	–
1962	–	–	–	–	83
1963	–	–	–	–	138
1964	–	–	–	–	267
1965	–	–	–	–	115
	214/193	177	43/209	57	603

Heutiger Bestand an BMW V 8-Sportmodellen

Beim Kraftfahrt-Bundesamt in Flensburg gemeldet (Stand 1. Juli 1992):
<Nur zugelassene Fahrzeuge bzw. nicht länger als ein Jahr stillgelegt>
BMW 503   55
BMW 507   39
BMW 3200 CS   62

In den Club-Registern gemeldet (Stand Anfang 1993):
BMW 503   rund 200, davon zwei Drittel Coupés. Standort überwiegend
                     Deutschland, gefolgt von der Schweiz und den USA.

BMW 507   rund 240, Standorte: 104 in Deutschland, 60 in den USA, 22 in der Schweiz, 10 in Italien, 9 in Frankreich, 8 in Belgien, 6 in Großbritannien, 4 in Österreich, 4 in Schweden, 3 in Japan, 3 in Venezuela, je 1 in Griechenland, Holland, Liechtenstein, Mexiko, Portugal und Spanien.

BMW 3200 CS   rund 250, Standorte in Deutschland, 6 in den USA, 3 in Österreich, 2 in der Schweiz, je 1 in Brasilien und Kanada.

V8-Chassisnummern

Baumuster	Baujahre	Chassisnummern
BMW 2600	1955 – 1964	52.000 – 57.567
BMW 2600 L	1955 – 1964	60.501 – 62.000
		64.695 – 65.524
BMW 3200 L	1955 – 1964	72.948 – 73.863
BMW 3200 S	1957 – 1964	62.001 – 64.000
		73.001 – 73.863
BMW 503	1955 – 1960	69.001 – 69.412
BMW 507	1955 – 1959	70.001 – 70.254
BMW 3200 CS	1961 – 1965	76.001 – 76.609

Farb- und Ausstattungsmuster BMW 503 und 507

Lack	Polsterung/Himmel	Stückzahl 507
Altelfenbein	Rot (Leder)	15
Aluminium		10
Adriasand/Sizilianisch Beige	Braun (Leder) 7	
Cortinagrau		1
Dolomitengrau	Rot (Leder)	7
Dunkelbraun		1
Farngrün/Savannengrün	Hellbraun (Leder), hellbraun (Stoff)	
Federweiß	Rot (Leder)	61
Fuchssilber		1
Gelb		1
Graphit	Rot (Leder)	13
Japanrot	Hellbraun (Leder)	20
Kirschrot/Venezianischrot	Hellbraun (Leder), hellbraun (Stoff)	
Korallenrot		1
Lindgrün	Dunkelgrün (Leder)	
Metallblau	Maisgelb/Hellbraun (Leder)	5
Metallgrau		1
Milchweiß		1
Papyrusweiß	Blau (Leder)	20
Rivierasand/Weinrot	Hellbraun (Leder), hellbraun (Stoff)	12
Rivierasand/Tundrabeige	Hellbraun (Leder), dunkelbraun (Stoff)	
Silber		3
Silberbeige		5
Silberblau/Metallblau	Hellgrau (Leder)	15
Silbergrau	Rot (Leder)	21
Stahlblau		5
Steingrau	Rot (Leder)	5
Schwarz	Rot (Leder)	15
Ultramarin	Hellgrau (Leder)	1
Ultramarin	Rot (Leder)	1

Weitere 507-Lackierungen: Rot/Beige (1), Federweiß/Schwarz (1), Korallenrot/Beige (1)

Farb- und Ausstattungsmuster BMW 3200 CS

Lack	Polsterfarben Leder/Kunstleder	Stoff	Teppichfarben
Steingrau	Savannengelb oder Nizzarot + Pergament		
Federweiß	Taubenblau + Grau oder Nizzarot + Pergament		
Nylonbeige	Savannengelb		
Elfenbein	Venzianischrot		Girloon-Teppich
Papyrus	Taubenblau + Grau	Beige gestreift,	in Antrazith,
Diamantenschwarz	Nizzarot	oder Blau gestreift,	Beige oder Honig,
Olivengrün	Maisgelb + Weißbeige	oder Grün gestreift	oder Bouclé-Teppich
Velourrot	Pergament		in Naturgrau
Staubbeige	Tabakbraun + Savannengelb		
Anthrazit	Weißbeige + Nizzarot		
Türkis-feurig	Pergament + Maisgelb		

Sportliche Sondermodelle auf Basis des BMW V8

QUELLE: Henning Zaiss, Darmstadt

Karosseriefirma	Aufbau, Motorisierung	Baujahr	Stückzahl
Autenrieth, Darmstadt (D)	501/502 Coupés u. Cabrios	1955 – 1962	60 Stck.
Beutler, Thun (CH)	502/503 Coupé, BMW V8 120 – 140 PS	1957 – 1962	max. 6 Stck.
Jacobsen & Steinberg, Berlin (D)	502 Cabrio (Kunststoff), BMW V8 140 PS	1955	1 Stck.
Ramseier, Worblaufen (CH)	502 Coupé u. Cabrios (Stahl), BMW V8 140 PS	1959/60	je 3 bis 4
Vignale, Turin (I)	507 Cabrio auf Chassis 70.184, BMW V8 150 PS	1959	1 Stck.
Wendler, Reutlingen (D)	502 Cabrio (Stahl), BMW V8 120 PS	1954/55	1 Stck.
	502/3200 S Coupé (Alu), BMW V8 120 – 160 PS	1956 – 1961	2 Stck.
Talbot Lago, Suresnes (F)	Coupé »America 2500«, BMW V8 (125 PS)	1957 – 1959	12 Stck.
Frazer-Nash, Iselworth (GB)	Coupé »Continental« mit BMW V8 2,6 Liter, später 3,2 Liter	1957 – 1962	10 bis 20
Baur, Stuttgart (D)	501/502 Coupés	1954 – 1956	280 Stck.*
Graber, Witrach (CH)	502 Cabrio, BMW V8 120 PS	1956/57	? Stck.
Pichon et Parat, Sens (F)	507-Loraymo-Coupé (Kunststoff) auf Chassis 70.024, BMW V8 150 PS	1957	1 Stck.
Bertone, Turin (I)	3200 CS Cabrio auf Chassis 76.006, BMW V8	1962	1 Stck.

* 50 Viertürer-Cabrios, 12 Coupés (incl. 1 Prototyp mit kleiner Heckscheibe), rund 210 Zweitürer-Cabrios

Sporteinsätze BMW 507

1957

24. Mille Miglia (11. – 12.5.)
Muro Henriques, Venezuela (keine Plazierung)

Adria-Rallye (24. – 28.7.)
Klassensieg GT über 2000 ccm Alex/ Katharina (Kitty) v. Falkenhausen

1958

Internationale Deutschland-Rallye (6. Lauf zur Europa-Rallyemeisterschaft) (15.–18.5.)
Klassensieg GT über 2000 ccm J. Comte de Maubou/Jaques Brule, Paris

Roßfeld-Bergrennen (11.5.)
Klassensieg GT über 2000 ccm Hans Stuck

Mille Miglia (22.6.)
Klassensieg GT über 2000 ccm Robert Jenny, Lausanne

Großer ADAC-Bergpreis v. Deutschland, Freiburg-Schauinsland (4. Lauf zur Berg-EM) (27.7.)
Klassensieg Spezial-GT über 2600 ccm Hans Stuck, 3. Helm Glöckler, Frankfurt (beide 507)

Großer Bergpreis der Schweiz Ollon – Villars (6. Lauf zur Berg-EM) (31.8.)
Klassensieg Spezial-GT über 2600 ccm Hans Stuck; 2. Robert Jenny; 3. Arthur Heuberger, St. Gallen (alle 507)

Kandersty-Bergrennen
Arthur Heuberger

Flugplatzrennen Innsbruck
Arthur Heuberger

Rallye Genf
Arthur Heuberger

1959

Wallbergrennen (1. Lauf zur Berg-DM) (9.5.)
Klassensieg GT über 2000 ccm Hans Stuck

Roßfeld-Bergrennen
Klassensieg GT über 2000 ccm Hans Stuck

20. Großer ADAC Bergpreis von Deutschland, Freiburg-Schauinsland (4. Lauf zur Berg-EM) (26.7.)
Klassensieg GT über 2000 ccm Hans Stuck

Großer Bergpreis von Österreich am Gaisberg (5. Lauf zur Berg-EM) (17.8.)
Klassensieg GT über 2000 ccm Hans Stuck

Großer Bergpreis der Schweiz Ollon – Villars (6. Lauf zur Berg-EM) (30.8.)
Klassensieg GT über 2000 ccm Hans Stuck

Wurzenpaß-Rennen
Klassensieg GT über 2000 ccm Hans Stuck

Großer Preis von Österreich auf dem Salzburgring
Klassensieg GT über 2000 ccm Hans Stuck

Clubadressen

BMW Veteranenclub Deutschland e.V.
  Hans-Hartmut Krombach
  Im Breiten Feld 19
  D-57223 Kreuztal-Kredenbach
  Tel.: 0 27 32/44 94   Fax: 0 27 32/2 84 12

BMW V8 Club
  Erich Reckel
  Wendenstraße 3
  D-37073 Göttingen
  Tel.: 05 51/48 42 82   Fax: 05 51/5 85 48

BMW 507 Club
  Manfred Jaschok
  Friedrich-Stampfer-Straße 3
  D-60437 Frankfurt

BMW Veteranen-Club der Schweiz
  Manfred Brodowski
  Tomenrain 5
  CH-8605 Gutenswil
  Tel.: (00 41)1-9 45 09 37
  Fax: (00 41)1-9 46 00 91

Die BMW V8-Sporttypen im Modell

QUELLEN: danhausen (Aachen), Wagner (Bonn), Voigt (Bad Dürkheim), Stadelmayer (Bad Honnef)

BMW 503

1:87	Hammer (D)	Coupé, Fertigmodell, Plastik, Drahtachse, gesteckte Räder, 50er Jahre; Neupreis 0,10, heute bis 20,– DM
1:40	Schuco Micro Racer (D)	Cabrio, Fertigm. mit mech. Aufzug, Metall-Druckguß, Gummiräder, verchromte Felgen, Mikrometerschraube, Farben cremeweiß oder rot, 50er Jahre; Neupreis 4,95; heute bis 850,– DM
1:40	Nutz, Nürnberg (D)	Cabrio, Fertigmodell und Bausatz mit mech. Aufzug, Metall-Druckguß, Nachbau Schuco ohne Schuco-Schriftzug, neue Farben, 1985/86; Neupreis 29,– bis 49,–; heute bis 300,– (Fertigmodell) bzw. 250,– DM (Bausatz)
1:40	Schweizer Hersteller	Cabrio, Fertigmodell, weitere Schuco-Neuauflage vom Nutz-Nachfolger, 1992; Neupreis 150,– DM
1:43	H.P. Bau (D)	Cabrio, Bausatz und Fertigmodell
1:43	Monofe (D)	Coupé und Cabrio, Bausatz und Fertigmodell, Zinnguß
1:43	RD Marmande (F)	Cabrio, Fertigmodell, Holz, 1960 – 1980; Neupreis 30,–, heute bis 300,– DM
1:43	BMW (D)	Coupé, Fertigmodell, Metall-Druckguß, 1994; Neupreis 45,– DM

BMW 507

1:87	Schuco-Piccolo (D)	Cabrio, Fertigm., Metall-Massivdruckguß, Edelstahlachse, Metallräder, Gummireifen, Farben rot, silber, blau, grün, beige; 60er Jahre; Neupreis 1,95; heute bis 600,– DM
1:87	I.M.U., Berlin (D)	Cabrio, Fertigmodell, Plastik, 1993; Neupreis 8,– DM
1:87	danhausen, Aachen (D)	Cabrio, Fertigmodell, Plastik, 1981
1:66	Hammer (D)	Coupé, Fertigmodell, Plastik, zweifarbig, verglast, sehr schlicht, auch als Fleischmann-HO-Ladegut angeboten, 50er, Anfang 60er Jahre; Neupreis 0,10, heute bis 12,– DM

1:50	Collectoy-Kavamodi (J)	Coupé, Fertigm., Metallguß, 60er Jahre; Neupreis 5,–, heute bis 150 DM
1:48	Märklin (D)	Coupé, Fertigmodell, Metallaufbau, schwarzlackierter Boden, unverglast und ohne Sitze, Metallräder, Gummmireifen, Farben rot, hellblau, grün, türkis, beige, 50er, Anfang 60er Jahre; Neupreis 2,20; heute bis 400,– DM
1:48	Roco-Peetzy (A)	Coupé, Fertigmodell, Plastik, verglast, ohne Inneneinrichtung, Metallboden, Plastikräder und -reifen, Nachbau Märklin auf Originalform, ursprünglich im Viererset verkauft, 1965; Neupreis 0,50; heute bis 70,– DM
1:43	Danburry (GB)	Cabrio, Fertigm., Silber-Zinnguß, Räder unbeweglich, 70er Jahre; Neupreis 70,–; heute bis 200,– DM
1:43	Plumbies (sp. Metall43)	Coupé und Cabrio, Fertigmodell, 70er Jahre; Neupreis 40,–; heute bis 200,– DM
1:43	Minichamps (D)	Cabrio, Fertigmodell, Metall, Farben rot, silber, creme, 1993 Neupreis 39,50 DM
1:43	I.M.U., Berlin (D)	Cabrio, Fertigmodell, Metall, 1993
1:43	Topmodell (D)	Cabrio, Fertigmodell, Metall, 1992
1:43	Metall 43 (D)	Coupé und Cabrio, Bausatz und Fertigmodell, Zinnguß, ab 1984; Neupreis 40,– ; heute bis 200,– DM
1:43	BMW (D)	Cabrio, Fertigmodell, Metall-Druckguß, rot, 1993; Neupreis 45,– DM
1:38	Matchbox (GB)	geschlossenes. Cabrio, Fertigmodell, Metall, dunkelblau, schwarzes Kunststoffverdeck einziger Neuzeitler in Yesteryear-Reihe vor Dinky-Serie (Sonderserie, Nr. Y 21), 1988; Neupreis 29,–, heute bis 70,– DM
1:32	Sanwa (J)	Coupé, Bausatz, Plastik, 50er Jahre; Neupreis 5,–, heute bis 200,– DM
1: 32	Tokyo Planer (J)	Coupé, Bausatz, Plastik, heute bis 300,– DM
1:24	Heiden, München (D)	Cabrio, Fertigmodell, Silber, nur 10 Exemplare, Räder beweglich, 1992; Neupreis 8300,– DM
1:24	Revell (D)	Coupé und Cabrio, Bausatz, Plastik, 1991/92; Neupreis 25,– DM
124	Revell (D)	Cabrio, Bausatz, Plastik und Metall, 1993; Neupreis 33,– DM
1:24	Metall24 (D)	Cabrio, Bausatz und Fertigmodell, Zinnguß, Gummiräder, ab 1984; Neupreis 100,– bzw. 200,– DM, heute bis 600,– DM

1:18	Revell (D)	Coupé und Cabrio, Fertigmodell, Metall, 1992; Neupreis 40,– DM
1:18	Revell (D)	Cabrio, Bausatz, Metall, 1993; Neupreis 55,– DM
1:10	Michele Conti (I)	Cabrio mit abnehmbarem Hardtop, Fertigmodell, Metall, Farbe gelb, 70er Jahre; Auktionspreis 40.000,– DM

3200 CS

| 1:20 | Ishiko-Bandai (J) | Fertigmodell, Blech mit Plastikteilen, Schwungradantrieb, Farben weiß, dunkelrot, dunkelmetallic, 60er Jahre; Neupreis 20,–; heute bis 1.200,– DM |
| 1:87 | HVM (D) | Bausatz, Plastik, Ende 70er Jahre; Neupreis 25,–; heute bis 50,– DM |

Werkverzeichnis

Albrecht Graf Goertz

1954/55	BMW 503 und 507		1958 – 1964	Linde-Kühlschränke, -Tief-
1985 – 1988	BMW-Details			kühltruhen, -Supermarkt-
1956 – 1960	Agfa-Fotoapparat,			Gefriermöbel
	-Filmkamera, -Projektor		1959	Custom Craft-Fiberglas-Boot
1957/58	Porsche-Prototyp		1960/61	Neff-Küchenherd
	356-Nachfolger		1960/61	Polaroid-Kameras
1970/71	Porsche-Prototyp 914/6		1960 – 1966	Saba-Fernsehgeräte,
1957/58	Kienzle-Tischuhr			-Tonbandgeräte, -Radios,
1957 – 1962	Hohner-Mundharmonikas,			-Transisitorradios, -Computer
	-Akkordeons		1960 – 1974	Acco-Bürogeräte
1957 – 1963	Rowenta-Feuerzeuge,		1961/62	Constructa-Waschmaschine
	-Bügeleisen, -Espresso-		1963 – 1968	Datsun Silvia, Datsun 240 Z
	maschine, -Großküchen-		1965 – 1970	Fuji-Fotoapparat, -Film-
	Kaffeemaschine, -Toaster			kamera, -Projektor
1958/59	Mont Blanc-Füller, -Kugel-		1966	Bicicletas Monark-Fahrrad
	schreiber		1966 – 1970	Schulmöbel
1958 – 1982	Electrostar-Küchen- und		1966/67	Fissler-Kochherde, -Töpfe
	Haushaltsgeräte		1967/68	Oxford Filing Supply-
				Büromöbel

1969/70	World Communications-Potabletelefon
1969/70	BBC-Messestand
1970 – 1973	Dicitron-Dataterminals, -Uhr
1972/73	Schwelmer-Getränkeautomat
1972/73	Strüver-Stationärmotor
1972/73	Hohner-Computer
1972/73	Jensen-Schmuck
1972	Jaguar XJS Jubiläumscar
1973/74	Eichner-Büroausstattung
1974/75	Lampert Enamal-Heizgeräte
1975 – 1989	Rolodex-Büroorganisiation
1980 – 1988	Puma-Sportkleidung
1981 – 1985	Saunders-Messestand, – Logo
1982	Blizzard-Ski
1982/83	NSC-Heubinder
1983	Maul-Skibekleidung
1985/86	Endura-Armbanduhr
1988	Reebock-Sportschuhe

Weitere Werke ohne Jahresangabe:

Asbach Uralt-Geschenkpackung
Baltimore-Fiberglaskoffer
4711-Flakons
Gutbrod-Minitraktor
Koni-Rennanzug
Kaloderma-Verpackung
Litton-Numerierungsmaschine
Spinnerin Yarn-Label
Standard Electric-Seitentrenner
Triplex-Waschmaschine
Vorwerk-Staubsauger
Viewlex-Filmprojektor
Swingline-Bleistiftspitzer
Thompson-Boot

Weitere Auto-Projekte:

1954	Rennwagenstudien
1956	Stylingsstudien kleiner BMW-Vierzylinder (ähnlich 503)
	BMW-Isetta-Funcar
	BMW-Isetta-Viersitzer
1972 – 1979	Citycar
1977/ab 1985	Stylingsstudien BMW

Literaturhinweise

Bücher

Frostick: The Bavarian Motor Works. Dalton Watson London, 1976. ISBN 0-901564-206.

Mönnich: BMW – eine deutsche Geschichte. Piper München, 1991. ISBN 3-11441-5/11442-3.

Oleski/Lehbrink: Seriensportwagen von 1945 bis 1980. Motor Classic Basel, 1984.
ISBN 3-907004-01-9.

Oswald: Alle BMW Automobile 1928 – 1978. Motorbuch Stuttgart, 1982. ISBN 3-87943-584-7.

Oswald: Deutsche Autos seit 1945. Motorbuch Stuttgart, 1992. ISBN 3-613-01492-0.

Robson: European Sports & GT Cars 1945 – 1960. Haynes Spatzford, 1981.
ISBN 0-85429-281-0.

Rosellen: Das weißblaue Wunder. Seewald Stuttgart, 1983.

Schrader: BMW Automobile. Bleicher Gerlingen, 1987. ISBN 3-88350-155-7.

Schrader: Britsche Sportwagen. BLV München, 1984. ISBN 3-405-12880-3.

Schrahe/Andexer: Das große BMW Coupé Buch. Heel Königswinter, 1990.
ISBN 3-89365-143-8.

Schumann: Motorsport in Deutschland 1945 bis 1955. Motorbuch Stuttgart, 1992.
ISBN 3-613-01413-0.

Stationen einer Entwicklung. Broschüre der BMW Presseabteilung, 1985.

Stuck: Tagebuch eines Rennnfahrers. Moderne Verlags GmbH München, 1967.

Zaiss: Autenrieth. Verlag Günter Preuß Darmstadt, 1991. ISBN 3-928746-03-0.

Zeitschriftenartikel

Loof-Prototyp	auto, motor und sport (ams) 20/1954
Loof-Prototyp	Automobil + Motorrad Chronik (AMC) 10/1979
BMW-Prototypen	MARKT Sonderheft 4/1987
BMW 503/507	MARKT 6/1990
BMW 507	Motor Revue 25/1958
BMW 507	La Manovella e Ruote a Raggi 1+2/1990.
BMW 507	Roundel (BMW Car Club of America Magazine) 10/1989.
BMW 507	AMC 5/1972

BMW 507 160 PS   Motor Klassik 10/1991
BMW 507 – 300 SL   ams 4/1958
BMW 503   Motor Klassik 8/1987
BMW 3200 CS   Motor Klassik 5/1992
BMW 3200 CS   hobby 22/1962
BMW 3200 CS Cabrio   AMC 11/1984
Maxie Hoffmann   Automobile Quaterly II/1972.
Albrecht Graf Goertz BMW Magazin 3/92.
Albrecht Graf Goertz MARKT 1/1993.
Albrecht Graf Goertz Horizont 34/1992.
Bertone   La Manovella e Ruote a Raggi 9+10/1989
BMW-Modelle   Modellfahrzeug 1/1993

ADAC Motorwelt, versch. Jahrgänge
auto, motor und sport, versch. Jahrgänge
Automobil + Motorrad Chronik, versch. Jahrgänge
Club-Nachrichten (Zeitschrift des BMW Veteranenclubs Deutschland), versch. Jahrgänge
Der Spiegel, versch. Jahrgänge
MARKT – Klassische Automobile und Motorräder, versch. Jahrgänge
Motor Klassik, versch. Jahrgänge
Motor Revue, versch. Jahrgänge
Motor Rundschau, versch. Jahrgänge
Nullzwei (Zeitschrift der BMW Nullzwei IG), versch. Jahrgänge
V8-Magazin (Zeitschrift des BMW V8 Club Deutschland), versch. Jahrgänge
Wir von BMW (BMW-Mitarbeiterzeitschrift), versch. Jahrgänge

Firmen- und Namenregister

TESTEN SIE AUTO MOTOR UND SPORT.

auto motor und sport testet jedes Jahr
über 400 Autos - vom VW Polo mit 45 PS
bis zur 172.000 Mark teuren Corvette
ZR1 Coupé mit 367 PS. Moderne Meß-
methoden, zwei Millionen Testkilometer
pro Jahr sowie eine Test-Mannschaft mit
langjähriger Erfahrung und sicherem
Beurteilungsvermögen bilden die Basis
für die anerkannte Testkompetenz von
Europas großem Automagazin. Für Ein-
und Aufsteiger der mobilen Gesellschaft
ist auto motor und sport die kompetente
Informationsquelle. Testen Sie uns. Alle
14 Tage neu bei Ihrem Zeitschriften-
händler und an Ihrer Tankstelle.

Unabhängig. Kritisch. Engagiert.

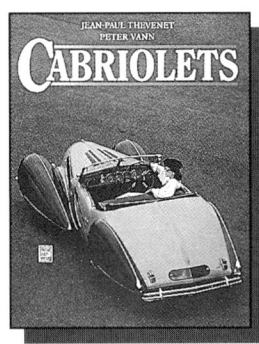
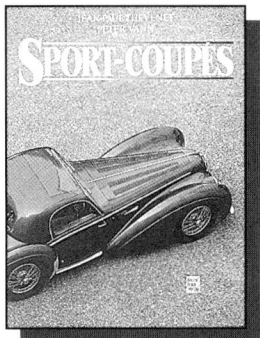
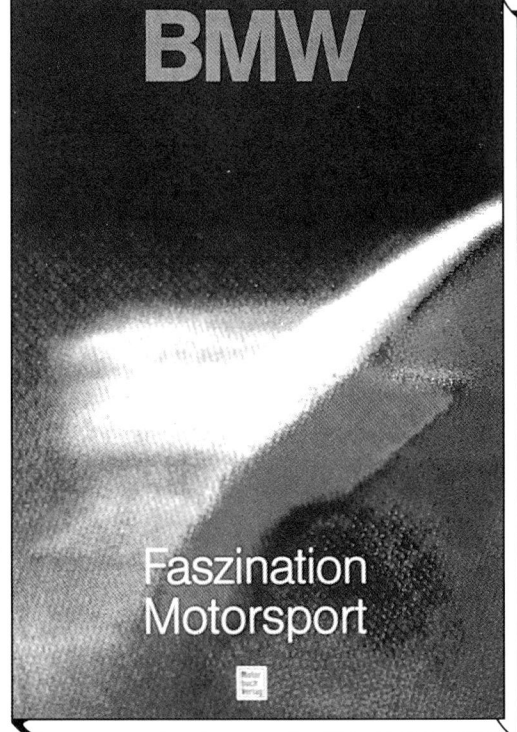